交通版高等学校交通工程专业规划教材

JIAOTONG GONGCHENGXUE

交 通 工 程 学

吴　芳　主　编

马昌喜　副主编

陈　峻　主　审

人民交通出版社股份有限公司

China Communications Press Co.,Ltd.

内 容 提 要

本书系统地介绍了道路交通系统的基本概念与基础理论,重点阐述了道路交通特征、交通调查与分析技术、交通流理论、交通规划、交通控制、交通管理、交通安全、停车场规划与设计、交通环境保护、智能交通系统及交通工程软件等基本知识。

本书可作为交通工程、交通运输、土木工程、城市规划等专业本科生教材,也可作为城市交通、公路交通、城市规划等领域规划、设计与管理部门技术人员的参考用书。

图书在版编目(CIP)数据

交通工程学/吴芳主编.—北京:人民交通出版
社股份有限公司, 2014.8
ISBN 978-7-114-11519-6

Ⅰ.①交… Ⅱ.①吴… Ⅲ.①交通工程学 Ⅳ.
①U491

中国版本图书馆 CIP 数据核字(2014)第 147884 号

交通版高等学校交通工程专业规划教材

书　　　名:交通工程学
著 作 者:吴　芳
责任编辑:郭红蕊　张一梅
出版发行:人民交通出版社股份有限公司
地　　　址:(100011)北京市朝阳区安定门外外馆斜街 3 号
网　　　址:http://www.ccpcl.com.cn
销售电话:(010)59757973
总 经 销:人民交通出版社股份有限公司发行部
经　　　销:各地新华书店
印　　　刷:北京市密东印刷有限公司
开　　　本:787×1092　1/16
印　　　张:15.5
字　　　数:316 千
版　　　次:2014 年 8 月　第 1 版
印　　　次:2023 年 2 月　第 5 次印刷
书　　　号:ISBN 978-7-114-11519-6
印　　　数:12001—13500 册
定　　　价:35.00 元

交通版高等学校交通工程专业规划教材
编审委员会

前　言

随着我国社会经济的快速发展,交通需求迅速增加,交通问题日趋严重,主要表现在交通拥挤、停车困难、交通秩序混乱、交通事故频发、交通引起的环境污染日趋严重等。目前,交通问题已成为影响社会经济发展以及制约人民生活水平提高的一个重要因素,越来越受到人们的重视。

交通工程学是为解决交通问题而提供基础理论与方法的一门学科,它涉及工程、法规、教育、环境、能源、经济等诸多领域,是一门综合性较强的学科。

本书总结与吸收了国内外近年来在交通系统规划、设计与管理等方面的最新研究成果和实践经验。考虑到交通工程学科综合性、系统性、交叉性和动态性的特点,本书注重交通工程基本概念、基本理论及基本方法的阐述,并关注和诠释部分交通工程研究的最新动态。

全书共分13章。第1~5章为基础部分,阐述交通系统中人、车、路及交通流的基本特性、交通调查与分析方法、交通流理论以及道路与交叉口通行能力;第6~11章为应用部分,介绍交通规划、交通控制与管理、停车场规划与设计、交通安全以及交通环境保护;第12、13章为发展动态,介绍智能交通系统以及交通工程软件等内容。

本书由兰州交通大学吴芳担任主编、马昌喜担任副主编,具体分工为:吴芳编写第1、4、5、7、8章,马昌喜编写第6、10、13章,河南理工大学路尧编写第2章,长安大学马超群编写第3章,山东科技大学靳露编写第9章,兰州交通大学孙丽芳编写第11章,河南城建学院李荣荣编写第12章。全书由兰州交通大学吴芳教授统稿,东南大学陈峻教授主审。

本书在编写过程中,参阅了大量文献,汲取了诸多的经验,也得到了人民交通出版社股份有限公司及部分院校多位编审老师的大力支持。此外,兰州交通大学研究生张俊锋、刘冰冰、唐方慧、麻存瑞和叶清也进行了部分绘图及文本校正工作。在此,对以上所有提供帮助的人员一并表示深深的谢意。

鉴于交通工程学科研究范围广泛,并且学科总是在动态地发展和完善之中,虽然我们力求内容全面、详实并且也尽可能简明新颖,但毕竟教材容量有限,我们对新知识体系的掌控也不够准确,部分内容也只是挂一漏百,不可详解。加之编者水平有限,不妥、不详或偏颇之处也在所难免,敬请读者批评斧正。

作　者
2014 年 5 月

目 录

第1章 绪 论

→ 1.1 交通工程学的产生及定义

1. 交通工具的变革及交通工程学的产生

早期农业社会,人类以农业活动为主,活动范围多局限于乡村,交通工具为牛车、马车等。进入工业社会,轮船、蒸汽机车、汽车等陆续发明,人类活动范围扩大,由区域性活动扩展为城际间活动,运输方式由线扩大为面。当今社会,随着现代交通科技的发展,社会环境的变迁,经济的不断发达,人类活动范围扩大,并且由于大型客机的使用,使得平面运输迈入了空间运输,城际间活动扩展为各国间的交流。随着科学技术的进一步发展,现代交通运输业已发展到了智能综合交通时代。

道路交通的发展,可追溯到 19 世纪。从 1885 年德国人卡尔·本茨制造的第一辆三轮汽车,到 1892 年奥托发明的四冲程内燃汽油汽车,完成了汽车由实验型向实用型的转变,形成了现代汽车的雏形。1908 年美国人亨利·福特采用标准化、专业化生产方式,大大降低了汽车的生产成本,使汽车成为大众普及型的交通工具。

汽车运输以其机动灵活、速度高、投资少、适应性强、可达性好等优点,得以迅速发展,而汽车工业及交通运输业的发展,对于城市规模的拓展,以及人们生活品质的提升,起到了不可磨灭的作用。美国是汽车运输发展最快的国家,20 世纪 20~30 年代,汽车工业得以迅猛发展。到了 1930 年,美国的汽车拥有量已达 3000 多万辆,道路 400 多万公里,平均每 1000 个居民拥有 180 辆汽车。小汽车在那时已成为美国人生活中不可缺少的交通工具,大城市汽车交通已相当繁忙。在此期间,许多发达国家的汽车工业也同样得到了快速发展,小汽车在越来越多的国家迅速得到了普及。当然,交通的发展是把双刃剑,存在"利益"与"问题"两个方面。交通的发展无疑为繁荣经济、改善城市交通、方便人们生活产生了积极的作用,同时也带来了大量占用有限的土地资源、交通事故、交通拥挤、车速降低、停车困难和环境污染等一系列的交通问题。为积极应对这些问题,人们已开始重视交通工程方面的研究工作。

1921 年美国任命了第一个交通工程师,1926 年哈佛大学创立了交通工程专修课。这一时期针对交通,人们主要研究交通法规的制定,交通管理,设置交通信号灯及交通标志、标线等方面的问题。随着交通需要和研究的发展,1930 年美国成立了世界上第一个交通工程师协会,并正式提出了交通工程学的名称,这标志着交通工程学作为一门独立的工程技术科学的诞生。1932 年,德国修建了世界上第一条高速公路,也开始了车辆与道路关系的研究。

2. 交通工程学的定义

交通工程学是交通工程学科研究与发展的基本理论,是从道路工程学科中派生出来的一门新兴学科,要对其进行确切的界定是非常困难的。由于世界各国学者认识问题的角度、观点和研究方法不同,对交通工程学的定义也有多种提法。

20 世纪 40 年代,美国交通工程师协会指出:交通工程学是道路工程的一个分支,它涉及道路的规划、几何设计、交通管理和道路网、终点站、毗邻地带及道路交通与其他运输方式的关系,以使交通运输安全、有效、方便。

澳大利亚学者提出:交通工程学是研究交通流和交通发生的基本规律的科学。为了使人和物安全有效地移动,将此学科的知识用于交通系统的规划、设计和运营。

前苏联学者将交通工程学定义为:研究交通运行的规律和对交通、道路结构、人工构造物影响的科学。

英国学者认为:交通工程学是道路工程中研究交通用途与控制、交通规划、线形设计等部分内容的科学。

世界交通工程师协会《会员指南》指出:交通工程学是运输工程学的一个分支,主要研究规划、几何设计、交通管理和道路网、终点站毗连用地和各种交通运输方式的关系。

尽管各国学者对交通工程学的理解和认识不完全一致,但各国的交通工程学者一致普遍认为,交通工程学是从道路工程学分化出来的,主要研究对象是道路交通,研究内容为交通规律及交通系统规划、设计、控制与管理等相关技术。

参考《交通工程手册》及交通技术的发展状况,可以给交通工程学以下定义:交通工程学是研究道路交通中人、车、路、环境之间关系,探讨道路交通的规律,建立和应用交通规划、设计、控制和管理的理论方法,以及通过实施有关交通设计、智能技术、法律和法规,使道路交通更加高效、安全、舒适、便捷、节能、环保、经济的一门科学。

1.2　交通工程学科的发展过程

1. 交通工程学科的发展历程

交通工程学科自 20 世纪 30 年代诞生起,经过几十年不断研究、应用和充实,其理论体系日益完善并得到了长足发展。其主要发展阶段如下:

(1)20 世纪 30 年代,主要工作是如何通过简单的交通管理如设置交通标志、安装手动信号机、路面画线等措施,来减少交通堵塞和交通事故。

(2)20 世纪 40 年代,交通工程师们开始意识到,只靠简单的交通管理,无法全面应对交通问题。如果不按交通量大小为依据修建道路,则带有很大的盲目性,于是交通工程学增加了以交通调查为基础的相关研究,并依据交通调查现状及远景交通量的预测进行交通设计,同时也开始研究提高路面质量与交叉口通行能力的方法。

(3)20 世纪 50 年代,各工业发达国家高速公路的兴起及大量建设,促使汽车拥有量迅速增加,形成了"汽车化"的局面。为了更加有序地发展交通,开始重视与土地使用有关的交通调查工作,并重点研究高速道路线形设计、交通渠化、通行能力计算、立体交叉设计,而且开始关注交通规划与各种运输方式能力协调等问题。

(4)20 世纪 60 年代,专家学者开始认识到在交通工程中人的因素占重要的地位,开始应用心理学、人机工程学、数学、物理学、控制理论等知识研究道路交通中人、车、路三者之间的相互关系,创立了跟驰理论及流体力学理论等交通流理论。这一时期,高速公路以大规模、高标准在美国、西欧各国大力兴建,汽车数量进一步急剧增加,城市也出现了交通拥堵及停车困难等问题,汽车环境污染问题也日益突显。为了疏导交通,提高行车速度,这一时期开始研究大量应用计算机控制信号灯、处理资料及实施交通规划,同时也开始研究停车场规划与设计等静态交通问题,并开始注意交通公害影响及环保对策的研究。

(5)20 世纪 70 年代,城市规模的扩大化和小汽车的持续发展,使得人们日常活动范围扩大,交通拥挤问题进一步加剧。大量汽车尾气、噪声、振动危及人们的健康,再加上能源危机问题爆发,迫使人们不得不对交通与环境现状重新认识。这样,在进一步拟订合理的交通规划的基础上,可通过采取多种综合治理措施改善交通,如在倡导优先发展公共交通的同时控制小汽车交通的发展,实施交通需求管理以减少不必要的客流出行,改变了交通组成,实现了为道路减负。除此之外,普遍实施交叉口渠化设计,强化交通智能化控制等措施,最终达到了用最少的投资提升运输系统综合通行效率、减少拥挤和疏通车流的目的。

(6)20 世纪 80 年代至 20 世纪末,为交通工程学科较大发展的时期。在人、车、路、环境协调性方面,更加注重了交通特性中人的主导性地位。主要开展了对驾驶员和行人的心理、生理特性及生物节律的研究、汽车性能(制动、转弯、撞击)及汽车碰撞时保证乘车人及驾驶员安全的研究。在公路几何设计方面,过去主要是以汽车运动力学平衡原则为线形设计基础,发展到线形组合要考虑对驾驶员的视觉诱导等方面的研究。在交通规划方面,研究经济发展对交通的定量需求和交通对经济发展的影响、土地利用与交通协调发展模式。在交通控制方面,进行了主要干线和主要街道上设置自动控制系统的研究以及反光标志、标线、可变信息标志的研究。在交通管理方面,进一步强化了车辆实行强制保险等交通法规的研究。在设备与手段方面,交通控制与车辆检测、测试、调变分析方面的自动化程度大大提高。在公害防治和环境保护方面,开展了汽车交通噪声控制和限制废气排放标准、管制措施等研究。

(7)进入 21 世纪以后,交通工程学处于最为快速的发展时期。各种交通问题已从特大城市逐渐蔓延到了中小城市,"以人为本"、"公交优先"、"可持续发展的交通运输系统"等交通发展理论已深入人心,智能交通、自适应交通、绿色交通、交通设计、交通流模拟仿真、不确定条件下的网络优化、公交优先保障技术、综合交通一体化规划与管理等课题逐渐被深入研究与广泛应用,特别是智能交通理论与技术,已成为世界各国解决交通问题的热门技术,并成为 21 世纪新的经济增长点。目前,智能交通系统已经发展成为一个综合系统,已得到国际上的普遍承认,并渗透到了整个信息技术领域。各发达国家均集中大量人力、物力、财力,利用各种高新技术及前沿理论,对其展开了深入、系统的研究并加以应用。

21 世纪将是交通智能化的时代,人们采用的智能交通系统,是一种先进的一体化交通综合管理系统。借助于这个系统,管理人员将对道路、车辆的行踪掌握得一清二楚。在该系统中,车辆靠自己的智能在道路上自由行驶,道路靠自身的智能将交通流量调整至最佳状态。

2. 我国交通工程学的发展

我国交通工程学科的建立不像美国有明确的标志,20 世纪 70 年代,随着经济开放搞活,城乡与市际间均交往频繁,原有交通设施与交通发展的矛盾日益突出。也就是在这一时期,我国首先成立了交通部公路科学研究所,开展了交通基础研究工作;联合交通、城建和公安交通管理部门开展了交通调查工作并进行了计算机控制交通信号的工程试验,为我国交通研究与实践奠定了基础。

1978 年,以美籍华人交通工程专家张秋先生为代表的美、日、英、加等国家的交通工程专家,先后到上海、北京、西安、南京、哈尔滨等地讲学,系统介绍西方发达国家交通规划、交通管理、交通控制及交通安全方面的建设与管理经验。国内也派出多个代表团出国参加由英、美、日、澳、德等国举办的国际交通工程学术会议,这些活动推动了国内交通工程学科的产生。1980 年,上海率先在国内成立交通工程学会,标志着我国的交通工程学已进入正规、全面、系统的科学研究阶段。此后,东南大学、同济大学、北京工业大学、西南交通大学、西安公路交通大学、哈尔滨建筑大学等院校均开设了交通工程本科专业,并着手招收、培养交通工程专业的硕士研究生、博士研究生,开始交通工程相关课题的研究,以应对我国各大中城市陆续出现的一系列的交通问题。

随着交通问题的日渐突出,我国对交通人才的培养力度逐年加大。至今,开设交通工程专业的大学本科院校已达近百所,每年输送本科及以上的交通专业人才近万人,一批又一批高素质交通工程人才分布在交通规划、设计、建设、管理等相关部门,从事着各种繁杂而具体的工作,成为中国特色社会主义建设队伍中一支不可或缺的生力军,为道路运输业的持续健康发展发挥着重要的作用。

1.3 交通工程学内容与特点

1.3.1 交通工程学内容

随着科学技术的进步和交通需求的增加,交通工程学作为运输学科的一个重要分支得到了迅速发展,学科领域不断扩大,学科的内容也日趋丰富,主要包括以下几个方面。

1. 交通特性分析

交通是由人、车、路与环境各子系统组成的大系统。交通特性分析主要包括交通参与者特性(驾驶员、行人)、交通工具特性(机动车、非机动车)、道路特性(公路、城市道路、交叉口及交通枢纽)、环境特性(道路组成、交通状况、地物地貌、气象条件)及交通流特性五个方面。

2. 交通调查

交通调查的目的是通过调查掌握交通流的基本特征,包括交通参数调查(流量、速度、密度、延误等)、出行信息调查(居民出行、车辆出行)、交通事件调查(交通事故、设施利用等)、交通环境调查等。

3. 交通流理论

交通流理论主要应用数学、物理学及计算机仿真理论等研究道路交通流的运行规律,分析道路及交通设施使用效果,并提出改进措施。其内容主要包括基于概率论、跟驰理论、流体力学理论、动力学理论等理论的交通流机理研究及应用。

4. 道路交通系统通行能力

对道路交通系统通行能力进行分析,不仅可以确定道路建设的合理规模,也可以对现有的道路交通系统适应性做出评判,从而为道路交通系统规划、设计、运营及管控提供更为科学的理论依据。其研究内容主要包括高速公路、公路、城市道路及交叉口通行能力的分析与计算,公交线路、自行车道及行人交通设施的通行能力分析与计算,以及通行能力的仿真分析等。

5. 交通规划

交通规划是城市或区域总体规划中的重要组成部分。其主要依据道路交通系统现状及需求变化趋势,合理制订未来交通供给方案,研究内容包括交通需求预测、交通网络平衡分析、路网布局方法及网络规划评价技术等。

6. 交通安全

交通安全技术通过探寻交通事故发生规律及机理,并通过有效设计道路、交叉口和安全保障设施,以及落实管理规章,最终达到预防事故、疏导交通、提高道路畅通性运行的目的。

7. 交通控制

交通控制通过由电子计算机管理的交通控制设施对交通流在不同的时空段进行限制、调节、诱导、分流,实现依据交通变化特性组织指挥车辆和行人安全、高效通行。

8. 交通管理

交通管理理论主要研究使道路通行效率最高、事故率最小、车辆延误最少的交通组织方法及交通法律法规、处罚条例的制定等问题。

9. 停车场规划设计与管理

停车场不足不仅会引发停车困难,影响人们正常出行活动,而且对道路通行能力也会有很大折损。通过科学方法进行停车需求调查与预测、停车场的规划与设计以及实施科学的停车管理,不仅可以有效满足停车需求,而且能起到"以静制动",调节和改善交通阻塞状况的目的。

10. 交通环境影响与可持续发展

机动车辆排放的废气以及产生的噪声、振动,必然对自然环境及公众生活造成极大的危害。面对这些交通公害,如何实施大气污染控制、道路交通噪声控制及道路交通水土污染控制,需要可持续发展的理念作支撑,更需要各种坚实的技术作保障。

11. 智能交通系统

智能交通系统是未来交通系统的发展方向,它是将先进的信息技术、数据通信传输技术、电子传感技术、控制技术及计算机技术等有效地集成运用于整个地面交通管理系统而建立的一种在大范围内、全方位发挥作用的实时、准确、高效的综合交通运输管理系统。它能更加有效地利用现有交通设施、减少交通负荷和环境污染、保证交通安全、提高运输效率。

1.3.2 交通工程学的相关学科

交通工程是一门综合性很强、由多种学科相互渗透的新兴学科。与交通工程密切相关的主要学科包括:汽车工程、运输工程、人类工程、道路工程、交通规划学、环境工程、自动控制、应用数学、电子计算机等。在该学科发展过程中还涉及车辆技术、信息技术、环境工程技术、人机工效学、材料学、土力学、系统工程、数学、管理学、统计学、经济学、心理学、美学、法学、社会学等领域的知识。交通工程这一学科同时具备自然科学和社会科学双重特点,如何将各种知识有效地整合于一体,形成交通工程学基础理论和应用技术体系,并服务于交通体系,需要不断探索、发现、应用、创新与发展。

1.3.3 交通工程学科的特点

交通工程学科具有以下特性:

1. 系统性

交通与整个社会经济系统密切相关,其自身又是一个由诸多相互联系、相互作用、相互制约的人、车、路、环境四要素所组成的有机整体,是一个多目标、多约束、开放性的大系统。因此,交通工程学最重要的方法论基础是系统工程,很多时候需要以系统工程学的原理来解决交通工程发展中的问题。

2. 综合性

交通工程学是一门综合性很强的学科,只有将工程(Engineering)、教育(Education)、法规(Enforcement)、环境(Environment)和能源(Energy)5 个方面综合起来考虑,才能保证人、车、路、环境之间合理的时间和空间关系。由于工程、教育、法规、环境和能源这 5 个英文字头都是以字母 E 开头,所以,人们通常将交通工程学称为"5E"学科。

3. 交叉性

随着科学技术的不断发展,交通工程学与其他相关学科的联系更加密切,也进一步体现了该学科的综合性与交叉性。一个最有说服力的例子是智能交通系统(ITS),它是交通工程学科、电子工程学科、通信工程学科、自动控制学科、计算机学科、汽车工程学科在交通运行管理中的多学科交叉。

4. 社会性

交通系统是社会经济系统的子系统,涉及社会的各个方面。交通规划、交通管理、交通法规都直接影响着全社会公民和企事业单位的切身利益,影响到城市发展、区域经济发展及人们出行品质的提升程度。

5. 超前性

交通系统是为社会经济发展和人民生活服务的,由于道路系统本身建设周期及使用年限长,一条道路或桥隧往往要求服务期限达几十年,一条地铁服务期限或许要求达到一百年。因此,必须在规划、设计及建设时充分考虑未来的交通需求,充分体现其超前性,以满足多年以后人们的交通需求和社会发展状况。

6. 动态性

交通工程的动态性体现在两个方面:一是交通流自身是一个随机变化的主体,只能通过统计规律来描述这种随时间或空间动态变化的规律;二是科学技术在不断进步,交通需求在不断增长,交通结构也在不断变化,所以系统规划必须根据各种综合变化情况,采用滚动发展的手段,不断调整、不断完善,在滚动发展中适应各种动态变化。

1.4　我国道路交通面临的问题及交通工程学科研究趋势

1.4.1　我国道路交通面临的问题

随着我国机动车拥有量的持续增加,现有的道路已经无法满足人们日益增长的交通需求,尤其是在部分大中城市,交通问题愈演愈烈。究其原因,主要有以下几个方面。

1. 城镇化进程进一步加快,城市边界弱化,交通需求激增

道路交通承担着大量的客货运输、换乘、中转和集散任务。随着城镇化进程进一步加快,城市边界呈现弱化趋势,人口流动和物资流动加剧,社会生产和人类活动强度加大,客观上扩大了交通需求。随着社会经济的进一步发展和人民生活水平的提高,交通需求激增,交通问题凸显,如果置之不理,交通问题只会愈演愈烈。

2. 机动车拥有量增速过快,路网容量偏低,停车困难

近几年,汽车工业发展迅猛,机动车拥有量数年来保持着高增长的态势,而人均道路面积一直处于相对较低水平,路网容量偏低,无法满足交通需求,交通供需严重失衡,在城市这种状况更为突出。一些城市约 50% 的路段高峰时段饱和度达到 0.95,全天平均饱和度超过 0.70。与此同时,随着建筑高层化和汽车保有量持续增长,使我国许多大城市的市区中心区域、交通枢纽地带及大型公共建筑群附近均出现了停车车位不足、违章占路等“停车难”问题,这种现象影响到动态交通,使得车速下降、堵塞进一步加剧。许多城市被迫采用限号通行、限时通行、高费率停车等政策,但交通供需矛盾仍未解决,甚至进一步恶化。

3. 遵章出行意识薄弱,交通事故频频发生

当前,随着我国道路通车里程和机动车数量的不断增加,交通事故也在大幅度增加并维持高位。自 2000 年至 2013 年年底的十几年时间,我国约有 120 万人死于交通事故,由此而受伤的人数达 500 万人以上,直接经济损失已超过 200 亿元。这些交通事故绝大部分都是由于驾驶员违章造成的。交通事故已经成为一个严重的社会问题,提高国民交通素质、消除交通事故任重而道远。

4. 城市路网结构不合理，交通布局与交通发展不适应，缺乏整体发展战略

由于历史遗留和规划设计上存在的问题，造成了路网结构不合理，加之路网的连通性较低，瓶颈路、断头路经常出现，大大影响了路网的通行能力。近些年，我国各城市在进行交通布局时，对土地利用和交通布局的关系把控不够，交通配套设施建设及交通组织管理措施也有所缺失，加上城市交通所涉及的多个部门之间缺乏统筹与衔接，造成一些交通设施建设只能暂时应对局部交通拥堵问题，从长远与全局的角度来看，却形成了结构性的负效应。

5. 交通管理科技水平低下，智能化水平不够高

我国特有的人车混合、机动车与非机动车混行的交通方式影响道路通行的效率和安全。目前，我国交通信息化、智能化管理系统的研发和推广使用发展缓慢，在管理的技术层面上达不到对道路、车辆、交通参与者的综合考虑，交通信息不畅，缺乏对交通需求的预测和引导，使得道路利用率低。尤其是在城市轨道交通建设、道路改扩建及城市管线改造等施工期间，在居民聚居区及道路施工区周围缺乏一些路况、交通组织及车辆优化出行径路指示等管理信息，这些都加剧了交通拥挤、资源浪费和环境污染，同时也产生了巨大的时间成本，并增加安全隐患。

1.4.2 我国交通工程学科研究趋势

为了充分发挥道路运输的基础性和主通道作用，在汲取国外先进经验与基本理论的同时，需从我国交通工程的实际特点出发，加强智慧交通、应急交通、公共交通、交通安全、交通规划与设计以及交通污染治理等方面的研究，建立符合我国国情的交通工程理论与方法。我国近期交通工程学需重点关注以下方面。

1. 综合交通运输规划理论与方法研究

这方面的研究包括综合交通运输系统需求预测理论、综合交通网络规划及优化理论、综合运输枢纽和通道布局理论及优化建模方法、可持续发展的综合交通系统模式、供需耦合分析及主动供需平衡理论、综合运输系统后评价理论与方法、可持续发展保障体系等。

2. 应用计算机技术模拟和辅助管理交通工程

目前我国自行开发的交通工程计算机应用软件技术有：交通模拟软件、交通调查数据处理分析系统、交通图形信息处理软件、交通工程辅助设计软件、交通信号配时优化软件、交通事故分析软件、车辆及驾驶员档案管理系统、市政道路数据库及交通信息管理系统、建设项目管理软件等。这些模拟及管理技术的应用，对于加大规划、设计的科学性，提高交通运营管理效率具有重要作用。

3. 交通协调设计研究

交通协调设计以系统最佳为目标，以基本资源和条件为约束，形成各种优化交通运行环境的交通协调设计方案，如交通通行时空协调设计、通畅与安全协调设计、公共交通与社会交通及换乘交通协调设计、快慢交通协调设计、动静交通协调设计、通行能力匹配设计等。

4. 交通应急疏散及管理研究

飓风、地震、核泄漏及危险品泄漏等紧急事件引起的灾难,对各国的政治、经济和人民的生命财产将产生极大的威胁,应急疏散是应对大型突发事件、防止和减少人员伤亡的重要措施。通过疏散仿真、疏散交通管控技术为主的疏散研究,对于突发状况及重大事件的交通应急管理具有重要意义。

5. 资源节约、环境友好型交通系统的研究

为了提高交通管理水平和保障交通安全,并实现环境友好型道路工程系统,各方面的研究工作需要进一步延伸,主要包括与人、车、路相关的各种新型设备及设施的研发及应用。

（1）人的监控装置及导航装置。它包括各种终端导航装置、酒精检测仪、疲劳检测仪、驾驶员职业适应性检测装置等。

（2）动力设施改进研究。为了调整优化交通能源消费结构,加快车辆技术装备升级换代,所进行的相关研究项目包括乙醇燃料、太阳能技术和车辆电力推进系统等绿色交通技术的研究与应用等。

（3）道路建设材料研发。加强旧材料利用与新材料的研发工作,旧材料利用技术典型代表为废旧橡胶粉筑路应用技术。该技术将废旧轮胎经粉碎加工处理成橡胶粉末,掺加到沥青混合料中,改善路面性能,能减薄路面厚度30%～70%,降低工程造价20%左右,同时也能降低路面噪声。此外,聚合物水泥混凝土技术、轻质混凝土技术、油砾石技术、温拌沥青混合料技术等新型特色路用材料的研究与开发也取得了阶段性成果。在改造道路的同时,部分道路危险路段还安装一些电热丝,在天寒地冻时利用太阳能加热,可有效防止路面结冰或积雪。

6. 车联网与智慧交通系统的研究

车联网指装载在车辆上的电子标签通过无线射频等识别技术,与路侧基站进行交互,实现在信息网络平台上对车辆的属性信息和静、动态信息进行提取和有效利用,并根据不同的功能需求对车辆的运行状态进行有效的监管和提供综合服务,从而实现"人—车—路"的和谐统一。通过车联网可以实现车辆的定向信息服务,配备一定功能设备的车辆,当通过路侧基站时,与基站进行相关信息交互。车联网系统全面启用后,人们通过电话、短信、网络等多种智能终端互动方式,实时查询道路交通情况、管制措施、公交车换乘、停车场有无空位以及行车前方及周边详细的交通信息。

7. 基于大数据的个性化交通服务研究

目前用户通过声讯信息服务、动态交通信息服务等平台获取地图查询、车船班次等基本交通信息外,部分还结合了GPS定位服务,提供车辆定位及路线导航服务。而个性化交通、信息服务主要从多源异构数据源获取数据,用户随时可通过车载终端、手机等互联网应用系统接收红、黄、蓝、紫、绿等彩色交通流直观图片及视频、语音等信息,同时也可实时发布自己的图像、语音及视频路况信息。

未来几年,个人化定制服务将成为研究应用的重点,服务内容也将日益丰富。

（1）基于位置的个性化信息推送。车辆在行驶过程中,交通信息应用系统将根据用户的行驶路线和方向,实时自动语音播报前方及周边道路路况,为用户提供包括动态导

航、沿途路况、周边信息等个性化推送服务,以帮助使用者选择最佳路线避开拥堵路段,起到提高出行效率的目的。

(2)定制化的交通信息服务。用户可根据日常的出行情况,对自己出行路线上关键路段及热点区域进行定制,可进行时间设定,在设定的时间内查看自己的定制信息,如早上 7:30 上班时间,定制的信息可通过短信、微信提醒等方式发送到手机上,自己出行路线上的路况一目了然。

(3)智能化的交通信息推送服务。运用 GIS 及统计学相关技术,通过对用户出行的路线及区域进行分析,得出用户常走的线路和区域,从而可以有针对性地推送交通信息,达到智能化交通信息服务,让人们感受到真正的智慧出行。

(4)基于位置的交通信息服务云平台。随着移动用户的快速增加,集"云计算、云数据挖掘、云存储"的公众信息中心(数据中心、管理中心和服务中心),将涵盖交通、餐饮、旅游等公众和个性化信息,为城市居民提供即时、快捷、丰富的出行信息服务。

习　题

1. 简述交通工程学的定义、性质及特点。
2. 举例说明交通工程学的一些相关学科及其发展应用状况。
3. 简述我国道路交通面临的问题及交通工程学科的研究趋势。
4. 谈谈你对基于大数据的个性化交通服务的设想与展望。

第2章 交通特性

→ 2.1 人、车、路、环境基本特性

如果将交通作为一个大的系统来看待,则可以认为此系统是由人、车、路以及环境四大要素组成。

人的因素在所有因素中是最具主动性、最为复杂、最为多变的一个因素。现代交通系统中的人通常有两类:一类是各类交通工具的操纵者,即驾驶员;另一类则是乘客、行人、道路维护管理人员等。由于参与交通形式的不同,使得这两类人在整个交通系统中的地位及被研究的角度也完全不同。但不管是哪一类人,从客观上都包含基本的人类特征,如相似的视觉、听觉、触觉等,不同的是心理和生理特性存在个体差异。

目前,城市中常用的交通工具有大中小型客、货车,常规公交车,BRT 车辆以及轨道车辆等,在地势平坦的中小城市,还有为数众多的非机动车,如自行车、电动自行车以及助力车等。这些车辆不管是在几何外形上,还是交通特性上都有很大的不同。在此,仅介绍常见机动车基本特性。

道路是交通系统中承载人和车辆的场所,由一系列空间带状线路连接而成,具有明显的网状结构。按照道路所连接区域以及功能的不同,又可划分为城市道路和公路。城市道路和公路根据通行能力的差异又可继续向下划分若干等级。不同性质的道路其设计要求与建设标准均不完全一致,造成了交通安全、通行能力等方面的差异。

环境是作用于道路交通参与者的所有外界影响与力量的总和,包括道路状况、交通设施、地物地貌、气象条件,以及其他交通参与者的交通活动等。

2.1.1 驾驶员交通特性

道路上,相同的车辆在不同的驾驶员操作下会表现出不同的驾驶特点,也即每个驾驶员都拥有自己的特点。据统计,近年来每年因道路交通事故死亡人数约 6 万～10 万人,占全国各类事故死亡总数的 80% 以上。其中,因驾驶员因素造成的交通事故占事故总数的比例在 80% 以上,而三年驾龄以内的新驾驶员造成的事故又占一半以上。所以,有必要了解驾驶员的驾驶共性,认识驾驶行为与驾驶员心理之间的关系。

1. 驾驶员驾驶反应行为模式

驾驶员驾驶车辆在道路上行驶的过程中,会不断地对其他车辆、行人、交通设施、天

气、环境等外界信息产生反应,并通过自身的判断对这些信息进行处理。整个行为过程可以简化为对交通信息的感知、判断、动作组成的不断交叉反馈的动态信息处理过程,如图 2-1 所示。

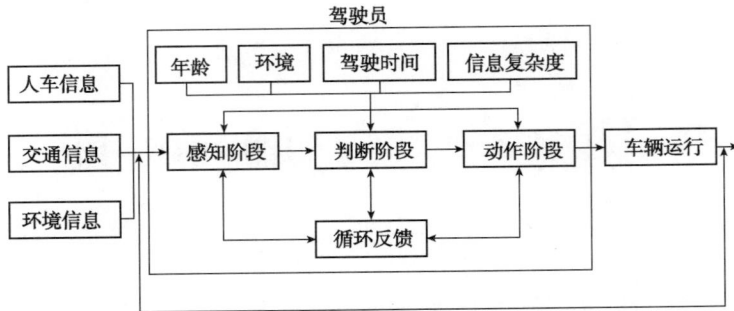

图 2-1　驾驶员驾驶反应行为模式

2. 驾驶员生理基础

任何国家驾驶员驾车上路之前都必须进行严格的专业培训,只有人与机动车达到一定的和谐统一程度,整个驾驶行为过程才可能是安全的。与驾驶有关的人类生理因素主要包括驾驶员的视觉特征、驾驶员的年龄以及驾驶员的综合身体状态。

(1)人眼在驾驶中的作用

驾驶员在驾驶车辆时,主要依靠视觉来捕捉交通信息。据统计分析,各种感觉器官给驾驶员提供的交通信息数的比例分布如下:视觉占 80%,听觉占 14%,触觉占 2%,味觉占 2%,嗅觉占 2%。可见,视觉是影响驾驶行为可靠性的最主要因素。通常眼球的构造及视网膜的感受性影响驾驶员的视力,其次外在的光线亮度(照度)、物体与背景之间的对比度也会影响视力。

(2)动视力与静视力

由于驾驶员的驾驶过程是一个动态过程,即使物体是静止不动的,但在驾驶员的眼中依然是一个相对移动的物体。所以驾驶员在驾驶过程中,95% 的视觉信息是动态的。动态视觉与静态视觉的视野、视距、空间感有很大的不同。

通常在静止状态下测得的视力叫静止视力,而在运动状态下驾驶员所具有的视力叫动态视力。实验表明,动态视力随着运动速度的增加而下降。一般情况下,动态视力比静止视力低 10%～20%,特殊情况下甚至降低 30%～40%。因此,在车辆高速行驶时,动态视力的降低会使驾驶员的视认距离缩短,影响到驾驶员的感知和观察。

(3)视野

视野是指人的头部和视线固定时,两眼所能够看到的空间范围。通常人的双眼视野范围水平方向为 160°～180°,垂直方向为 100°～130°。为了保证驾驶安全,驾驶员需要有宽阔的视野。但实际上,根据有关学者的研究,随着车速的提高,驾驶员的视野在逐渐地变窄,视野范围与车速的关系如表 2-1 所示。

驾驶员水平视野范围与车速关系　　　　　　　　　　　表 2-1

车速(km/h)	40	60	70	80	100
视野范围(°)	100	75	65	60	40

汽车的行驶速度越高,驾驶员视野就变得越窄。低速行驶时,驾驶员能清晰地看到前方全景。随着车速的提高,近处景物相对汽车移动的速度在提高。当汽车高速行驶时,由于近物也在快速移动,驾驶员的视网膜来不及成像而变得模糊不清,只有远处的景物还可以看清。这样,就会影响驾驶员对车辆两侧情况的感知,进而影响到交通安全。

（4）空间感

驾驶员对车外运动物体的辨认,主要是根据其位置的变化而进行的。当车辆处于行驶状态时,车外物体自身的位置变化相对来讲是慢而细小的,车速越高,驾驶员对这种慢而细小的变化就越难辨认。所以,驾驶员在移动状态下,对外界物体运动状态的辨别能力也会下降。实验表明,当行驶车速为64km/h时,驾驶员能看清24m以外的物体,而当行驶车速变为97km/h时,驾驶员只能看清34m以外的物体,要想识别比上述距离更近的物体,几乎是不可能的。当然,如果物体在427m以外的较远距离处,要想识别几乎也是不可能的。因此,对于驾驶员来说,当车速为97km/h时,在34～427m的距离可认为是有识别能力的空间。随着行驶速度的逐步提高,该空间范围变小,这就使得驾驶员在高速行驶时对近距离或远距离的观察更为困难,一旦在很近或很远的距离上出现异常情况,驾驶员就难以辨认。

（5）驾驶员的年龄

由于动态视觉特征反映的是所有视觉和眼肌系统的整合功能,因此年龄因素的影响是很明显的。动态视觉特性衰退得比较早,而且衰退得比较快。

日本某研究人员曾对2697名18～70岁的职业驾驶员进行动视力检测,他们发现静视力从46～50岁开始有显著下降和正常衰减两种趋势;而动视力则从36～40岁开始显著下降。

此外,随着年龄的增长,驾驶员患眼疾的概率加大,一旦患上白内障、青光眼等疾病,将影响驾驶员眼睛的有效移动,不同程度地产生弱视和失明,从而导致视觉机能下降。基于上述理由,对于年龄较大的驾驶员(尤其是职业驾驶员),应在驾车时必须要做出合理的限制。

（6）驾驶员的综合身体状态

除了基本的视觉特性以外,驾驶员的其他身体状况也会对驾驶状态和反应产生较大的影响。在道路交通安全领域里,造成巨大经济损失和人员伤亡的驾驶行为有四类,分别是疲劳驾驶、醉酒驾驶、超速和超载。其中,疲劳驾驶及醉酒驾驶从本质上来看,就是驾驶员综合身体状况发生恶化后导致的驾驶反应迟钝,致使视觉、听觉、操作的延迟,进而引发交通事故。

3. 驾驶员的心理基础

不同的人拥有不同的个性和心理。在美国康乃狄格州的一份交通调查资料显示:6年内,4%的事故倾向型驾驶员引发的交通事故量占据交通事故总量的36%。美国的Osborne最早提出了事故倾向型理论(Accident Proneness Theory)的概念。他在该理论中提到,在同样的环境中,一部分人会由于生理或者心理的原因较一般的人群更易导致事故。虽然,他们占据的数量只是驾驶人群的一小部分,但是引发的交通事故总量却占据了很大的比例,并把这类人群定义成为事故倾向型驾驶员。

总结发现,事故倾向型驾驶员往往有以下性格特征:

①感情冲动、容易兴奋;

②脾气暴躁;

③厌倦工作、没有耐心;

④慌慌张张、不沉着;

⑤动作生硬、工作效率低;

⑥喜怒无常、感情多变;

⑦理解能力低、判断和思考能力差;

⑧极度喜悦和悲伤,缺乏自制力;

⑨处理问题轻率、冒失;

⑩运动神经迟钝、动作不灵活。

4. 驾驶员不良驾驶行为及心理

不良驾驶习惯是潜伏在行车过程中的杀手,是造成国家和个人财产损失的隐患。驾驶员的心理状态、文化背景、社会环境等诸多因素影响着他们的驾驶习惯。大量研究数据表明,由于驾驶员的心理问题而酿成的交通事故高达80%。不良的心理导致不良的驾驶习惯,而长期的不良驾驶习惯是交通事故的直接隐患。

除以上四类恶劣行为外,随意变道、闯信号灯、违章超车、跟车过近、不按规定让行以及忽视标志标线等也是存在潜在的事故风险和发生事故的主因。

在交通事故中的各类不良驾驶行为中,违章超车、闯信号灯和疲劳驾驶的风险性较高;超速行驶、醉酒驾车的危害性较大。另外,根据对驾驶员的问卷调查发现,不按规定让行、跟车过近、疲劳驾驶和醉酒驾驶的可控性较高,即此类不良驾驶行为可以通过培训、教育和行政处罚,使事故发生情况得到有效的控制。

2.1.2 行人的交通特性

有别于驾驶员,行人在交通中的地位处于相对的弱势。一旦发生车祸,行人的安全性更低,以前的道路设施设计理念更多是为了提高机动车的效率和安全,而忽视了行人的地位。

城市步行交通可分为沿街交通、过街交通以及场站枢纽交通。行人沿街交通(包括步行街)与机动车、非机动车基本无冲突;行人过街交通则要与机动车流、非机动车流发生冲突,枢纽交通主要研究换乘站、枢纽站、车站人流、车流的径路组织与优化。因此,关于行人交通特性的研究主要集中于行人过街及枢纽交通的研究。

1. 行人交通特性基本参数

(1)行人流量和行人流率

行人流量又称行人交通量,与机动车交通量类似,是指单位时间内通过道路某一断面单位宽度的人数,一般单位为人/h。

(2)行人步速

行人步速是描述行人交通流状态的又一基本参数,是指行人在单位时间内行走的距离,一般单位是m/s。美国高速公路通行能力计算手册推荐取1.2m/s作为行人步行速度,同时又指出行人步行速度取决于老年行人(超过 65 岁)与全体行人的比例。当老年人比例超过 20%时,推荐采用 1.0m/s 作为行人的设计步速。

（3）行人流密度

行人流密度是指在道路或排队区域内某一单位面积的平均行人通过量。单位是人/m²,它直接反映了交通需求量。实际应用中经常引用行人空间占有量来表示行人流密度。

（4）行人空间占有量

行人空间占有量是指在道路或排队区域内平均每个行人占用的空间,单位为 m²/人。它是行人流密度的倒数,在分析行人问题时,更具有实用性。

行人处于运动状态时,运动区域内所需的空间要比静止时大,随着运动速度增加,需要的空间就越大。HCM 建议,运动中行人所需面积约为 0.75m²。由于中国人的体形在平均水平略小于西方人的体形,因此在我国行人对空间的需求也略小,行人运动时所需面积取为 0.48m² 比较合理。根据相关研究,行人在公众场合对空间的基本需求是1.8m²,在购物时需要 2.7～3.7m²,通常行走时需要 4.6～5.5m²,漫步时需要 10.7m² 的空间,才能感到舒适。

2. 行人过街行为特征

步行者以自身体力为动力,出行距离近,行走速度慢,速度差小。行人占用的交通资源少,属绿色交通,不会产生环境污染。步行通达性强,几乎不受空间和时间的局限,任何处所均可到达。步行仅受个人意志支配,可自由选择步行路线和步行位置。然而当个体行人处于群体中时,又出现群体效应,即个体行人的行为趋同于群体行人的共性行为。

2.1.3 车辆的交通特性

1. 机动车的分类

根据《中国汽车分类标准》(GB 9417—89)的分类,主要机动车型可分为载货汽车、越野汽车、自卸汽车、牵引车、专用汽车、客车、轿车及半挂车八大类。但由于该标准颁布时间较早,已不符合现在的汽车发展特征,需进一步细化与规范。2001 年,颁布了新的汽车分类标准,即《汽车和挂车类型的术语和定义》(GB/T 3730.1—2001),该标准对汽车、挂车和汽车列车的类型给出了新的术语和定义。其主要适用于为在道路上运行而设计的汽车、挂车和汽车列车,同时还包括了与电力线相连的车辆,如无轨电车,以及整车整备质量超过 400kg 的三轮车辆。具体来说,可以分为汽车、挂车和汽车列车三大类。

（1）汽车(Motor Vehicle)

由动力驱动,具有 4 个或 4 个以上车轮的非轨道承载的车辆,主要可用于:载运人员或货物;牵引载运人员或货物的车辆;其他特殊用途,如急救、殡仪等。

①乘用车(Passenger Vehicle)。在其设计和技术特性上主要用于载运乘客及其随身行李或临时物品的汽车,包括驾驶员座位在内最多不超过 9 个座位。它也可牵引一辆挂车。乘用车还可继续细分为普通乘用车、活顶乘用车、高级乘用车、小型乘用车、敞篷车、舱背乘用车、旅行车、多用途乘用车、短头乘用车、越野乘用车、专用乘用车,共计 11 个小类。

②商用车辆(Commercial Vehicle)。在设计和技术特性上用于运送人员和货物的汽车,并且可以牵引挂车。乘用车不包括在内。商用车辆还可以细分为客车、半挂牵引车、货车三个小类。

(2)挂车(Trailer)

就其设计和技术特性须由汽车牵引,才能正常使用的一种无动力的道路车辆,用于载运人员或货物,或用于其他特殊用途。

①牵引杆挂车(Draw-Bar Trailer)。至少有两根轴的挂车,一轴可转向,通过角向移动的牵引杆与牵引车连接,牵引杆可垂直移动,连接到底盘上,因此不能承受任何垂直力。具有隐藏支地架的半挂车也作为牵引杆挂车。

②半挂车(Semi-Trailer)。车轴置于车辆重心(当车辆均匀受载时)后面,并且装有可将水平或垂直力传递到牵引车的连接装置的挂车。

③中置轴挂车(Centre Axle Trailer)。牵引装置不能垂直移动(相对于挂车),车轴位于紧靠挂车的重心(当均匀荷载时)的挂车,这种车辆只有较小的垂直静荷载作用于牵引车,不超过相当于挂车最大质量的10%或1000N的荷载(两者取较小者)。其中,一轴或多轴可由牵引车来驱动。

(3)汽车列车(Combination Vehicle)

一辆汽车与一辆或多辆挂车的组合。可细分为乘用车列车、客车列车、货车列车、牵引杆挂车列车、铰接列车、双挂列车、双半挂列车、平板列车等。

2. 汽车的设计尺寸

车辆尺寸对道路设计,路面宽度等都有影响,在我国《公路工程技术标准》(JTG B01—2003)和《城市道路工程设计规范》(CJJ 37—2012)中都规定了机动车辆外廓尺寸界限,如表2-2、表2-3所示。

《公路工程技术标准》(JTG B01—2003)规定的设计车辆外廓尺寸(单位:m)　　表2-2

车辆类型	项　　目					
	总长	总宽	总高	前悬	轴距	后悬
小客车	6	1.8	2	0.8	3.8	1.4
载货汽车	12	2.5	4	1.5	6.5	4
鞍式列车	16	2.5	4	1.2	4+8.8	2

《城市道路工程设计规范》(CJJ 37—2012)规定的设计车辆外廓尺寸(单位:m)　　表2-3

车辆类型	项　　目					
	总长	总宽	总高	前悬	轴距	后悬
小客车	6	1.8	2.0	0.8	3.8	1.4
大型车	12	2.5	4.0	1.5	6.5	4.0
铰接车	18	2.5	4.0	1.7	5.8+6.7	3.8

3. 汽车的基本性能指标

(1)动力性

汽车的最高车速:在良好的水平面路面上汽车所能达到的最高行驶速度。

汽车的加速时间:从 0 加速到 80km/h,所用的时间,或原地起步,通过 400m 距离所需时间。

汽车的爬坡能力:在良好的路面上,汽车满载时以 1 挡行驶所能爬行的最大坡度。

(2)制动性能

制动效能:一般用制动减速度、制动距离和制动力来表示。

制动抗热衰性:高速行驶或长下坡连续制动时,汽车能够保持制动性能的程度。

制动时的方向稳定性:汽车按指定轨迹行驶的能力。

(3)通过性

汽车在满载情况下能以足够高的平均车速通过各种等外路、无路地带和克服各种障碍的能力,又称越野性。

(4)操纵稳定性

它是指在驾驶员不感觉过分紧张、疲劳的条件下,汽车能按照驾驶员通过转向系及转向车轮给定的方向行驶,且当受到外界干扰(路不平、侧风、货物或乘客偏载)时,汽车能抵抗干扰而保持稳定行驶的性能。

(5)平顺性

用于评价乘坐者的舒适程度,通常指乘客对振动的适应程度。

(6)环保性

为了进行节能减排检查的需要,对机动车排放标准进行了分级。而汽车环保标志是国家发放的机动车排放标准的分级标志,有黄色和绿色两大类。

2.1.4 道路的交通特性

1. 道路的功能

道路功能是指道路能为道路使用者提供交通服务的特性,包括通过功能和通达功能。

2. 道路的分类与分级

我国现有道路体系根据其功能和服务范围可分为公路和城市道路两大类。

(1)公路的分类与分级

公路是指连接城市、乡村和工矿基地等,主要供汽车行驶,具备一定技术和设施的道路。公路按其重要性和使用性质又可划分为:国家干线公路(简称国道)、省干线公路(简称省道)、县公路(简称县道)以及专用公路等。

国道:是指在国家干线网中,具有全国性的政治、经济、国防意义,并经确定为国家干线的公路。

省道:是指在省公路网中,具有全省性的政治、经济、国防意义,并经确定为省级干线的公路。

县道:是指具有全县性的政治、经济意义,并经确定为县级的公路。

专用公路:是指由工矿、农林等部门投资修建,主要供部门使用的公路。

除了以上行政管理划分方法外,根据其技术要求,还可以分为高速公路、一级公路、二级公路、三级公路和四级公路。

高速公路:专供汽车分向、分车道行驶并全部控制出入的干线公路。四车道高速公路一般能适应按各种汽车折合成小客车的远景设计年限年平均昼夜交通量为 25000~55000 辆;六车道高速公路一般能适应按各种汽车折合成小客车的远景设计年限年平均昼夜交通量为 45000~80000 辆;八车道高速公路一般能适应按各种汽车折合成小客车的远景设计年限年平均昼夜交通量为 60000~100000 辆。

一级公路:供汽车分向、分车道行驶的公路,一般能适应按各种汽车折合成小客车的远景设计年限年平均昼夜交通量为 15000~30000 辆。

二级公路:一般能适应按各种车辆折合成中型载货汽车的远景设计年限年平均昼夜交通量为 3000~7500 辆。

三级公路:一般能适应按各种车辆折合成中型载货汽车的远景设计年限年平均昼夜交通量为 1000~4000 辆。

四级公路:一般能适应按各种车辆折合成中型载货汽车的远景设计年限年平均昼夜交通量为双车道 1500 辆以下,单车道 200 辆以下。

（2）城市道路的分类

城市范围内,供车辆及行人通行的,具备一定技术条件和设施的道路称为城市道路。城市道路的功能除了把城市各部分联系起来为城市各种交通服务外,还起着形成城市结构布局的骨架,提供通风、采光,保持城市生活环境空间以及为防火、绿化提供场地的作用。

按照道路在道路网中的地位、交通功能以及对沿线建筑物的服务功能等,城市道路分为以下四类。

快速路:为城市中大量、长距离、快速的交通服务。快速路对向车行道之间应设中间分隔带,其进出口应采用全控制或部分控制。快速路两侧不应设置吸引大量车流、人流的公共建筑物的进出口。两侧一般建筑物的进出口应加以控制。

主干路:连接城市各主要分区的干路,以交通功能为主。自行车交通量大时,宜采用机动车与非机动车分隔形式,如三幅路或四幅路。主干路两侧不应设置吸引大量车流、人流的公共建筑物的进出口。

次干路:与主干路结合组成道路网,起集散交通的作用,兼有服务功能。

支路:次干路与街坊路与小区的连接线,解决局部地区交通,以服务功能为主。

3. 路网密度与规划

（1）路网密度

各种类型的道路在平面上呈网状结构,所以可以将各条相互连接的道路形象地称为路网。一个区域的路网密度等于该区域内道路总长与该区域的总面积之比。但路网密度也不是越大越好,路网的密度要与该地区的发展水平相适应,这样既不会造成道路资源浪费,也不会抑制居民的出行需求。

（2）路网布局与规划

良好的路网布局能有效促进交通的通达性和便利性,增强运输的效率。所以,建设道路应该利用系统的观点,对未来区域内的道路进行前期规划,使路网能够更好地为地方经济服务。

由于各地所处的地理位置、环境、人口和经济发展水平的不同,各地的路网结构也不尽相同。典型的路网布局有三角形、并列形、放射形、树叉形等。

放射形路网一般用于中心城市与外围郊区、周围城镇间的交通联系,对于发挥大城市的经济、政治、科技、文化、信息中心作用,促进中心城市对周围地区的辐射和影响有重要作用,不足之处是周围城镇之间联系不便。

三角形路网一般用于规模相当的重要城镇间的直达交通联系。这种布局形式通达性好,运输效率高,但建设量大。

并列形路网是将平行的几条干线分别联系着一系列城镇,而处于两条线上的城镇之间缺少便捷道路连接,是一种不完善的路网布局。

树叉形的路网一般是公路网中的最后一级,是从干线公路上分叉出去的支线公路,将乡镇、自然村寨与市、县政府连接起来。

4. 道路结构

(1)道路线形

道路是一个带状构造物。它的中线是一条空间曲线。中线在水平面上的投影称为路线的平面。沿着中线竖直的剖切,再行展开就称为纵断面。中线各点的法向切面是横断面。道路的平面、纵断面构成了道路的线形组成。

道路的平面线形,当受各种因素及自然条件(主要是地形、地物和地质)的限制而发生转折时,为消除道路的突然转折,使汽车安全顺适的通过,在转折处就需要设置曲线。曲线一般为圆曲线、缓和曲线及其组合。因此,直线、圆曲线、缓和曲线是平面线形的组成要素。

纵断面线形主要是解决道路线形在纵断面上的位置、形状和尺寸问题。具体结构包括纵坡和竖曲线两项。纵断面线形要与道路上行驶的汽车的技术性能相适应,满足汽车行驶力学要求、驾驶员视觉及心理要求和乘客的舒适性要求。纵断面线形还应根据公路的性质、任务、等级和地形、地质、水文等因素,考虑路基稳定、排水及工程量等的要求,对纵坡的大小、长短、前后纵坡情况、竖曲线半径大小以及与平面线形的组合关系等进行组合设计,从而设计出纵坡合理、线形平顺圆滑的理想线形,以达到安全、快捷、舒适、工程费较省、运营费用较少的目的。

(2)道路横断面结构

①公路横断面结构(图2-2)。

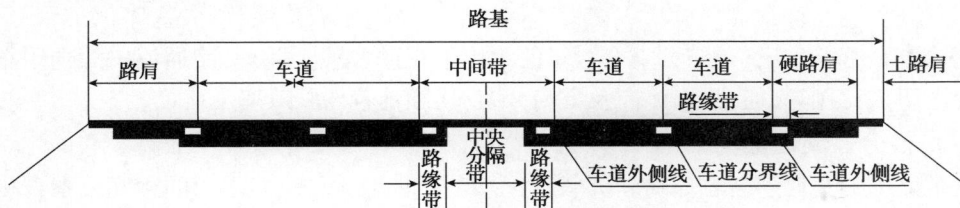

图2-2 公路横断面结构示意图

行车道:公路上供各种车辆行驶部分的总称,包括快车行车道和慢车行车道。

路肩:位于行车道外缘至路基边缘,具有一定宽度的带状结构部分。

中间带:高速公路及一级公路用于分隔对向车辆的路幅组成部分,通常设于车道

19

中间。

边沟：为汇集和排除路面、路肩及边坡的流水，在路基两侧设置的纵向水沟。

②城市道路横断面结构(图2-3)。

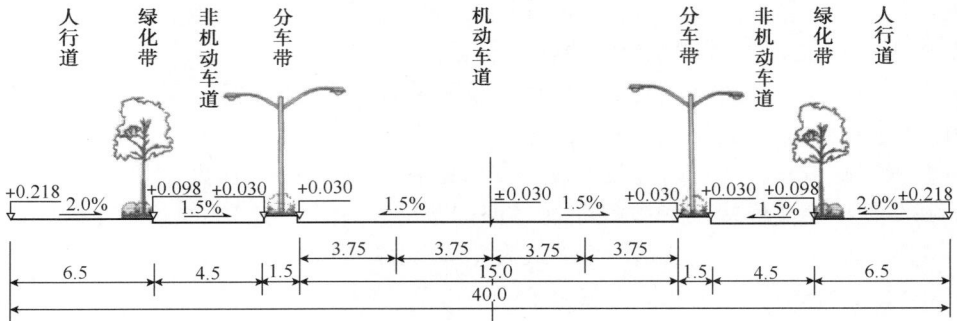

图2-3　城市道路横断面结构示意图

车行道：在城市道路上供各种车辆行驶的路面部分，统称为车行道。

人行道：在城市道路上用路缘石或护栏及其他类似设施加以分隔的专门供人行走的部分。

分隔带：又称分车带，沿道路纵向设置的分隔车行道用的带状设施。位于路中线位置的称中央分隔带，位于路中线两侧的称外侧分隔带。

绿化带：是指在道路用地范围内供绿化的条形地带。

其他组成部分：除以上组成部分外，还有路缘石、街沟、路拱、照明等。

2.1.5　交通环境特性

1. 道路环境

它是一种以道路为中心的物的环境，如道路构造、道路宽窄、路面质量(是水泥铺装还是柏油铺装)，以及车行道和人行道路是否分离、道路中心是否有分离带、车道的分布状况、道路平曲线和纵曲线特征以及路侧是否有建筑物和其他工作物等道路特征。此外，道路环境还包括如交通安全设施、交通信号、交通标志标线等具有一定约束意义的道路运行指示与防护信息。这些道路及设施环境规定或限制着驾驶员的驾驶行动。

2. 驾驶环境

驾驶环境又称车辆环境。比如，开车时光线明暗，气候冷暖，驾驶室座位是否舒适，车内噪声是否严重，这是一种安全行车的不可忽视的环境。此外，交通流中的选用车型及交通组成比例，交通流量、流向及方向分布，均影响着驾驶效率及质量。

3. 社会性交通环境

道路上的交通参与者如驾驶员、骑自行车人和行人等，他们之间的相互关系直接影响驾驶员行动而构成社会性交通环境，包括驾驶员夜间无约束的使用远光灯、骑自行车人肆意占有机动车道、行人随意横穿道路等交通秩序及横向干扰程度均构成不安全运行环境。由于在道路上人们的活动总是处于运动状态，因而所形成的这种环境又称动态交通环境。

4. 地理环境、气候条件及特殊运行环境

高原、山区地理环境下由于受地形条件和工程造价等客观因素的制约,其修建指标采用了标准规范中的最低极限值,因此对交通安全快速运行有很大的影响。气候条件尤其是恶劣气候条件,如大雪、大雾、沙尘暴天气,对交通安全有一定的影响。风沙严重地影响驾驶员的视距,驾驶员必须慢速行驶。冬天天气寒冷,路面容易结水,道路又湿又滑,车轮容易打滑,影响车辆的制动性能。雾天视力下降,行车视距缩短,驾驶员对标志、标线及其他交通安全设施的辨别效果差,观察和判断能力会受到严重影响。另外,夜间由于受生物钟的影响,驾驶员极易产生疲劳感,致使其反应迟钝、动作迟缓,从而导致公路夜间交通事故率远远高于白天。除此之外,对于施工路段及已发生事故的路段,由于其运行环境有所改变,随之其运行安全及效率也将大打折扣,尤其应加以特殊的防范和防护。

2.1.6　人、车、路与环境的协调

如前所述,人、车、路以及环境共同构成了交通系统。整个系统效率的高低和稳定,都会受到以上四种因素的影响。根据前文对人、车、路的交通特性描述,可以得出以下要点,以促进以上四种因素的协调。

1. 加强人的交通素质培养

不管是驾驶员还是行人,其行为对交通系统的干扰最大。通过交通法规、宣传等手段,加强对人的交通素质培养和管理,可以减少交通违章与肇事,可以改变出行方式,从而减少机动车出行,提高公交分担率,缓解环境污染,提高交通安全性,减少人财物的损失。

2. 提倡绿色出行,优化交通结构

提倡以低碳、环保为目的的出行新概念,根据城市特点,配合经济发展与就业,改善路网布局,提升交通可达性,减少换乘,缩短出行距离与时间;积极开展新型能源或混合能源汽车的开发,特别是公共交通车辆的能源清洁化研究,减少汽车尾气对大气的污染;注重城市慢行交通体系的建设,还道路资源给非机动车和行人。

3. 注重交通环境设计,体现交通人文关怀

出行者在出行过程中极易被环境所影响。在公路施工设计中,遵循环境友好、资源节约理念,因地因势制宜,最大限度地减少对山体的开挖和植被的破坏,真正做到路景相融,并且尽可能创造"车在景中行,人在画中游"的良性道路建设与运营环境。这种精心化设计的交通环境能够提升驾驶员及出行者的心理感受,缓解驾驶疲劳及烦躁情绪,为道路安全高效行驶保驾护航。同时,对既有道路加强交通环境的改善,从细节入手剔除大量繁杂的环境信息也可避免分散驾驶员注意力而造成的交通事故。

4. 不断建立全局性智慧交通体系

充分利用车联网、车载智能终端、无人驾驶等先进技术,打造出未来智慧型汽车,应用人、车、路、环境协同控制技术,帮助交通管理者和使用者提高交通安全性与出行效率。

总之,人、车、路与环境必须作为一个整体,做到统筹兼顾,不能顾此失彼,或片面强调某一因素的重要性。

2.2 交通量特性

道路上的交通虽然由各个单独的车辆构成,但却表现出"车流"的特点,因此研究道路交通的状态可以采用物理学中的流体理论,将其称为交通流(Traffic Stream 或 Traffic Flow),判断交通流的大小就是去观测交通量的变化。

2.2.1 交通量的定义

交通量(Traffic Volume)是指在选定时间段内,通过道路(或道路的某一条车道)某一地点、某一断面的交通实体数量。按交通类型分,有机动车交通量、非机动车交通量和行人交通量,一般不加说明则指机动车交通量,且指来往两个方向的车辆数。其单位一般为辆/h,或辆/d。

流率(Rate of Flow)是指把在不足 1h 时间段内(通常 15min),通过道路(或道路上某一条车道)指定地点或断面的车辆数经过等效转换得到的单位小时的车辆数。其单位一般为辆/h。

交通量和流率是描述交通流特性的最重要参数,它们都是反映交通需求的变量,但它们无论从概念上还是本质上都有一定的差别:交通量是通过实际观测或者通过预测得到的值;流率则是通过对不足 1h 的交通量的等效转换后得到的等效值。

2.2.2 交通量的表达方式

交通量是一个随时间不断变化的量,若想了解道路的交通强度,则其表达方式通常需要取某一时间段内的平均值作为该时间段的代表交通量。

如果取一定的观测时间天数,以辆/d 为单位,平均日交通量(Average Daily Traffic, ADT)的表达式为:

$$ADT = \frac{1}{n}\sum_{i=1}^{n}Q_i \tag{2-1}$$

式中:n——计算时间段的天数;

Q_i——某天通过指定地点的车辆数,辆/d。

因此,按平均值所取的时间段的长度计,常用的平均交通量有:年平均日交通量、月平均日交通量、周平均日交通量及年平均工作日交通量等。

1. 年平均日交通量(Annual Average Daily Traffic, AADT)

一年中,在指定地点的平均每日交通量,称为年平均日交通量。一般年份天数为365d;若闰年时,天数为 366d。

$$AADT = \frac{1}{365}\sum_{i=1}^{365}Q_i \tag{2-2}$$

2. 月平均日交通量(Month Average Daily Traffic, MADT)

一月中,在指定地点的平均每日交通量,称为月平均日交通量。

$$MADT = \frac{1}{k}\sum_{i=1}^{k}Q_i \tag{2-3}$$

式中:k——当月的天数。

3. 周平均日交通量(Week Average Daily Traffic,WADT)

一周中,在指定地点的平均每日交通量,称为周平均日交通量。

$$WADT = \frac{1}{7}\sum_{i=1}^{7}Q_i \tag{2-4}$$

4. 年平均工作日交通量(Annual Average Weekday Traffic,AAWT)

在全年所有的工作日内,在指定地点的平均每日交通量,称为年平均工作日交通量。

AADT 是将工作日和非工作日的交通量加在一起平均所得的交通量,AADT 和 AAWT 二者是有很大的差异。AADT 并不能体现工作日交通量的特点,所以有必要提出 AAWT 这一指标。AAWT 可用一年中总的工作日交通量除以全年的工作日数得到。

2.2.3 交通量的时间分布

1. 月变化

一年内各月交通量的变化称为月变化,以一年为周期,统计 12 个月的交通量,每个月的交通量均不尽相同。以月份为横坐标,月平均日交通量相当于年平均日交通量的百分数为纵坐标,绘成曲线图,则此曲线简称为交通量的月变图,如图 2-4 所示。而年平均日交通量与月平均日交通量之比,称为交通量的月变系数(或称月不均衡系数、月换算系数),以 $K_月$ 表示。

$$K_月 = \frac{AADT}{MADT} \tag{2-5}$$

通常月交通量变化系数($K_月$)可用以表示交通量的月变化规律。

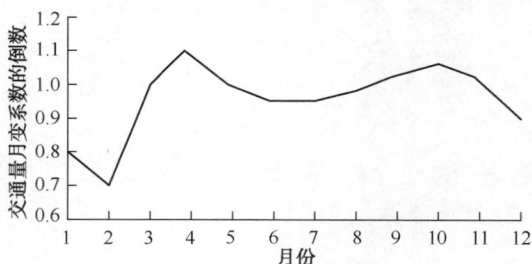

图 2-4 月交通量变化图

【**例 2-1**】 某测站测得各月的交通量及全年的累计交通量见表 2-4,试计算各月的月平均日交通量与月变系数($K_月$)。

月平均日交通量与月变系数计算表　　　　　　　　　　　表 2-4

月份	1	2	3	4	5	6	7	8	9	10	11	12	全年合计
全月交通量	65785	42750	67141	73317	77099	72782	70641	70951	83043	91661	88166	78180	881516
MADT	2122	1527	2166	2444	2487	2426	2279	2289	2768	2957	2939	2522	AADT=2415
$K_月$	1.14	1.58	1.11	0.99	0.97	1.00	1.06	1.06	0.87	0.82	0.82	0.96	

解:首先计算年平均日交通量:AADT=881516/365≈2415(辆/d)

再计算月平均日交通量及月变系数:

1 月份 MADT=65785/31≈2122(辆/d)

$$K_月 = \text{AADT}/\text{MADT} = 2415/2122 = 1.14$$

其余类推,结果如表 2-4 所示。从表 2-4 可知,2 月份的月变化系数最大,为 1.58。这说明气候寒冷和春节对出车影响较大,故 2 月份为一年交通量最小的一个月。

2. 周变化

交通量的周变化是指一周内各天的交通量变化,因此也称一周内日变化。对于一定的城市或某个路段,交通量的一周的每日变化存在一定规律。我国城市道路,一般各工作日的交通量变化不大,仅在节假日变化显著。在公路上一周内交通量变化较城市小。

通常用周变系数来描述一周内日交通量的变化。周变系数定义为年平均日交通量除以某周日的平均交通量,即:

$$K_{周日} = \frac{\text{AADT}}{\text{ADT}_{周日}} \tag{2-6}$$

式中:$\text{ADT}_{周日} = \dfrac{1}{K_d}\sum\limits_{i=1}^{K_d} Q_i$;

K_d——一年内某周日的天数;

Q_i——某周日的交通量。

显示一周内 7d 中交通量日变化的曲线叫作交通量日变图,如图 2-5 所示。

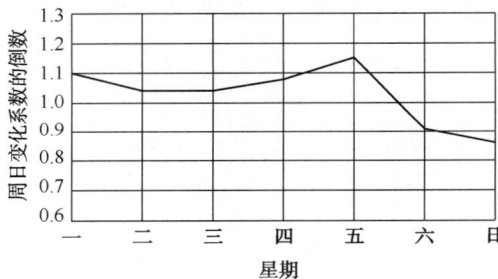

图 2-5　交通量日变图

若仅有抽样观测数据而缺乏全年的交通量观测数据时,为了便于获取 $K_{周日}$ 值,周日变化系数 $K_{周日}$ 可以用式(2-7)计算:

$$K_{周日} = \frac{周平均日交通量}{观测日交通量} = \frac{\dfrac{1}{7}\sum\limits_{i=1}^{7} Q_i}{Q_i} \tag{2-7}$$

【例 2-2】　某测站测得各周日的全年累计交通量列于表 2-5 第 2 行,求各周日的周平均日交通量与日变系数。

周平均日交通量与日变系数计算表　　　　　　　　　　　　表 2-5

周日	星期一	星期二	星期三	星期四	星期五	星期六	星期日	全年合计
累计交通量	128809	129486	128498	127030	129386	116942	111469	871620
WADT	2477	2490	2471	2443	2488	2249	2103	AADT=2388
$K_{周日}$	0.96	0.96	0.97	0.98	0.96	1.06	1.14	

解:先求周日平均交通量,以星期一为例(该年有 52 个星期一):

WADT = 128809/52 ≈ 2477(辆/d)

则星期一的日变系数为：

$K_{周一} = 2388/2477 = 0.96$

仿此计算其他各周日的日平均交通量、日变系数,见表2-5。

3. 时变化

一天 24h 中,每个小时的交通量亦在不断变化。表示各小时交通量变化的曲线,称为交通量的时变图,如图 2-6 所示,亦有采用直方图表示的,如图 2-7 所示。

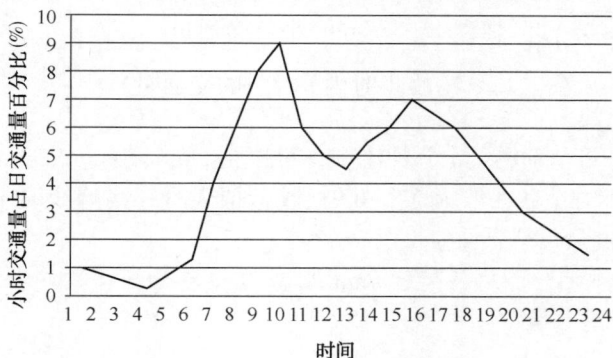

图 2-6　交通量小时变化曲线

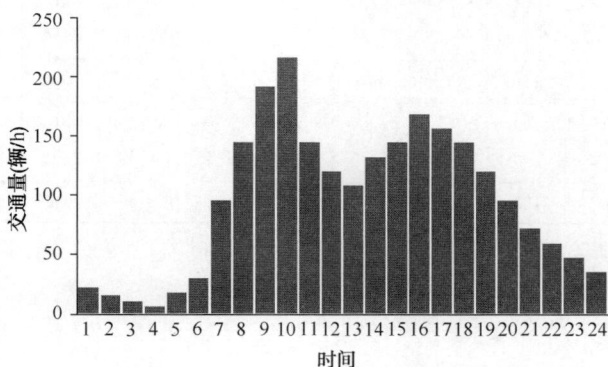

图 2-7　交通量小时变化直方图

也可以用某一小时或某一时段交通量占全日交通量之比表示交通量的时变规律,常用的有 16h(6:00~22:00)或 12h(6:00~18:00),亦有用 18h(4:00~22:00)交通量占全日交通量之比及高峰小时占全日交通量之比作为特征变化系数。

(1)高峰小时交通量

在城市道路上,交通量时变图一般呈马鞍形,上、下午各有一个高峰。在交通量呈现高峰的那个小时,称为高峰小时,高峰小时内的交通量称为高峰小时交通量。

高峰小时交通量占该天全天交通量之比称为高峰小时流量比(以%表示),它反映高峰小时交通量的集中程度,并可供高峰小时交通量与日交通量之间作相互换算之用。我国公路部门近年来对各交通量观测站的初步统计表明,高峰小时的流量比为9%~10%,平均为9.6%。

(2)高峰小时系数 PHF

一个小时的交通量并不是均匀分布的。道路拥堵可能会在短短的几分钟内形成,这是由于短时间内的交通量过高,如最大 15min 的交通量达到高峰小时交通量的 40%,或者最大 5min 的交通量达到高峰小时交通量的 20%。所以需要将高峰小时划分为更短的时段来显示交通量的变化特征。一般将高峰小时按 $t=5\text{min}$、$t=6\text{min}$、$t=10\text{min}$ 或 $t=15\text{min}$ 的连续时段统计交通量,最常用 $t=15\text{min}$。

所谓高峰小时系数就是高峰小时交通量与高峰小时内某一时段的交通量扩大为高峰小时的交通量之比。其表达式为:

$$PHF_t = \frac{\text{高峰小时交通量}}{(\text{高峰小时内 } t \text{ 时段的交通量}) \times \dfrac{60}{t}} \quad (2\text{-}8)$$

式(2-8)中,分母值简称为 t 分钟流率,t 可以是 5min、10min、15min 等。在城市道路中,15min 的高峰小时系数一般为 0.8~0.98,较低值表示在高峰小时中流量有较大的可变性,较高值表示流量可变性小。

【例 2-3】 某观测站测得的连续 5min 时段的交通量统计数如表 2-6 所示,求 5min 和 15min 的高峰小时系数。

某路段高峰时段连续 5min 统计交通量　　　　　　　　表 2-6

观测时段	7:00~7:05	7:05~7:10	7:10~7:15	7:15~7:20	7:20~7:25	7:25~7:30	7:30~7:35	7:35~7:40	7:40~7:45	7:45~7:50	7:50~7:55	7:55~8:00
流量(辆)	90	92	116	115	116	119	158	150	184	176	130	132
观测时段	8:00~8:05	8:05~8:10	8:10~8:15	8:15~8:20	8:20~8:25	8:25~8:30	8:30~8:35	8:35~8:40	8:40~8:45	8:45~8:50	8:50~8:55	8:55~9:00
流量(辆)	119	108	129	133	114	100	95	104	109	99	95	82

解:由表 2-6 知高峰小时为 7:20~8:20,高峰小时交通量为 1654 辆,7:40~7:45 为最高 5min,计算可得:

$$PHF_5 = 1654/(184 \times 12) = 0.75$$

最高 15min 为 7:35~7:50,计算可得:

$$PHF_{15} = 1654/(510 \times 4) = 0.81$$

2.2.4　交通量的空间分布

交通量的大小受经济、社会发展,人口、矿产资源分布等众多因素的影响,所以环境不同就会造成交通量在空间上分布的差异性,主要体现在各地域交通量、城乡交通量、不同路段交通量、同路段不同行驶方向交通量和同路段同行驶方向不同车道交通量的差异。

1. 交通量的地域分布

我国幅员辽阔,各地之间经济发展水平、产业结构和物质文化水平存在较大差异。从地域特点上来看,东部较西部更发达,南部较北部更发达。这种发展水平上的不均衡也造成了各地区交通量的不同。表 2-7 为某年度我国不同地区国道交通量的对比。

某年度我国不同地区国道交通量 表 2-7

地　　区	国道里程(km)	AADT(MTE/d)
东部沿海、南部	25 665	5 984
中部	31 011	3 203
西部	37 711	2 168

注:表中 MTE 为中型货车换算交通量。

2. 交通量的城乡分布

由于城乡间经济发展、生产活动、生活水平的不均衡,造成城乡之间交通量有明显差异。通常,城市道路的交通量大于农村道路的交通量。根据我国 71 个国道交通量观测站的数据表明,广大农村公路交通量都很小,即使是处于国道网中的某些道路,每天的交通量也只有几百辆,全国国道农村地区平均日交通量为 3000~4000 辆/d;而大城市入口道路的交通量一般都大于 5000 辆/d,全国国道城市近郊地区平均日交通量近10000 辆/d;城市道路的交通量则更大,日交通量可达十几万辆。

3. 交通量的路段分布

由于路网上各路段的等级、功能、所处的区位不同,在同一时间内,路网上各路段的交通量有很大不同。一般可以用路网交通量分布图来表示交通量在各路段上的分布。通过路网交通量分布图展示出路上交通的主要流向、走廊,判断交通量分布的均匀性。

4. 交通量的方向分布

一条道路往返两个方向的交通量,在很长时间内,可能是平衡的,但在某一段时间内,如一年中的某个季节、一月中的某几天、一天中某几个小时,两个方向的交通量会有较大的不同。

为了表示这种方向不平衡性,常采用方向分布系数 K_D 表示:

$$K_D = \frac{主要行车方向交通量}{双向总交通量} \times 100\% \qquad (2-9)$$

国内外的统计数据表明,上下班路线 $K_D = 70\%$,主要干道 $K_D = 60\%$,市中心与郊区干道 $K_D = 50\%$。城市出入口道路高峰小时中进、出城交通量有明显的不同,早高峰时进城方向交通量占 60%~70%,晚高峰时则反过来。

5. 交通量在车道上的分布

多车道道路上,因非机动车数量及车辆横向出入口数量的不同,各条车道上交通量的分布也是不等的。在交通量不大的情况下,一般靠近右侧车道的交通量比较大。随着交通量增大,靠近中心线的车道交通量比重也将逐渐增大。

2.2.5　设计小时交通量

交通量具有随时间变化和具有高峰时段的特点,因此在进行道路设施规划设计时,必须考虑这个特点。工程上为了保证道路在规划期内满足绝大多数小时车流能无阻塞顺利通过,同时避免建成后车流量很低,投资效益不高,规定必须选择适当的小时交通量作为设计小时交通量。

根据美国、日本等国的研究,认为第 30 位小时交通量作为设计小时交通量是最合适的。所谓第 30 位小时交通量就是将一年中测得的 8760 个小时交通量,从大到小按序排列,排在第 30 位的那个小时交通量。

从第 1 到第 30 位左右的小时交通量减少较为显著,曲线斜率较大。自第 30 位以后,曲线平缓,趋于平直。所以,以第 30 位小时交通量作为设计小时交通量,全年只有 29 个小时的交通量超过交通设施的容量,仅占 0.33%。

设计小时交通量与年平均日交通量的比值称为设计小时交通量系数 K。将全年 8760 个小时交通量与年平均日交通量的比值按从大到小排列,可得两者关系图。根据有关小时交通量与年平均日交通量的关系图研究表明,第 30 位小时交通量与年平均日交通量(AADT)之比的 K 值十分稳定。据国外观测,按道路类别及所在地区不同 K 值分布在 12%~16% 之间,均值一般取 13.3%(即 0.133),如图 2-8 所示。

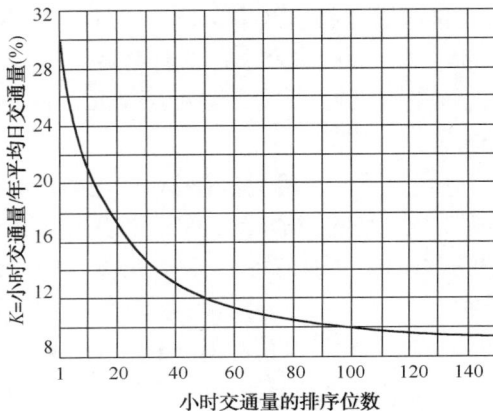

图 2-8　小时交通量与年平均日交通量的关系图

根据 2000 年交通部公路规划设计院提交的关于设计小时交通量系数研究报告:原则上采用第 30 位小时作为设计小时,但公路规划和设计者可根据各地区的具体情况与条件,适当调整设计小时的时位,调整范围宜保持在第 20 位至第 40 位之间。

有了较准确的预测交通量、设计通行能力及设计小时交通量,则可以用下列公式计算车道数及路幅宽度。

设计小时交通量的计算(不考虑方向不均衡性):

$$DHV = AADT \cdot K \tag{2-10}$$

式中:DHV——设计小时交通量,辆/h;

　　AADT——规划年的年平均日交通量,辆/d;

　　K——设计小时交通量系数。

$$n = \frac{DHV}{C_1} \tag{2-11}$$

式中:n——车道数;

　　C_1——每一车道设计通行能力,辆/h。

$$W = W_1 \cdot n \tag{2-12}$$

式中:W——路幅宽度,m;

W_1——一条车道宽度,m。

若考虑方向不均衡性,单向设计小时交通量的计算采用下式:

$$DDHV = AADT \cdot K \cdot K_D \tag{2-13}$$

式中:DDHV——单向设计小时交通量,辆/h;

$\quad K_D$——方向不均匀系数。

则

$$n = \frac{DDHV}{C_1} \times 2 = \frac{AADT}{C_1} \cdot K \cdot K_D \times 2 \tag{2-14}$$

2.3 行车速度特性

2.3.1 基本定义

设行驶距离为 S,所需时间为 t,则车速可用 S/t 形式表示。按 S 和 t 的取值不同,可定义各种不同的车速。

1. 地点车速

这是车辆通过某一地点时的瞬时车速,因此观测时 S 取值尽可能短,通常以 $20\sim25m$ 为宜,用作道路设计、交通管制和规划资料。

2. 运行车速

这是指中等技术水平的驾驶员在良好的气候条件、实际道路状况和交通条件下所能保持的安全车速,用于评价道路通行能力和车辆运行状况。

3. 行驶车速

这是从行驶某一区间所需时间(不包括停车时间)及其区间距离求得的车速,用于评价该路段的线形顺适性及进行通行能力分析,也可用于计算道路使用者的成本效益分析。

4. 行程车速

行程车速又称区间车速,是车辆行驶路程与通过该路程所需的总时间(包括停车时间)之比。行程车速是一项综合性指标,用以评价道路的通畅程度,估计行车延误情况。要提高运输效率,必须提高车辆的行程车速。

5. 临界车速

这是指道路达到理论通行能力时的车速,对于选择道路等级具有重要作用。

6. 设计车速

这是指在道路交通与气候条件良好的情况下仅受道路物理条件限制时所能保持的最大安全车速,常常作为道路线形几何设计的参考依据。

2.3.2 行车速度的统计分布特性

行车速度与交通量一样,也是一个随机变量。研究表明在乡村公路和高速公路路段上,运行车速一般呈正态分布;在城市道路或高速公路匝道口处,车速比较集中,一般呈偏态分布,如皮尔逊Ⅲ型分布。

对行车速度进行统计分析,一般要借助车速分布直方图和车速频率、累计频率分布曲线,如图 2-9 所示。

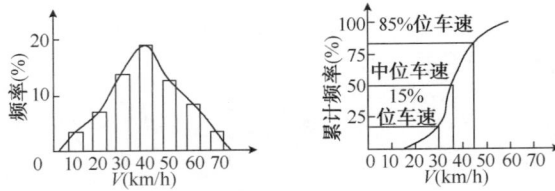

图 2-9 地点车速速度频率分布曲线及速度累计频率分布曲线

常用以下特征车速表示车速的统计分布特性。

1. 中位车速

中位车速也称 50%位车速,或中值车速,是指在该路段上在该速度以下行驶的车辆数与在该速度以上行驶的车辆数相等。中位车速不等同于平均车速,只有速度分布曲线完全对称时,两者的值才相等。

2. 85%位车速

85%位车速指速度累计频率为 85%时对应的速度值,即在该路段行驶所有车辆中,有 85%的车辆行驶速度在此速度以下,只有 15%的车辆行驶速度高于此值。85%位车速用于确定观测路段的最大限制车速。

3. 15%位车速

15%位车速指速度累计频率为 15%时对应的速度值,即在该路段行驶所有车辆中,有 15%的车辆行驶速度在此速度以下,另有 85%的车辆行驶速度高于此值。15%位车速用于确定观测路段的最低限制车速,该指标在高速公路上尤为重要。

85%位车速与 15%位车速之差反映了该路段上的车速波动幅度。车速分布的标准偏差 S 与 85%位车速和 15%车速之差存在着下列近似关系:

$$S \approx \frac{85\% \text{位车速} - 15\% \text{位车速}}{2.07} \tag{2-15}$$

2.3.3 时间平均车速与区间平均车速

1.时间平均车速

在单位时间内测得通过道路某断面各车辆的点车速,这些点速度的算术平均值,即为该断面的时间平均车速,即:

$$\overline{V}_t = \frac{1}{n} \sum_{i=1}^{n} V_i \tag{2-16}$$

式中:$\overline{V}_t$——时间平均车速,km/h;

V_i——第 i 辆车的地点车速,km/h;

n——单位时间内观测到车辆总数,辆。

2. 区间平均速度

区间平均速度是指某路段的长度与通过该路段所有车辆的平均行程时间之比。当

观测长度一定时,其数值为所有车辆行程车速的调和平均值,计算公式为:

$$\overline{V}_s = \frac{S}{\frac{1}{n}\sum_{i=1}^{n} t_i} = \frac{1}{\frac{1}{n}\sum_{i=1}^{n} \frac{1}{V_i}} \tag{2-17}$$

式中:$\overline{V}_s$——区间平均速度,km/h;

S——路段长度,km;

t_i——第 i 辆车的行驶时间,h;

n——行驶于路段 s 的车辆数;

V_i——第 i 辆车行程车速,km/h。

3. 时间平均速度与区间平均速度之间的互换关系

由时间平均速度可以推算出区间平均速度:

$$\overline{V}_s = \overline{V}_t - \frac{\sigma_t^2}{\overline{V}_t} \tag{2-18}$$

式中:σ_t^2——时间平均速度观测值的方差。

由区间平均速度同样可以推算出时间平均速度:

$$\overline{V}_t = \overline{V}_s + \frac{\sigma_s^2}{\overline{V}_s} \tag{2-19}$$

式中:σ_s^2——区间平均速度观测值的均方差。

2.3.4 影响车速变化的因素

车速的变化特性是反映交通流特性的一个重要方面,它能说明车速在人、车、路和环境等因素影响和交通流作用下所产生的变化。主要影响因素有以下几项。

1. 驾驶员的影响

汽车行驶速度除众所周知的与驾驶员的技术水平、开车时间长短有关外,还与驾驶员的个性、性别、年龄和婚姻状况有关。一般开新车、长途旅行的人比本地出行的人开得快,车上无乘客时比有乘客时开得快,青年、男性、单身驾驶员要比中年、女性、已婚的驾驶员开得快。

2. 车型的影响

车型和车龄对地点车速有显著影响,小汽车快于专用大客车,货车最慢,新车快于旧车。运货汽车的平均车速按轻型车、中型车、中型组合车、重型单辆车的次序依次降低。单辆车和组合车的平均车速随总重的增加而降低。

3. 道路的影响

驾驶员采用的实际车速不是根据街道的等级,而是根据街道的实际状况,如街道类型、平纵线形、坡长、车道数和路面类型等对汽车行驶的影响。另外,街道所处的地理位置、视距条件、车道位置、侧向净空、交通标准和交叉口间距等对车速也有很大的影响。

(1)道路类型的影响

在高速道路、城市快速干道和城际道路上,车辆一般都能按道路线形和交通设施所能容许的车速安全行驶。但在一般的街道上,车速会受到公共汽车停车站、行人过街道、交叉口、交通信号、高峰交通量、管理设施和城市环境等的限制。

（2）平面线形的影响

一般平曲线上车速比直线段上车速低,小半径平曲线上车速比大半径曲线上车速低。在设计车速很低的弯道上,平均车速接近设计车速;在设计车速高的弯道上,平均车速低于设计车速并接近于切线段上观测的平均车速。

（3）纵断面线形的影响

道路纵断面线形对车速影响显著,对货车比对小汽车影响更大。下坡与平坡直线路段相比,对于货车行驶的纵坡大致为 5%,对于专用大客车和小汽车纵坡大致为 3% 时,平均车速都比平坡直线路段有所增加。当下坡的路段超过此值以及上坡时,各类汽车的车速都要降低。重型货车上坡时,车速随坡长与坡度的增大急剧降低,直至降到等于爬坡车速,并以此速度继续爬坡。

（4）车道数及车道位置的影响

车道多于四车道时,车速与四车道相似,有分隔带的四车道要比双车道和无分隔带的四车道道路的平均车速明显要高。

在行近市区的道路上,入境车辆的平均车速一般比出境车辆的车速高于 3~6km/h,多车道的道路上,各车道的车速由中间向两侧逐渐降低。

（5）视距的影响

道路上视距若不能满足要求,则车速明显降低。

（6）侧向净空的影响

在双车道道路上,侧向净空受到限制时,平均车速要降低 2~5km/h,城市街道上的地点车速,随单位长度内障碍物数量的增加而降低,这些障碍物包括道路交叉口、铁路平交口、行人过街道等。

（7）路面条件的影响

路面由低级到高级时,车速逐渐增加,路况不良引起车速降低比视距不足引起车速的降低更为严重。一般货车在高级路面直线上行驶,车速可达 60~80km/h,在次高级路面上行驶可达 40~60km/h,在中级路面上行驶仅达 30~40km/h。

4. 交通条件的影响

（1）交通密度的影响

交通密度过大,原本可以自由行驶,不受其他车辆过多干扰的车辆变得难以超车,超车概率降低,导致快速车辆的速度优势不能体现,道路的平均车速就会降低。

（2）交通组成的影响

快慢速车辆混行或机非混行的道路比快慢分离和机非隔离的道路平均车速要低。这是由于慢速车辆、非机动车或行人占用道路之后,快速车辆无法保持较高的行驶速度,导致平均速度降低。

（3）交通管理的影响

实施交通渠化的路段通行能力和车速会明显增加,这是由于各个车辆各行其道,减少了相互之间的干扰。交叉口实行线控制的道路上的车速,均比交叉口为点控制的道路高。

5. 环境的影响

道路所处的外在环境,包括时间、天气、地理位置等,都会对车速产生影响,如公路上晚上的平均车速要比白天低,平原区道路的平均车速比丘陵地区高等。

→ 2.4　交通密度特性

2.4.1　交通流密度 *K*

交通流(车流)密度是指某一瞬间内单位道路长度上的车辆数目,一般用"辆/km"表示。根据这一定义,其表达式为:

$$K = \frac{N}{L} \tag{2-20}$$

式中:K——交通流密度;

　　N——路段内的车辆数,辆;

　　L——路段长度,km。

由于密度是瞬时值,随观测时间和区间长度而变化,且反映不出车辆长度和速度的关系,尤其是在车辆混合行驶时密度的大小并不能明确表示交通流的状态,这就要引入车道占有率的概念表示密度。

2.4.2　车道占有率

车道占有率包括空间占有率和时间占有率两种。

1. 空间占有率

空间占有率指在一定路段上,车辆总长度与路段总长度之比(%),表达式为:

$$R_s = \frac{1}{S} \sum_{i=1}^{n} s_i \tag{2-21}$$

式中:R_s——空间占有率,%;

　　S——观测路段总长度,m;

　　s_i——第 i 辆车的长度,m;

　　n——观测路段内的车辆数,辆。

由于空间占有率不仅与交通量有关,还与车辆长度有关,较交通流密度 K 来说,更能反映出道路的负荷程度。

2. 时间占有率

时间占有率指在道路的某一路段上,车辆通过观测断面时间的累计值与观测总时间之比,其表达式为:

$$R_t = \frac{1}{T} \sum_{i=1}^{n} t_i \tag{2-22}$$

式中:R_t——时间占有率,%;

　　T——观测总时间,s;

t_i——第 i 辆车通过观测断面所占的时间,s;

n——观测时间内通过该路段的车辆数,辆。

时间占有率与交通量的大小、车辆的长度以及车辆的地点车速都有关系,从时间的角度反映道路的拥挤程度。与交通流密度 K 相比,时间占有率是在道路的一个断面上测定的,与交通量的测定相似,故可以建立其两者之间的联系。

2.4.3　平均车头间距 $\overline{h}_s$ 和平均车头时距 $\overline{h}_t$

除了车道占有率,还可以采用平均车头间距和平均车头时距间接反映道路的车流状况。

所谓车头间距,是指一条车道上前后相邻两车(用前保险杠等具有代表性的点测量)之间的距离。

所谓车头时距,是指连续行驶的前后两辆车(具有代表性的点)通过行车道上某一点(或某一断面)的时间差。

对观测路段上所有的车头间距和车头时距取平均值称为平均车头间距与平均车头时距。

平均车头间距与平均车头时距与宏观交通流参数交通量 Q、交通流密度 K 存在以下关系:

$$\overline{h}_s = \frac{1000}{K} \tag{2-23}$$

式中:$\overline{h}_s$——平均车头间距,m/辆。

$$\overline{h}_t = \frac{3600}{Q} \tag{2-24}$$

式中:$\overline{h}_t$——平均车头时距,s/辆。

车头间距 h_s、车头时距 h_t 及速度 V 三者之间的关系为:

$$h_s = \frac{V}{3.6}h_t \tag{2-25}$$

2.5　交通流基本特性及相互关系

2.5.1　交通流基本特性

根据前面几节内容的介绍,描述交通流特征的宏观指标有交通量、密度和速度三个参数。当道路上车辆较多,车流密度由小变大时,驾驶员被迫降低车速,单位时间通过道路某一点的车辆数减少。车流密度由大变小时,又允许驾驶员以较大的车速行驶,此时,单位时间通过道路某一点的车辆数却可能增加。

上述现象说明交通量、密度、车速这三个参数之间存在着某种函数关系。假设交通流是由各个交通实体构成的连续流体,如图 2-10 所示。在长度为 L 的路段上有连续行驶的 N 辆车,且车速为 V,则可以得到以下关系。

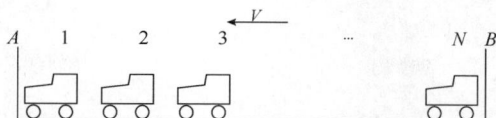

图 2-10 交通流三参数计算图

L 路段上的车流密度:

$$K = \frac{N}{L} \qquad (2\text{-}26)$$

第 N 辆车通过 L 路段所用的时间:

$$t = \frac{L}{V} \qquad (2\text{-}27)$$

第 N 辆车通过 A 断面时的交通量:

$$Q = \frac{N}{t} \qquad (2\text{-}28)$$

整理上面三个公式,可得交通流三参数之间的基本关系式为:

$$Q = KV \qquad (2\text{-}29)$$

式中:Q——流量,辆/h;

V——区间平均速度,km/h;

K——平均车流密度,辆/km。

这一表达交通流特性的三参数函数关系式,叫作交通流基本参数模型。它可以用三维空间中的图像来表示,为了便于理解,通常将这个三维空间曲线投影到二维空间中,如图 2-11 所示。

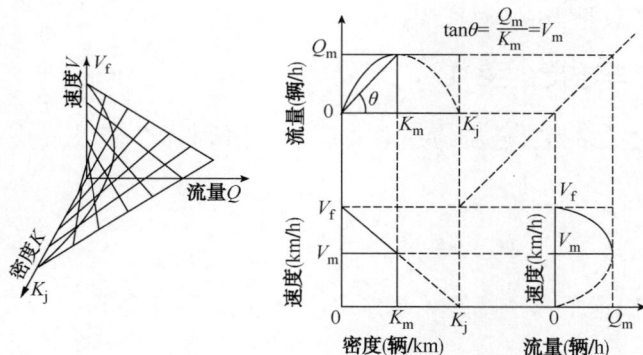

图 2-11 交通流特性三参数模型曲线与参数关系曲线图

由图 2-11,我们可以找到反映交通流特性的一些特征变量:

①极大流量 Q_m,就是 Q—V 曲线上的峰值;

②临界速度 V_m,即流量达到极大时的速度;

③最佳密度 K_m,即流量达到极大时的密度;

④阻塞密度 K_j,车流密集到所有车辆基本上无法移动($V=0$)时的密度;

⑤畅行速度 V_f,车流密度趋于零,车辆可以畅行无阻行驶时的平均速度。

2.5.2 速度与密度的关系

1933 年,格林希尔茨(Greenshields)提出了速度—密度线性关系模型(图 2-12),且模型与实测数据有良好的吻合性。

$$V = V_f\left(1 - \frac{K}{K_j}\right) \tag{2-30}$$

式中符号意义同前。

这一模型简单直观。

由图 2-12 可以发现，当 $K=0$ 时，$V=V_f$，即在交通密度很小的情况下，车辆可以自由速度行驶。当 $K=K_j$ 时，$V=0$，即在交通密度很大时，车辆速度就趋向于零。当 $K=K_m$ 时，$V=V_m$，即交通密度达到最佳密度时，速度达到临界速度，此时的交通量达到极大流量 Q_m，其大小为 $Q_m = K_m V_m$，等于图 2-12 中阴影部分面积。

格林希尔茨提出的速度—密度模型适合车流密度适中的情况，而当车流密度过大或者过小时都会与实际出现较大偏差。

1959 年，格林柏（Greenberg）提出了用于车流密度很大时的对数模型：

$$V = V_m \ln\left(\frac{K_j}{K}\right) \tag{2-31}$$

式中符号意义同前。

1961 年安德伍德（Underwood）提出了用于交通密度很小时的指数模型：

$$V = V_f\left(1 - e^{-\frac{K_j}{K_m}}\right) \tag{2-32}$$

式中：e——自然对数的底数；

其余符号意义同前。

这个模型的缺点是当 $K=K_j$ 时，$V\neq0$，与实际不符。

2.5.3 流量与密度的关系

交通量—密度关系是交通流的基本关系，根据格林希尔茨公式及三参数的基本关系式可得：

$$Q = KV_f\left(1 - \frac{K}{K_j}\right) = V_f\left(K - \frac{K^2}{K_j}\right) \tag{2-33}$$

由上式可知，交通量与密度的关系是二次函数关系，用图形表示就是一条抛物线，如图 2-13 所示。

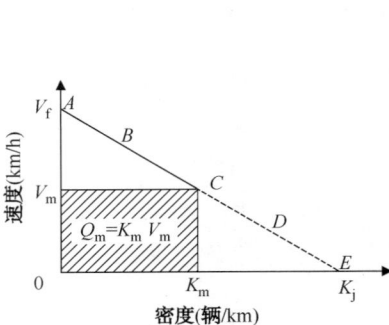

图 2-12　速度—密度关系图

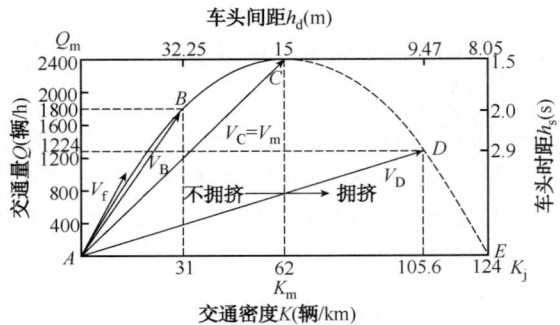

图 2-13　流量—密度关系曲线图

根据图 2-13 可以发现，车流密度 $K=0$ 时，交通量 $Q=0$，密度增加，交通量也随之增加，密度到达临界密度 K_m 时，交通量达到极大值 Q_m，之后交通量随密度的增加而减少，密度增大到阻塞密度 K_j 后，交通量又变回零。

通过分析，当 $K=\dfrac{K_j}{2}$ 时，Q 最大，即此时的 $Q=Q_m$，可得：

$$Q_m = \frac{V_f K_j}{4} \tag{2-34}$$

另外，以原点 A、曲线上的 B、C 和 D 点的箭头为矢径，这些矢径的斜率表示速度。通过点 A 的矢径与曲线相切，其斜率为自由速度 V_f。在流量—密度曲线上，对于密度比 K_m 小的点表示不拥挤情况，而密度比 K_m 大的点表示拥挤的情况。

【例 2-4】 参照图 2-13，假设车辆平均长度为 6.1m，在阻塞密度时，单个车道中相邻两车前车车尾与后车车头之间的平均距离为 1.95m，假定流量最大时，$\bar{h_t}=1.5s$，请计算 K_j、V_f、Q_m、V_m。

解： 平均车头间距 $\bar{h_d}=6.1+1.95=8.05m$

又因为 $\bar{h_d}=1000/K$

所以图 2-13 上的 E 点的阻塞密度 $K_j=1000/\bar{h_d}=1000/8.05=124$（辆/km）

又因为 $\bar{h_t}=1.5s$，由于 $\bar{h_t}=3600/Q$

可得曲线 C 点的最大通行能力 $Q_m=3600/\bar{h_t}=3600/1.5=2400$（辆/h）

C 点的最佳密度 $K_m=\dfrac{1}{2}K_j=62$（辆/km）

此时的速度 $V_m=\dfrac{Q_m}{K_m}=\dfrac{2400}{62}=38.7$（km/h）

此外，流量—密度曲线上的其他点的数值以同样的方式找出。点 B 是表示不拥挤情况的一个典型点。从图 2-13 来看，点 B 的流量为 1800 辆/h，密度为 31 辆/km 及速度（AB 矢径的斜率）为 58km/h。

点 D 是表示拥挤情况的一个典型点。从图 2-13 中看出，点 D 的流量为 1224 辆/h，密度为 105.6 辆/km，速度（AD 矢径的斜率）为 11.6km/h。根据定义，点 A 的密度、流量都等于零。

2.5.4 流量与速度的关系

交通量—速度关系也是交通流的基本关系之一，根据格林希尔茨公式及三参数的基本关系式可得到：

$$Q=K_j\left(V-\frac{V^2}{V_f}\right) \tag{2-35}$$

Q 与 V 的关系同样也是二次函数关系，如图 2-14 所示。通常速度随流量增加而降

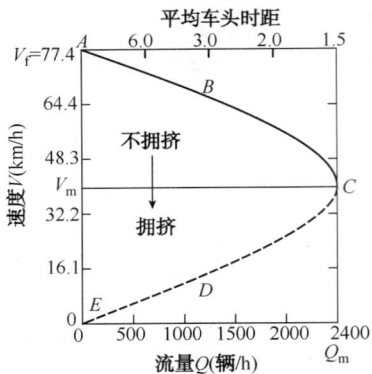

图 2-14 流量—速度关系曲线图

低,直至达到通行能力的流量 Q_m 为止。关于曲线在拥挤的部分时,流量和速度则都降低。点 A、B、C、D 和 E 相当于流量—密度和速度—密度曲线上的同样点。从原点 E 到曲线上点的向量斜率表示那一点的密度的倒数 $1/K$。点 C 上面的速度—流量曲线部分表示不拥挤情况,而点 C 下面的曲线部分则表示拥挤的情况。

综上所述,按格林希尔茨的速度—密度模型、流量—密度模型、速度—流量模型可以看出,Q_m、V_m 和 K_m 是划分交通是否拥挤的重要特征值。

当 $Q \leqslant Q_m$、$K > K_m$、$V < V_m$ 时,交通属于拥挤状态;当 $Q \leqslant Q_m$、$K \leqslant K_m$、$V \geqslant V_m$ 时,则交通属于不拥挤状态。

【例 2-5】 已知某公路上自由流速度 $V_f = 80 \text{km/h}$,阻塞密度 $K_j = 100$ 辆/km,速度—密度关系为直线关系,试问:

(1)该路段上期望得到的最大交通量是多少?

(2)此时所对应的车速是多少?

解:(1)因为最大交通量 $Q_m = V_f \cdot K_j / 4$

所以 $Q_m = 80 \times 100 / 4 = 2000$(辆/h)

(2)当交通量最大时,$V_m = V_f / 2$

所以 $V_m = 80 / 2 = 40$(km/h)

习 题

1. 试说明驾驶员动视力和静视力的区别。
2. 驾驶员都有哪些不良的驾驶行为?造成这些行为的心理因素又有哪些?
3. 表征机动车基本性能的指标都有哪些?
4. 在我国城市道路和公路都是如何分级的?
5. 影响车速变化的因素有哪些?
6. 交通流三个参数之间有怎样的关系?有哪些特征变量?
7. 表 2-8 为某道路观测交通量,试计算:

(1)高峰小时交通量;(2)5min 高峰小时系数;(3)15min 高峰小时系数。

某道路观测交通量　　　　　　　　　　　　表 2-8

观测时段	7:00~7:05	7:05~7:10	7:10~7:15	7:15~7:20	7:20~7:25	7:25~7:30	7:30~7:35	7:35~7:40	7:40~7:45	7:45~7:50	7:50~7:55	7:55~8:00
流量(辆)	80	88	94	103	112	129	138	146	164	178	180	172
观测时段	8:00~8:05	8:05~8:10	8:10~8:15	8:15~8:20	8:20~8:25	8:25~8:30	8:30~8:35	8:35~8:40	8:40~8:45	8:45~8:50	8:50~8:55	8:55~9:00
流量(辆)	166	151	139	126	114	105	100	104	103	97	98	88

8. 某新建道路,经预测规划年的年平均日交通量为 30000 辆/d,一条车道的设计通行能力为 1800 辆/h。若设计小时系数 $K=0.15$,试计算该新建道路应该修建几条车道。

9. 道路某断面 10min 内测得通过车辆 200 辆,若车流均匀连续,且车速 $V=30km/h$,试求车流量、密度、车头时距以及车头间距。

10. 对长为 100m 的路段进行观测,获得表 2-9 中的数据,试求平均行驶时间、时间平均车速和区间平均车速。

某路段观测数据　　　　表 2-9

车　辆	1	2	3	4	5	6	7	8	9	10	11	12	13	14	15
行驶时间 $t(s)$	5.1	4.8	5.2	4.6	5.5	5.3	5.5	4.7	4.9	5.0	5.0	5.1	5.3	4.8	4.6

11. 已知某公路上自由流速度 $V_f=85km/h$,阻塞密度 $K_j=105$ 辆/km,速度与密度关系为直线关系,试问:

(1) 该路段上期望得到的最大交通量是多少?

(2) 此时所对应的车速是多少?

12. 对某路上的交通流进行观测,发现速度与密度的关系是对数关系:

$$V = 40\ln\frac{180}{K}$$

上式中车速单位为 km/h,密度单位为辆/km。试问该路段阻塞密度是多少? 车速为何值时交通流量最大?

13. 设车流速度与密度的关系为 $V=88-1.6K$,如限制车流的实际流量为最大流量的 0.8 倍,求对应的速度和密度是多少?

第3章 交通调查

→ 3.1 概述

3.1.1 交通调查的目的与意义

交通调查是指通过统计、实测与分析判断,掌握交通状态发展趋势及有关交通现象的工作过程。交通调查是交通工程学中的一个重要组成部分,交通工程学的发展在一定程度上依靠交通调查工作的开展和数据资料的积累与利用。交通调查是一项工作量大而又非常重要的基础工作。随着我国社会与经济的发展,人们对道路交通的需求越来越强,同时对交通服务水平的要求也越来越高,这就要求交通工作者能够在准确掌握交通现状及其变化规律的条件下为未来的交通需求提供相应的道路工程设施及交通管理控制手段。为了发展我国的道路交通事业,必须积极开展系统的、有计划的交通调查工作。

3.1.2 交通调查的主要内容

1. 交通流要素调查

交通调查涉及人、车、路与环境等综合交通系统中的各个方面,范围相当广泛。交通流要素调查包括描述交通流特性的主要参数:交通量、速度、密度以及与其有关的车头间距、占有率的调查。

2. 交通出行调查

交通出行调查包括土地利用、交通生成、分布与分配特性的调查,其中常见的有 OD 调查、居民出行调查等。

3. 交通事故调查

交通事故调查包括对事故发生次数、伤亡、性质、地点、原因的调查。

4. 交通环境调查

交通环境调查包括交通对环境造成污染的诸方面调查,如噪声、废气、振动、电磁场干扰等的调查,有时还需调查交通对名胜古迹、景观、生态与居民心理等方面所产生的影响。

由于交通需求调查已成为交通规划部门的专项调查,交通事故调查、交通环境调查均已成为交通管理部门及城市建设部门的专项调查。

3.1.3 交通调查的基本要求

交通流特性参数的大小与变化规律受道路与交通环境的制约,而且这些条件经常变化,因此交通调查总是在对应于某些条件下进行的,这些条件在调查中必须予以注明。某些特定目的调查必须真实地反映特定的实际道路与交通条件,以防止失真。

交通调查与调查数据的分析处理方法也应视实测目的要求予以选择。切忌主观臆断,甚至弄虚作假,否则会导致错误结论,这将给规划、设计科学研究和社会带来极大危害。

交通调查在多数情况下是在交通现场进行观测统计,工作量大、工作条件差、延续时间长且要求一定的实测精度。为此,要求调查人员要有较好的素质,其中包括技术水平和分析能力、工作态度。此外,交通调查工作经常涉及社会各个方面,需要有广泛的协作和良好的组织,只有这样才能做好这项工作。

3.2 交通量调查

3.2.1 交通量调查概述

1. 目的和意义

交通量调查的目的在于通过长期连续性观测或短期间隙和临时观测,搜集交通量资料,了解交通量在时间、空间上的变化和分布规律,为交通规划、道路建设、交通控制与管理、工程经济分析等提供必要的数据。交通量数据是交通工程学中的一种最基本的资料,因此交通量调查是十分重要的。由于以往重视不够,无系统性观测数据,且资料保管不善,对工作造成了很大的困难,因此应该注意积累系统的、完整的交通量资料,以便更好地为我国交通建设服务。

交通量调查资料根据不同的目的,有着广泛的应用。交通量数据则可作为必不可少的资料供下列各种目的应用:

①由同一地点长期连续性观测,掌握交通量的时间分布规律,探求各种与交通量有关的系数,并为交通量预测提供历年以往长期的可靠资料。

②众多的间歇性观测调查,可用以了解交通量在地域等空间上的分布规律,为了解全面的交通情况提供数据。

③为制订交通规划掌握必要的交通量数据。通过全面了解现状资料,分析交通流量的分配,预测未来的交通量,为确定交通规划、道路网规划、道路技术等级和修建次序及确定规划所需的投资和效益提供依据。

④交通设施的修建和改建也离不开交通量的历史发展趋势和现状。有了确切的交通量(目前的和根据目前推算的),就能正确地确定道路等级、几何线形、交叉口类型,平面交叉是否需要改建成立体交叉,就能做出道路设施修建和改建的先后次序。

⑤交通控制的实施离不开交通量的现状和需求。如果脱离了交通量流向和流量的实际,交通控制的效果就会大大降低。设计信号机的配时、线控系统的相位差、区域交通控制系统的各种控制方案,都需要做大量的交通量、车速等的调查。判断设置交通信号灯、交通控制方案的合适性也仍然是根据交通量的时间和空间分布。

⑥交通管理工作要真正做到决策有科学依据,必须重视交通量调查。实施单向交通,禁止某种车辆进入或转弯,设置交通标志和标线,实施交通的渠化,指定车辆的通行车道或专用车道,中心线移位以扩大入口引道的车道数,道路施工、维修时禁止车辆通行并指定绕行路线,以及交警警力配备等,都需要交通量资料作决策的指导或依据。

⑦为行人交通提供保护,设置步行街,确定人行道、人行横道的宽度,人行天桥和地道的位置及规模,是否设置行人信号灯及其配时等措施的实施,均需要提供行人交通量及其各种特性,使所采取的措施有一定的参考数据。

⑧进行工程的后评估,对各种工程措施、管理措施进行前后对比调查,判断改善交通措施的效果,所需要的前后交通量的资料,应该在其他条件不变的前提下进行交通量调查。

⑨研究交通基本参数如交通量、车速和密度等之间的关系,开展交通流理论的分析,交通量经常是最重要的参数。

⑩用于推算通行能力,预估交通事故率,进行交通环境影响评价,预估收费道路的收入和效益,工程可行性研究等各个方面,涉及社会经济环境效益时,交通量的大小、预测的正确与否对方案论证往往有举足轻重的作用。

当然,任何事物都不是绝对的、孤立的,交通量同其他交通参数,如车速、延误、密度、车头时距等相互影响、同时作用。我们在实际工作中应该同时考虑到它们的影响,给它们以足够的重视。

2. 交通量调查的类别

(1)按交通性质分

①机动车交通量调查。机动车交通量往往包括了汽车、拖拉机、摩托车及其他特种车辆等。其中汽车交通量,在一般公路上以载货汽车为主,在城市道路和高速公路上则以小汽车为主。

②非机动车交通量调查。城市道路上自行车交通量特别大,是我国特有的一种交通现象。农村公路上尚存在很少部分的人力车、兽力车,近郊公路上则有一定数量的自行车和人力三轮车。

③混合交通量调查。将各种机动车和非机动车交通量按一定折算系数换算成某种标准车型的当量交通量。通常提到的交通量往往指的是已换算的混合交通量,如特指某种车辆交通量则应有所说明。

④行人交通量调查。指在人行道上或通过人行横道过街的行人数。

(2)按调查的着眼点及调查地点分

①区域交通量调查。系指以掌握某一区域的交通量的大小及变化为目的,在区域内各不同路段及不同交叉口处进行的交通调查。为此,一般要求进行年平均日交通量

的调查。我国此项调查目前由各地区交通部门、交通管理部门、交通规划部门等所设立的常年交通观测站负责进行,如全国干线公路调查、城市居民出行调查等。

②小区边界线交通量调查。对客货业务繁忙地区,如特定经济区、城市及城市圈等汽车交通量的调查。调查时将地区包围线(小区边界线)与进入该地区道路的相交处作为调查点,分别调查进入和驶出小区范围的交通量。这一调查与 OD 调查和其他交通调查同时进行。

③核查线调查。核查线调查是指以河流、丘陵、铁道及地物及地物边界线或其他人为设立的检查线为分界线,两侧区域互相来往穿过检查线的交通量。

④特定地点或专项交通量调查。为满足交通管理与信号控制的需要而在特定地点进行的交通量调查。一般调查各周日的平均日交通量,如星期三平均日交通量、星期五平均日交通量,以及某周日的高峰小时交通量等。

3.2.2 交通量调查实施

1. 调查地点的选择

调查地点的选择,根据调查资料的目的而有所不同,主要是考虑交通量集中而又有代表性、便于调查统计、具有控制性的地点。一般设置在下列场所:

①交叉口之间的平直路段上;

②交叉口(交叉口各入口引道的停车线);

③交通设施、枢纽的出入口(流通中心、大型停车场等)。

2. 调查时间的选择

①调查日期、时间、范围应随目的不同而异。作为了解交通量全年变化趋势的一般性调查,必须选在一年中有代表性交通量的时期进行。从一周来说,最好是星期二到星期五,避开周末及星期日前后。从日期来说,以商业活动比较活跃的日子、节假日、休息日、无大型文体活动的晴天为宜。

②调查时间区间。除连续观测外,常采用以下几种形式。

a. 24h 观测:用于了解一天中交通量的变化。

b. 16h 观测:用于了解包括早、晚高峰小时在内的一天大部分时间的交通量变化情况,一般在上午 6 点到晚上 22 点这一区间内进行。

c. 日间 12h 观测:用于了解白天大部分时间的交通量变化状况,一般从上午 7 点到傍晚 19 点区间进行。

d. 高峰小时观测:用于了解早晚高峰小时交通量变化状况。一般在上下午高峰时间范围内作 1~3h 的连续观测。要注意高峰小时在不同的地点出现的时间有差别,汽车和自行车等不同车种的高峰小时也不尽相同。

③将上述时间范围内的调查结果,换算为每小时的交通量。记录时至少每隔 15min 作一次记录,最好每 5min 记录一次。

3. 测定方法

交通量观测的方法很多,主要有人工观测法(计数)、浮动车法、机械观测法、摄像法等,应根据具体条件和要求选定。

3.2.3　人工计数法

人工计数法,是我国目前应用最广泛的一种交通量调查方法,只要有一个或几个调查人员即能在指定的路段或交叉口进行调查,组织工作简单,使用的工具除必备的计时器(手表或秒表)外,一般只需记录用的记录板(夹)、记录表和笔。

1. 调查资料

①分类车辆交通量。分空载或重载,二轴车或多轴车,公交车或社会车辆等。

②车辆在某一行驶方向、某一车道(内侧或外侧,快车道或慢车道)上的交通量,以及双向总交通量。

③交叉口各入口引道上的交通量及每一入口引道各流向(左转、直行和右转)交通量,各出口引道交通量和交叉口总交通量。对于环形交叉口,还可调查各交织段的交通量。

④非机动车(自行车、人力三轮车、畜力车、架子车等)交通量和行人交通量。

⑤车辆排队长度及车辆的时间和空间占有率等。

⑥车辆所属车主(单位和个人),车辆所属地区(外省、外地区、外县或本地),车辆所属部门或系统(民用车、军车、特种车、运输企业车、社会车辆等)。

⑦驾驶员和骑车人对交通管理和控制的遵守情况。

以上所述各种资料中,有不少资料目前是无法用机械计数或其他手段获得的。

2. 人工计数法的优缺点和适用范围

人工计数法适用于任何地点、任何情况的交通量调查,机动灵活,易于掌握,精度较高,资料整理也很方便。但是这种方法需要大量的人力,劳动强度大,冬夏季室外工作辛苦。对工作人员要事先进行业务培训,一般合适于作短期的交通量调查。

3. 调查表格设计

常用的交通量观测记录表,见表3-1～表3-3。其中,表3-1用于观测交叉口机动车交通量,车种的分类可以视具体情况而定;表3-2用于观测交叉口非机动车;表3-3主要用于观测路段交通量。

交叉口机动车交通量观测表　　　　　　表 3-1

地点_____ 路与_____ 路交叉　进　口_____　　天　气_____

日期_____　　星期_____　　观测人_____　　审核人_____

时段	左 转					直 行					右 转				
	大	中	小	公	摩	大	中	小	公	摩	大	中	小	公	摩
小计															

交叉口非机动车流量观测表 表3-2

地点_____路与_____路交叉 进口_____ 天气_____
日期_____ 星期_____ 观测人_____ 审核人_____

时　段	左　转	直　行	右　转
小计			

路段交通量观测记录表 表3-3

地点_____路与_____路交叉 方向_____ 天气_____
日期_____ 星期_____ 观测人_____ 审核人_____

时段 ＼ 车型	小型车	中型车	大型车	公交车	出租车

3.2.4　浮动车法

此方法是由英国道路研究试验所的华德鲁勃（Wardrop）和查尔斯沃思（Charlesworth）于1954年提出的，可同时获得某一路段的交通量、行驶时间和行驶车速，是一种较好的交通综合调查方法。关于该调查方法本教材将其放在3.3.3节统一介绍。

3.2.5　机械计数法

目前，国外不少工业发达国家已广泛采用各种自动机械计数装置进行交通量调查，可进行连续一天、一月或一年的交通量调查。这种装置使用方便，精度也较高。但是这类装置也存在着一些不足，如一次性投资大，使用率往往不太高，特别是对调查项目的适应性较差，它们大部分无法区分车辆类型、车辆分流流向，对于行人交通量和自行车（非机动车）交通量调查往往无能为力。因此，对于我国目前的交通情况适用性较差，购买和使用时要综合考虑其优缺点，发挥其长处。

1. 便携式机械计数装置

便携式机械计数装置一般有以下3种形式。

①初级计数器。是一种带有可见标度读数的连续型计数器，采用干电池作电源。

②专门型初级计数器。又称周期计数器，它具有一只可调时间的时钟，可按任意规定的时间来开动计数器，并且在转动一定的时间间隔后停止工作。

③高级计数器。包括一个时钟，一个可复位型（自动清零）计数器，一个打印机或穿孔机，或计数器记录笔，用一组电池（充蓄电池或干电池）供电。

上述三种便携式计数器的车辆检测器，一般均使用临时性的气压管式车辆检测器（道路管检测器）。

2. 永久性机械计数装置

永久性的或半固定型计数器,使用的检测器(传感器)有道路管(气压式或液压式)、电接触式、光电管、雷达、磁性、感应线圈、超声波、红外线和电容式等许多形式。有些永久性的计数检测站上只安装检测器作传感器,而将脉冲信号传输到记录和数据中心。永久性机械计数装置包括道路管检测器、电接触检测器、光电检测器、雷达检测器、磁性检测器、感应线圈检测器、超声波检测器、红外线检测器、电容式检测器、压电式检测器、摩擦电式检测器及地震式检测器等。

以上所介绍的各种类型的检测器,除了可供交通量调查之外,在交通控制和交通管理中也得到了广泛应用。同时,还可供车速检测或其他交通参数的检测。当供作车速检测器使用时,需用两个前后排列有适当距离的通行检测器组成,根据车辆通过前后两个通行检测器已知距离的时间差,即可换算成车速;也可采用前述的多普勒速度传感器(如雷达检测器)来测定车速;还可用两个或多个检测器来测定其他交通参数,如利用通行检测器加上速度检测器即可测出车辆密度。

选用哪一种类型的检测器以及配接何种类型的计数器,要根据各地、各部门交通调查的目的、检测车辆种类、设备的性能、国内目前所能购置的情况以及经费的多少等条件决定。选用时要认真阅读熟悉使用说明书,注意掌握其特性和适用条件。常用车辆传感器的性能特点见表3-4。

常用车辆传感器的性能特点   表3-4

传感器名称	检测原理	检测方式		检测范围	信号处理难易	路面开挖量	抗干扰性能	设置方式	使用寿命	成本
		存在	通过							
道路管	气压开关		√	线	易	无	差	移动	短	低
光电	车体遮光	√	√	线	易	无	差	移动	短	中
超声波	反射	√	√	点	难	无	中	固定	长	高
电磁	剩磁	√		点	中	小	中	固定	—	低
地磁	地磁		√	点	易	中	好	固定	中	中
环形有源	电感	√		面	中	大	中	固定	短	中
环形无源	地磁		√	面	易	大	好	固定	短	低
导电橡胶	模拟开关		√	线	易	无	差	移动	短	中
雷达	多普勒效应		√	点	难	无	差	移动	中	高
振动共轴	电容式		√	线	中	小	—	固定	长	—
棒式磁	车体剩磁		√	线、点	易	小	好	固定	长	低

使用各类车辆检测器,要注意保持其精确性和可靠性。由于道路处于露天野外,受多种因素影响,检测器的工作条件较差,很容易失灵和损坏,因此需要配备技术熟练的技师来调整和修理不精确的或已损坏的检测器。另外,也需要准备有一定数量的备用器材,以便随时更换替用。还要注意设置检测器的位置,使它能正常工作,检测准确。

3.2.6 摄像法

目前常利用录像机(摄像机、电影摄影机或照相机)作为高级的便携式记录设备。

可以通过一定时间的连续图像给出定时间间隔的或实际上连续的交通流详细资料。在工作时要求专门设备,并升高到工作位置以便能观测到所需的范围。将摄制到的录像(影片或相片),重新放映或显示出来,按照一定的时间间隔以人工来统计交通量。用这种方法搜集交通量或其他资料数据的优点是现场人员较少,资料可长期反复应用,也比较直观。其缺点是费用比较高,整理资料花费人工多。因此,一般目前多用于研究工作的调查中。

对于交叉口交通状况的调查,往往可采用录像法(或摄像法)。通常将摄像机(或摄影机或时距照相机)安装在交叉口附近的某制高点上,镜头对准交叉口,按一定的时间间隔(如30s、45s或60s)自动拍摄一次或连续摄像(摄影)。根据不同时间间隔情况下每一辆车在交叉口内位置的变化情况,数点出不同流向的交通量。这种方法的优点是能够获取一组连续时间序列的画面,只要适当选择摄影的间隔时间,就可以得到最完全的交通资料,对于如自行车、行人交通量、分车种分流向的机动车交通量、车辆通过交叉口的速度及延误时间损失、车头时距、信号配时、交通堵塞原因、各种行人与车辆冲突情况等,均能提出令人信服的证据,并且资料可以长期保存。其缺点是费用大,内业整理工作量大,需要做大量图(像)上的量距和计算,并且在有繁密树木或其他遮挡物时,调查比较困难或引起较大误差。

3.2.7 交通量调查数据的整理与分析

由上述方法测得的交通量,还应根据调查目的进行以下一项或几项处理及分析。

1. 车辆换算和数量统计

一般以小汽车作为标准车型,将混合交通量换算成标准小汽车的当量交通量。不同车辆的换算系数见表3-5。

以小汽车为标准的换算系数表　　　　　　　　　　　　　表3-5

车 辆 类 型	换 算 系 数	车 辆 类 型	换 算 系 数
小汽车	1.0	中、小型公共汽车	2.5
小型载货汽车	1.5	大型公共汽车、无轨电车	3.0
3~5t载货汽车	2.0	摩托车、轻便摩托车	0.8
5t以上载货汽车	2.5		

2. 绘制路网流量图

根据路网交通量普查资料或区域内的所有交叉口交通量调查的数据,在道路网平面图上,以各条道路的中心线为基线,用与交通量成一定比例的线条表示出各条道路的交通量,并注以交通量数值,如图3-1所示。图3-1中表示出某市机动车高峰小时交通流量图的一部分,线旁附注了交通量的数值。

当两个方向的交通量差异较大时,最好用两种不同的线条加以区别。对于公路网如有连续观测资料,最好采用年平均日交通量来绘制,一般可以采用平均日交通量或高峰小时交通量以及其他时间段的代表性交通量。这种图除了可用来表示机动车(或汽车)交通量以外,也可以表示非机动车(主要是自行车)的交通流量分布情况。

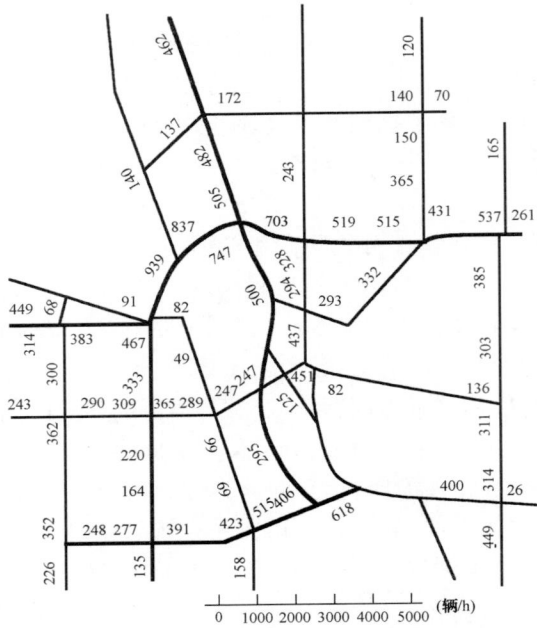

图 3-1　机动车高峰小时路网流量图（局部）

3. 绘制交通量变化图

以纵坐标表示交通量,横坐标表示时间,绘制交通量随时间推移的变化图。根据时段长短又可分为交通量季节变化,周、日变化,小时变化图等。

4. 绘制交叉口流量流向图

经常用来表示十字形或 T 字形交叉口各入口引道各向车辆的运行状况。图 3-2 和图 3-3 中绘出了典型的十字形交叉口的流量流向图,由图可以一目了然地看清交叉口的流

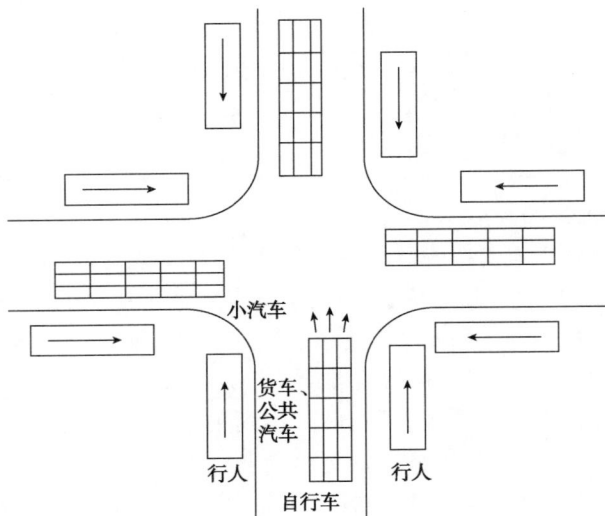

图 3-2　交叉口车辆流量流向图一

量流向分布(通常根据高峰小时的交通量绘制)。由于机动车交通高峰与非机动车高峰往往不在同一小时内出现,因此应对各个高峰小时的机动车和非机动车交通量分别绘制。

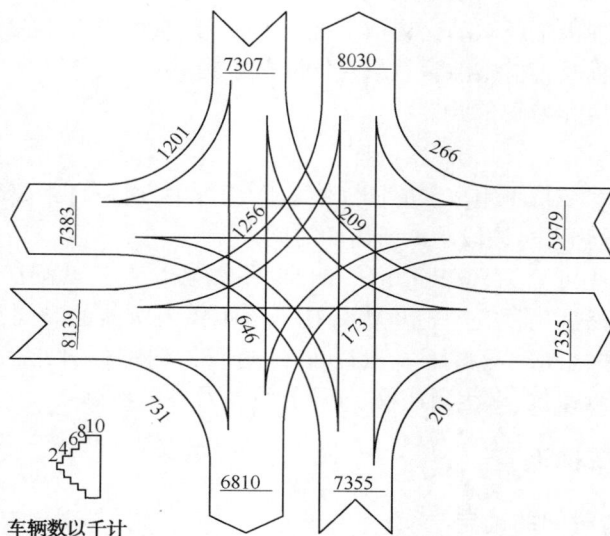

图 3-3　交叉口车辆流量流向图二

⟶ 3.3　行车速度调查

3.3.1　行车速度调查概述

1. 目的和意义

由于道路设计、交通规划、交通控制与管理、交通设计及道路质量评价均以车速作为最基本的资料,因此车速调查成为道路交通工程中最重要的调查项目之一。常见的调查有地点车速调查和区间车速(行程车速)调查。

(1)地点车速调查的目的

①掌握某地点车速分布规律及速度变化趋势;

②作为交叉口交通设计的重要参数;

③用于交通事故分析;

④判断交通改善措施的成效;

⑤确定道路限制车速;

⑥设置交通标志的依据;

⑦局部地点如道路弯道、坡度、瓶颈等处的交通改善设计的依据;

⑧交通流理论研究中的重要参数。

(2)区间车速调查的目的

①掌握道路交通现状,作为评价道路服务水平的重要指标;

②路线改善设计的依据;

③作为衡量道路上车辆运营经济性(时间和车辆油耗)的重要参数;

④作为交通规划中路网交通流量分配的重要依据;

⑤确定交通管理措施及联动交通信号配时的依据;

⑥判断道路工程改善措施前后效果对比的重要指标;

⑦交通流理论研究中的重要参数。

2. 调查方法

决定车速的两个变量是距离和时间。在实际调查中,通常将距离事先测定,成为一个常量,然后观测车辆通过该段距离所需的时间。

车速量测的方法可分为人工量测法和自动量测法。人工量测法是先选择测速地点,量取一定距离,然后用秒表测定车辆行驶于该距离内所需的时间,从而计算得到车速;自动量测法往往是同时测得距离和时间,通过仪器内部计算,得到该路段的车速。使用的仪器有光感测速仪、雷达测速仪、气压管测速及各种检测器。

3.3.2 地点车速调查

1. 调查地点与时间的确定

地点车速的用途很广,调查地点将随调查目的的不同而异。

①了解车速分布特征及变化规律时,一般选择道路平坦顺直,离交叉口有一定距离,使车速不受道路条件及信号灯控制和行人过街的影响。在城市道路上,还应注意不受公共汽车停靠站的影响。

②为了交通安全需实施限制车速时,观测点应设在需限制车速的道路或地点。

③为检验交通改善设计或交通管理措施的效果时,可选择交通改善地点作车速的前后对比调查。

④在判断交叉口信号灯设置是否妥善,决定黄灯时间或配置交通标志时,需调查进入交叉口的车速。

⑤用于交通事故分析时,应调查交通事故发生地点的车速。

调查时间应与调查目的相对应,具有典型性和代表性。一般均不选择休息日及交通有异常的时间。例如,星期六、日,由于大部分居民不上班,学生不上学,车流量少,因此车速一般均较平日高;又如,大城市中,由于有郊区工业区及卫星城镇,星期五下午及星期一上午职工回家及去工作地点的时间很集中,交通异常,调查时也应排除这段时间。一般调查最常选用的时间是机动车上午高峰及下午高峰时间,因为这段时间交通量大,矛盾最为突出,如属检验交通改善或交通管理措施等目的时均应选择这两个时间段。有时为了研究非机动车对机动车车速的影响,常选择机动车和非机动车流量均较大的时段。例如,大城市中,下午4时至6时,此时工厂工人下班,公共交通已进入高峰状态,此时主干路上机动车与非机动车的干扰最为突出,因此选择这一时段效果最佳。特别要指出在进行交通改善前后的对比调查时,调查的时间段前后必须一致,否则会导致错误的结论。

2. 车速抽样

研究地点车速时,常用随机抽样的方法,即抽取有限的样本来推断车速总体特性的方法。如何保证样本的准确性,决定于以下两个方面。

（1）样本选择

在地点车速的观测中,要取得无偏向的车速样本,必须随机选测车辆,即每一行驶车辆被选取作为样本的机会是均等的。作为代表性的样本必须符合:

①样本的选择必须避免某种偏向。高速车辆、低速车辆和正常车速的车辆均有同等概率被抽作样本。在我国城市道路上,车辆组成复杂,在相同的道路、交通条件下,车速差别很大,为此要使取得的样本能代表总体,必须与总体的车辆组成一致。

②样本的各个单元,相互必须完全独立,如路段上车辆列队行驶时,可以排头车作为独立行驶车辆。

③选取数据的地区间应无根本的差别,构成样本所有项目的条件必须一致。

（2）样本容量

样本容量的大小决定于精度要求。根据误差理论,测定值与真值之间永远是近似的,二者之差称为误差。误差按其成因分为系统误差和偶然误差。系统误差是由于测量系统的不合理不完善所造成的,如测量地点车速中测量工具不准确或测速方法不合理等。这类误差均可通过改善测量工具或改进测速方法来消除。而偶然误差或称随机误差,是测量中不可避免的误差。这种误差时正时负,当测量次数足够多时,它服从正态分布,绝对值相等的正误差与负误差的概率接近相等,因此测量次数愈多,偶然误差的算术平均值愈小,精度愈高。

要确定样本量的大小,必须讨论两个问题:一是样本量与精度的关系;二是置信水平与精度的关系。

地点车速的样本平均数与总体平均数之间总是有差异的,其差别的大小取决于样本平均数的标准差。在概率论中已经证明,母体为正态分布时,子样平均数均为正态分布,其期望值等于母体期望值,样本平均数的方差 $\sigma_{\bar{X}}^2$ 等于母体方差 σ^2 除以样本量,即:

$$\sigma_{\bar{X}} = \frac{\sigma}{\sqrt{n}} \tag{3-1}$$

在不知 σ 的情况下,可用样本标准离差 S 来代替。从上式可知样本量愈大,$\sigma_{\bar{X}}$ 愈小,亦即精确程度愈高。例如,某地点车速标准离差 $S = 12\text{km/h}$ 计算不同样本量时的 $\sigma_{\bar{X}}$,见表3-6。

$\sigma_{\bar{X}}$ 与样本量 n 的关系　　　　　　　　　表3-6

样本量大小	$n=36$	$n=64$	$n=144$	$n=576$
$\sigma_{\bar{X}} = \frac{\sigma}{\sqrt{n}}$	2.0	1.5	1.0	0.5

3. 调查方法

地点车速测定最常用的方法主要有以下几种。

（1）人工测速法

在欲调查的地点,量测一小段距离 L,在两端做好标记(图3-4),观测员用秒表测定各种类型车辆经过前后两标记的时间,记录员在标准记录表上记录距离、车型及通过两标记的时间,经整理计算,得到各类车辆的地点车速。记录表格见表3-7。

51

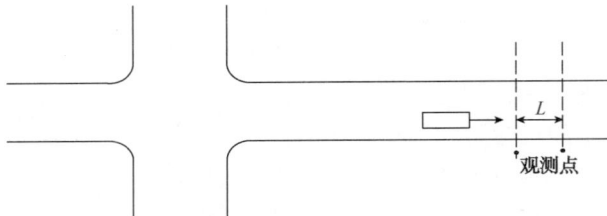

图 3-4　秒表测速法示意图

地点车速记录表　　　　　　　　　　　　　　　　　　表 3-7

日期＿＿＿＿＿　　星期＿＿＿＿＿　　天气＿＿＿＿＿　　记录者＿＿＿＿＿

起讫路线＿＿＿至＿＿＿　　起讫时间＿＿＿至＿＿＿　　时间间隔＿＿＿＿＿

车种	t_1	t_2	$\Delta t = t_2 - t_1$	$V=\dfrac{S}{\Delta t}$	车种	t_1	t_2	$\Delta t = t_2 - t_1$	$V=\dfrac{S}{\Delta t}$

注：t_1——车辆到达起始观测点时刻；

　　t_2——车辆到达终末观测点时刻。

距离 L 的取值与车速有关，为方便观测者对秒表读数，可按车辆经过 L 路段的时间等于 2s 左右计算，通常取 20~25m。

（2）雷达测速法

雷达测速方法十分简单，只要用测速雷达瞄准前方被测车辆，即能读出该车辆的瞬时车速。雷达测速的基本原理是应用多普勒效应。当雷达测速仪瞄准测速车辆时，发射出无线电波，接触车辆后再从车辆反射回来，发射波与反射波的频率差与车辆行驶的速度成正比，从而得到车辆的瞬时车速。若雷达所发射的电波频率为 f，发射电波碰到车辆后反射回来的频率为 f'，车辆运行的速度为 V，电波传播速度为 c，雷达发射的电波方向与车辆运行方向之间的交角为 φ（图 3-5），则：

$$f' = f\left(1 \pm \frac{2V\cos\varphi}{c}\right) \tag{3-2}$$

式中：+——车辆向接近雷达方向运行；

　　　－——车辆远离雷达方向运行。

图 3-5　雷达波与车辆运行
方向间夹角 φ

多普勒频率数为发射电波束频率 f 与反射回来电波频率 f' 之差 Δf：

$$\Delta f = f' - f \quad 即 \quad \Delta f = \frac{2Vf\cos\varphi}{c} \tag{3-3}$$

测速雷达测量这个频差，从仪表上直接读出车速。

从式（3-3）可以看出，多普勒频率数 Δf 与 $\cos\varphi$ 成正比，当 $\varphi = 0°$ 时，$\Delta f = 2Vf/c$，此时测速误差最小，因此测速时应尽可能使雷达装置发射出无线电波束的方向接近车辆运行方向。当 $\varphi \neq 0$ 时，测速雷达所读出的数字比车辆实际行驶车速要小,如 $\varphi=20°$ 时,产生的误差大约为 6%。此外,雷达测速仪的效应有一定范围,同向车辆密度过高或对向车辆同时通过道路某断面,均会产生干扰,使雷达仪上的车速数字产生不稳定情况;当道路上车辆行驶速度很低时,测速精度亦低。

（3）自动计数器测速法

自动计数器有若干种,通常使用电感式、环状线圈式和超声波式检测器测量地点车速,它们均设置在固定测站上,同时测得流量和流速。

测量方法:在测速地点取一小段距离(如取 5m)两端均埋设检测器,车辆通过前后两检测器时即发出信号,并传送给记录仪,记录下车辆通过前后两个检测器的时间,从而算得车速。当测速精度要求不太高时,也可用一个检测器的办法,即测量车辆前后车轮通过检测器的时间,并用前后轴距除以该时间求得车速。这种方法适用于交通控制区中已埋设检测器的场合,并与交通流量数据同时存放于数据采集系统中。

（4）录像法

在拟测车速的地点,量取若干段距离,并做好标记。将录像机设置在视野良好的高处,防止行道树及其他设施的遮挡,将镜头瞄准欲测车速地段,以一定的送片速度进行录像。根据汽车通过测定区间的录像胶卷画面数和画面的间隔时间,即可求得车辆的地点车速。录像时应详细记录开始时间、地点、方向、送片速度、气候、观测员姓名等,以免整理时发生错误。

录像法的主要优点是对测定地点有形象记录,不但能录到车辆移动位置,而且还能摄到车型及实地交通情况,能长期保存,有利于进行地点车速和影响因素的相关分析。在科学研究中有使用价值,但录像的方法成本较高,致使广泛使用受到限制。

4. 地点车速调查数据的整理与分析

地点车速的观测数据按观测目的进行汇总,然后把数据整理成图表,并用统计的方法对调查结果作统计计算,以保证取得对交通现状的完整认识。

（1）地点车速频率分布直方图

为了更直观地显示出频率分布表所给出的规律,通常把它们画成频率分布直方图,如图 3-6 所示,横坐标是地点车速的速度分组,纵坐标则是相应的频率。

（2）累计频率曲线

地点车速的速度分组为横坐标,累计频率为纵坐标,绘制成地点车速的累计频率曲线,如图 3-7 所示。该图的特征点对于分析地点车速具有十分重要的意义,如累计频率为 15%、50%、85% 所对应的地点车速,在实际中均有特定的用途。

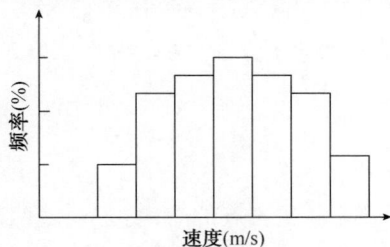

图 3-6　地点车速频率分布直方图

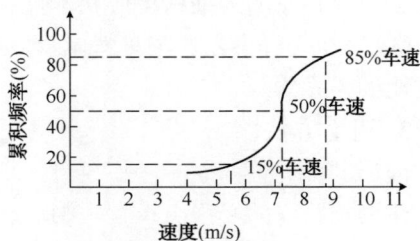

图 3-7　地点车速累计频率曲线

3.3.3　区间车速调查

1. 调查区间与时间的选择

调查区间与时间均应根据调查目的进行选定。

①调查区间的选择对于一般目的的调查时,应选在主要交叉口之间无大量出入车辆的路段,且区间的起终点应选在无交通阻塞处。当为交通管理目的时,应在拟定管辖地区选择。当为评价交通措施效果时,应在采取措施前后,均进行调查,且事前、事后调查应选择相同的路段。

②时间的选择可分上、下午高峰与白天和夜晚非高峰四个时段,每次应连续 1h 以上,且应避开节、假日及天气不良时间。而在进行事前、事后调查时应选择相同季节,相同周日及相同天气条件。

2. 车速抽样

道路上车辆数量大,不可能全部观测,只能从中抽取部分车辆(样本)进行观测,据以推算车流总体的车速。为了保证推算精度,应确定所需最小的样本量。

路线区间平均车速样本量,主要是确定最少抽样观测的车辆数,同时应选择对区间车速影响诸因素有代表性的路段进行观测,使观测结果与实际车速相符。根据统计原理其最小取样车辆应为:

$$n = \frac{K^2 \sigma^2 N}{NE^2 + K^2 \sigma^2} \tag{3-4}$$

式中:n——最小抽样车辆数;

$\quad N$——总车辆数;

$\quad K$——置信水平系数;

$\quad E$——允许误差;

$\quad \sigma^2$——方差。

因此在车速调查时,应根据精度要求或允许误差推算应抽取的抽样率,但通常为节省人力、物力,抽样数量应在满足实测精度的条件下尽量少,根据速度调查的精度要求,认为调查总样本数量不应少于 150 辆,其中单一车种不应少于 50 辆,且测速时段不宜过短,一般应在 1h 以上。此外,在抽样时不仅先应保证足够抽样率,还应尽量避免人为的主观选择,保证抽样的随机性。为此调查抽样,可以按以下形式进行:

①避开调查开始时的几台车;

②对各种车型的抽样率应基本控制在与其在车流中的混入率一致;

③抽样时,可事先选定车牌尾数,如只测尾数为偶数车或只测尾数为 0 或 5 的车,以此使抽样无偏。

3. 调查方法

(1)汽车牌照号码登记法

在调查路段的起终点设置观测点,观测人员记录通过观测点的车辆类型、牌照号码(一般记后 3 位数字即可)各辆车的到达时间。测完后,将两处的车型及牌照号码进行对照,选出相同的牌照号码,计算通过起终点断面的时间差即为行程时间,路段距离除以行程时间,得到行程车速。调查记录表格见表 3-8。

牌照法车速调查表   表 3-8

道路名称＿＿＿＿＿＿＿　起始时间＿＿＿＿＿＿＿　　日期＿＿＿＿＿＿＿
起 终 点＿＿＿＿＿＿＿　观 测 者＿＿＿＿＿＿＿　　天气＿＿＿＿＿＿＿

车辆类型	牌照号码	起点时间 t_1	终点时间 t_2	行程时间 t_2-t_1	区间车速 V

关于调查人员及工具的配备:起终点断面各配两名观测员,分别观测车型、牌照号码及经过本断面的时间,观测时只需配备秒表即可。

牌照法的主要优点:取样速度快,室外工作时间短,能较准确地测得不同时段的平均行程车速及各种车辆类型的平均行程车速、通过断面的单向交通量及车头时距,有利于交通工程中的微观分析。

牌照法的主要缺点:所测得的只是起终点间的行程时间,无法知道车辆在行驶过程中的延误及交通阻滞情况,当路段中间有交叉口时,由于路段车辆在交叉口的转向,使起终点的车辆牌照号码不完全一致,增加了内业工作量;在单向两车道或大于两车道的路段,观测时由于靠边车道上车辆的阻挡,无法看清中间车道上车辆的牌照号码,容易漏记车号;现场观测的劳动强度大,对于交通繁忙的路段在一般体力情况下,通常只能连续观测 2h 左右。

(2)浮动车测速法

此法是由英国道路研究试验所的华德鲁勃(Wardrop)和查尔斯沃思(Charlesworth)于 1954 年提出,可同时获得某一路段的交通量、行驶时间和行驶车速,是一种较好的交通综合调查方法。

①调查方法。需要有一辆测试车,小型面包车或工具车最好,吉普车或小汽车也可以,尽量不要使用警车等有特殊标志的车,以工作方便、不引人注意、座位足够容纳调查人员为宜。

调查人员(除开车的驾驶员以外)需要一人记录与测试车对向开来的车辆数;一人记录与测试车同向行驶的车辆中,被测试车超越的车辆数和超越测试车的车辆数;另一人报告和记录时间及停驶时间。行程距离应已知或由里程碑、地图读取,或自有关单位获取,如不得已,则应亲自实地丈量。调查过程中,测试车一般需沿调查路线往返行驶 12~16 次(即 6~8 个来回)。

②交通量计算。在测试中,当没有测试车辆超越其他车辆或其他车辆超越测试车的情况时,假设 AB 路段内没有进出的支路,车辆由 A 到 B 的过程中所遇到的对向车辆数 x 由两部分组成,其中 m 是 T_{AB} 时间内通过 A 断面的车辆数,n 是 T_{BA} 时间内通过 A 断面的车辆数,测试车到达 B 断面后立即掉头,中间未插入任何车辆,则自 B 到 A 方向通过 A 断面的流量 Q_{BA} 可由式(3-5)求得:

$$Q_{BA} = \frac{x}{T_{AB} + T_{BA}} \times 60 \qquad (\text{辆}/h) \qquad\qquad (3-5)$$

式中：T_{AB}、T_{BA}——时间，min。

另一种情况，如果测试车在从 B 返回 A 的途中有 C 辆车超越测试车，则在 T_{BA} 时间内自 B 至 A 方向驶过 A 断面的车辆数增加到 $(n+C)$ 辆。同理，如有 D 辆车被测试车超越，则在 T_{BA} 时间内自 B 至 A 方向驶过 A 断面的车辆数减少到 $(n-D)$ 辆。如果两者兼有之，则 T_{BA} 时间内通过 A 断面的车辆数为 $(n+C-D)$ 辆。

经过上述修正后，A 断面（自 $B{\to}A$ 方向）的流量 Q_{BA} 的计算公式为：

$$Q_{BA} = \frac{x + C - D}{T_{AB} + T_{BA}} \times 60 \quad （辆/h） \tag{3-6}$$

③行程时间计算。如果测试中没有车辆超过测试车或被测试车超越，则测试车的往返时间 T_{AB}、T_{BA} 就可以代表车流的往返时间。如果测试车由 B 到 A 的过程中有 C 辆车超越测试车，则 B 到 A 方向车流的平均车速高，即车流平均行程时间较 T_{BA} 短；反之，若测试车超越了车流中 D 辆车，则 B 到 A 方向车流的平均车速较测试车的车速低，即车流平均行程时间较 T_{BA} 长。因此，从 B 到 A 方向车流的平均行程时间需在 T_{BA} 的基础上进行修正，其计算公式如下：

$$T'_{BA} = T_{BA} - \frac{C - D}{Q_{BA}/60} \quad （min） \tag{3-7}$$

④车流平均行程车速计算。设 V_{BA} 为 B 到 A 方向的平均行程车速，L 为 A 到 B 断面间的距离（km），则：

$$V_{BA} = \frac{L}{T'_{BA}} \times 60 \quad （km/h） \tag{3-8}$$

与跟车测速法一样，为了使测算的流量和平均行程车速更接近实际，应当在相似的交通条件下，让测试车在 AB 路段上来回次数不少于 6 次，并且同时测出车流穿越 B 断面的流量 Q_{BA} 及 AB 段的平均行程时间和车速。现场测定的记录表格见表 3-9。

浮动车测速观测表 表3-9

道路名称＿＿＿＿＿ 起点＿＿＿＿＿ 终点＿＿＿＿＿
路段长度＿＿＿＿＿ 观测者＿＿＿＿＿ 日期＿＿＿＿＿ 天气＿＿＿＿＿

行驶方向	出发及到达时间			对向来车数			超越测试车车数			被测试车超越数			行驶状况描述
	时	分	秒	大	中	小	大	中	小	大	中	小	

浮动车测定法实际上是在整个行驶时间内的一种抽样率小于 50% 的抽样测定法。因为测试车每来回行驶一趟，每个方向的车流被测的时间约占一半，所以这种方法所统计的流量和车速不如用牌照法测量精确。

⑤注意事项。

行程时间，在记录时以 min、s 计，但在公式计算中，s 应以 min 的百分数计，以便于直接计算。

浮动车法调查延续的时间较长，为了真实反映交通情况，应注意路段和行程时间不要太长，尽可能分段以较短时间完成调查。

浮动车法观测到(经过计算获得)的交通量是一个平均值(当以平均值计算时),是表明在整个观测时段内的平均值,而由每一次观测所得数据计算的交通量才是该时段的交通量。

【例3-1】 某道路全长 1.5km,用浮动车法进行测量,测试车在路线上共往返 6 次,测量后数据整理见表 3-10。试计算该路段的流量、平均行程时间、平均行程车速。

浮动车测量数据整理

表 3-10

行驶次序方向 $A{\rightarrow}B$	行程时间 T_{AB}(min)	对向来车数 X_{BA}	超越测试车数 C_{AB}	被测试车超越数 D_{AB}
1	3.08	70	0	2
2	3.25	72	1	0
3	3.10	72	2	1
4	3.23	74	1	3
5	3.41	79	3	0
6	3.33	77	0	2
总计	19.40	444	7	8
平均	3.23	74	1.17	1.33

行驶次序方向 $B{\rightarrow}A$	行程时间 T_{BA}(min)	对向来车数 X_{AB}	超越测试车数 C_{BA}	被测试车超越数 D_{BA}
1	2.95	86	1	2
2	3.22	90	0	0
3	2.95	89	0	2
4	3.18	79	0	1
5	3.25	88	0	0
6	3.30	92	1	2
总计	18.85	524	7	7
平均	3.14	87.3	1.17	1.17

解: 断面流量(单向):

$$A{\rightarrow}B \quad Q_{AB}=\frac{X_{AB}+C_{AB}-D_{AB}}{T_{AB}+T_{BA}}\times 60=\frac{87.3+1.17-1.33}{3.23+3.14}\times 60=821(辆/h)$$

$$B{\rightarrow}A \quad Q_{BA}=\frac{X_{BA}+C_{BA}-D_{BA}}{T_{AB}+T_{BA}}\times 60=\frac{74+1.17-1.17}{3.23+3.14}\times 60=697(辆/h)$$

当路段长度不大时,可近似地认为断面的双向流量为两断面流量之和,即

$$Q=Q_{AB}+Q_{BA}=821+697=1518(辆/h)$$

行程时间:

$$A \rightarrow B \quad T'_{AB} = T_{AB} - \frac{C_{AB} - D_{AB}}{Q_B/60} = 3.23 - \frac{(1.17-1.33) \times 60}{821} = 3.24 \,(\text{min})$$

$$B \rightarrow A \quad T'_{BA} = T_{BA} - \frac{C_{BA} - D_{BA}}{Q_A/60} = 3.14 - \frac{(1.17-1.17) \times 60}{697} = 3.14 \,(\text{min})$$

行程车速:

$$A \rightarrow B \quad V_{AB} = \frac{L}{T'_{AB}} \times 60 = \frac{1.5}{3.24} \times 60 = 27.8 \,(\text{km/h})$$

$$B \rightarrow A \quad V_{BA} = \frac{L}{T'_{BA}} \times 60 = \frac{1.5}{3.14} \times 60 = 28.7 \,(\text{km/h})$$

3.4 密度调查

3.4.1 密度调查概述

1. 调查目的

交通密度与交通量不同,它不表示车辆通过道路断面的频繁程度,而表示道路空间上车辆的密集程度。由第 2 章可知,在正常交通流状态中,已知平均速度、交通密度、交通量中任两个即可求取另一个。另外由于交通密度与平均车速有关,平均车速又随交通密度增加而降低,这在交通流中将表现为交通拥挤。因此可以用密度表示交通混杂状态,故在交通管理与控制中经常需要使用交通密度这一物理量。

2. 调查时间与地点的确定

在道路某一区段范围内的交通密度每时每刻都在变化,因此所谓密度,总是指某一瞬间的密度值或某一时段内的平均密度值。在交通研究中关心的常是后者。这样就需要在某一阶段内连续调查瞬时密度,然后求算平均值。从实测经验得知调查时段越长密度变化越平缓。

另外,在正常交通量条件下,车辆在道路上分布也不均匀,即路段不同,交通密度一般也不相同,只有实测路段达到一定长度后,交通密度的变化才趋于平稳。通过大量实测资料分析得出以下结论:

①实测密度均方差为实测时段和区间长度的减函数;

②测试时段达 3~5min 以上时,均方差受测试路段长度的影响变弱;

③测试区间大于 800m 时,均方差受测试时段长度的影响变弱。

根据以上结果,建议在交通密度调查时,测试时段应延续 5min 以上,路段长度应尽量大于 800m。

3.4.2 出入量法

1. 出入量法的原理

出入量法是一种通过观测取得中途无出入交通的区段内现有车辆数或行驶时间的

方法。其中又分为测试车法及车牌照法等。

现讨论图 3-8 中 AB 区间的密度。

在某一时刻上游地点 A 处的交通量是同一时刻 AB
区间内新增加的车辆数;反之,这时在下游地点 B 处的
交通量等于从 AB 区间内减少的车辆数。AB 区间内车
辆数的变化应等于入量与出量之差。因此,只要知道最
初 AB 区间的原始车辆数,就能求得每单位时间内实有
车辆数。则在 t 时刻的车辆数可由式(3-9)表示:

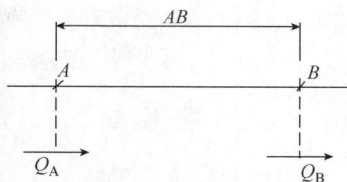

图 3-8　AB 区间示意图

$$E(t) = E(t_0) + [Q_A(t) - Q_B(t)] \qquad (3-9)$$

式中:$E(t)$——在 t 时刻 AB 区间内的车辆数;

　　　$E(t_0)$——在观测开始的 t_0 时刻,AB 区间内的原始车辆数;

　　　$Q_A(t)$——从观测开始到 t 时刻通过 A 处的累加交通量;

　　　$Q_B(t)$——从观测开始到 t 时刻通过 B 处的累加交通量。

2. 测试过程及计算

(1)测定方法

从基准时刻开始在测定区间的两端用流量观测仪或动态录像机测定通过的车辆
数。为了记取测试车通过区间两端的时刻,必须在测试车上标以特殊的记号。此时,若
用流量仪进行测定,当测试车通过两端时,要输入信号在记录纸上做记号。若用动态录
像机,有对准测试车的特殊记号摄影,以便记取那个时刻。

(2)原始车辆数的测定

设测试车跟随车流通过 A 处的时刻为 t_0,经过 B 处的时刻为 t_1,则从 t_0 到 t_1 这段时
间内通过 B 处的车辆数 Q_B 即为 t_0 时刻 AB 区间内的原始车辆数。然而这一关系只有在
测试车既不超车又不被超的情况下才成立。否则,应按式(3-10)计算:

$$E(t_0) = Q_B + a - b \qquad (3-10)$$

式中:$E(t_0)$——在 t_0 时刻 AB 区间内的原始车辆数;

　　　Q_B——从 t_0 到 t_1 这一时间内通过 B 处的车辆数;

　　　a——测试车超车数;

　　　b——测试车被超车数。

(3)交通密度的确定

结合式(3-10)与式(3-9)计算出 $E(t)$ 后,t 时刻 AB 区段内的交通密度可按式
(3-11)计算:

$$K(t) = \frac{E(t)}{L_{AB}} \qquad (3-11)$$

式中:$K(t)$——t 时刻 AB 区段内的交通密度,辆/km;

　　　L_{AB}——AB 区段长度,km。

(4)减少误差的途径

本方法的缺点是随着观测时间的推移,车辆数的误差也累加。为减少误差的积累,

除增加测试车的观测次数外,还要把测试车每次经过 A 点的时刻作为基准时刻(t_0)。该时刻的现有车辆数都作为每次的原始车辆数。

本方法适用于较长的规定区间,以提高量测的精度。

3.4.3 摄影法

观测交通密度的摄影法可分为地面(高处)摄影观测法与航空摄影观测法。

1. 地面高处摄影观测法

该方法是用动态录像机在高处进行摄影。测定区间的长度视地区内的状况和周围条件而变化,一般取 50~100m。摄影的时间间隔依测定区间长度而异。当区间长为50~100m 时,摄影间隔可用每 5~10s 1 个画面。遇到详细分析交通流的场合,如需同时观测交通量,为了取得正确的观测值,须缩短摄影间隔,一般取每秒 1 个画面。在高速公路上,由于车速高,这时可取每秒 2 个画面。在测定密度时,在道路上要标明每台录像机所摄范围内的道路区间长,一般有两处作标记即可。如果容许精度稍低时,可利用车道分隔线的段数、护栏支柱数或电杆数等参照物代替。

在各条录像带的每一画面中,读取摄影观测区间内存在的车辆数,计算总观测时间内区间的平均车辆数,用区间长度求算单位公里长度内存在的车辆数,即密度值。

如总计观测时间大于 5min,则交通的偶然性变化或周期性变化就能消除。这种方法可以很方便地看出密度随时间的变化情况,同时又因为包含短时间的变化,所以可以描绘出密度的倾向性变化。

2. 航空摄影观测法

测定密度,使用航空摄影最佳,它是能取得准确数值的唯一方法。航空摄影观测是利用普通飞机或直升机从空中向下摄影,后者具有低速且在某种程度上能停在空中的性能,因此被广泛采用。航测时,一般采用测量用航空照相机,这种照相机的拍摄精度已能满足交通调查的需要。

航测所使用的缩小比例尺,考虑到放大照片的限制一般取 1/1000~1/12000。由于航摄法采用在固定长的路段航片上直接数出行驶的车辆数,与常规方法不同之处在于观测点(摄影镜头)是在空中沿路线纵断面方向移动的。

需要指出的是,在某一时刻摄影到的全路段影像中,与飞机同向的车辆将有一部分驶出影像范围,故车流量密度应分同向与反向来考虑。因此,应用普通飞机进行调查时,求解道路车流密度必须分流向求解。

➡ 3.5 行车时间与延误调查

3.5.1 行车时间与延误调查概述

1. 基本概念

(1)行车时间

行车时间指汽车沿一定路线在实际交通条件下从一处到达另一处行车所需的总时

间(包括停车和延误)。

（2）延误

由于道路与环境条件、交通干扰以及交通管理与控制设施等驾驶员无法控制的因素所引起的行程时间损失,以 s/辆或 min/辆计。

（3）固定延误

由交通控制装置引起的延误,与交通量大小及交通干扰无关,主要发生在交叉口处。交通信号、停车标志、让路标志和铁路道口等都会引起固定延误。

（4）运行延误

由各种交通组成部分之间相互干扰而引起的延误。运行延误可分为两种:一种是由其他交通组成部分对车流的干扰(称为侧向干扰)而引起的延误,如行人、受阻车辆、路侧停车以及横穿交通等因素引起的延误;另一种运行延误是由交通流之间的干扰(称为内部干扰)而引起的延误,产生这种运行延误的主要原因是交通拥挤、汇流、超车与交织运行等因素的影响。

（5）停车延误

车辆由于某种原因而处于静止状态所产生的延误。停车延误等于停车时间,其中包括车辆由停止到再次起动时驾驶员的反应时间。

（6）行程时间延误

实际行驶的总行程时间与完全排除干扰后以平均速度通过调查路段的自由行驶时间之差。这一延误除包括停车延误外,还包括因加减速而产生的加速延误和减速延误。

（7）延误率

车辆通过单位长度路段的实际运行时间与车辆在理想条件下通过该路段所需时间(标准运行时间)之差值。因此,延误率可以反映出单位长度路段上延误的大小。据国外观测,高峰时间内车辆通过单位长度路段的标准运行时间:高速道路为 1.06min/km,城市主干道为 1.49min/km,集散道路为 1.86min/km。

（8）车流延误率

车流中各辆车的延误率的总和,即车流在单位长度路段上的总的损失时间。因此,车流延误率就等于单向交通量乘以延误率。

（9）排队延误

车辆排队时间与车辆按自由行驶车速驶过排队路段的时间(自由行驶时间)之差。排队时间是指车辆从第一次停车到越过停车线所用的时间。排队路段是指车辆的第一次停车断面与停车线之间的道路。

（10）引道延误

引道延误为引道实际耗时与引道自由行驶时间之差。其中引道实际耗时为车辆通过引道延误段实际所用的时间;引道自由行驶时间为不受干扰车辆通过引道延误段所用的时间。引道延误段指的是引起全部或大部分引道延误的引道路段,其长度随引道上的排队车辆数而变化。排队车辆越多引道延误段就越长。实际选用时,通常将可能出现的最大排队长度作为引道延误段。

2. 调查目的和意义

①评价道路交通阻塞程度。行车延误十分直观地反映了道路交通的阻塞情况。借

助于延误资料可以确定产生交通阻塞的位置、程度和原因,进而对交通阻塞程度做出评价。延误越大,说明阻塞越严重。

②评价道路服务质量。道路的服务质量通常用服务水平来衡量。对于道路使用者,最关心的是时间和延误。

③作为采取交通控制措施的依据。根据延误资料,确定无信号交叉口是否需要设置交通信号,设计交通信号控制参数,从而减少交叉口的延误或某一入口引道的延误。另外,也可根据延误资料确定是否需要采取某些管理与控制措施,比如禁止左转,限制停车、单向行驶和禁止某一方向通行等。

④改建道路和交叉口的依据。根据延误资料,对交通阻塞严重的路段或交叉口提出改建计划。例如,拓宽道路以改造瓶颈路段、实施快慢车分道行驶、拓宽交叉口引道或增设转弯专用车道等。

3.5.2　区间行车时间和延误的调查方法

区间行车时间调查与区间车速调查时的行车时间调查完全一样。而延误调查实际上也是对不同条件下的行车时间调查。因此,该项调查可采用区间速度调查时所采用的方法,如测试车法、车辆牌号对照法、驶入驶出量法等。

3.5.3　交叉口延误的调查方法

交叉口延误的调查方法可分为两类:第一类是停车时间法。根据停车时间测定方法的不同,停车时间法又可分为间断航空摄影法、延误仪测记停车时间法和点样本法等。这类调查方法得到的交叉口延误只包括停车时间,没有计入加速延误和减速延误。第二类方法是行程时间法。根据行程时间测定方法的不同,行程时间法可分为测试车法、牌照法、间断航空摄影法、车辆感应器与人工结合法、人工追踪法和抽样法等。这类方法是测定从交叉口前的某一点至交叉口内或交叉口之后的某一点的行程时间。各车辆的平均行程时间减去这段行程的自由行驶时间就是交叉口的延误。这类方法得到的交叉口延误,不但包括停车延误而且还包括加速延误和减速延误。

下面分别介绍用点样本法和牌照法调查交叉口延误的方法。

1. 点样本法

这个方法最早是由美国加利福尼亚大学伯克利分校于 1954 年提出的,方法简便,不需要专门仪器,因此各国一直都在广泛使用。该法属于停车时间法。

(1)人员和设备

每个交叉口入口引道需要 3~4 人和一块秒表,观测人员和所需秒表的总数根据需调查的引道数量确定。

(2)样本容量

用点样本法调查交叉口延误,必须有足够的样本数,以保证所要求的调查精度。当所关心的是停驶车辆的百分率时,应用概率统计中的二项分布来确定需要调查的最小样本数:

$$N = \frac{(1 - p)X^2}{pd^2} \tag{3-12}$$

式中:N——最小样本数;

p——在交叉口入口引道上的停驶车辆百分率,%;

χ^2——在所要求的置信度下的 χ^2 值,按表 3-11 取用,一般情况下,置信度可选用 95%,相应的 $\chi^2 = 3.84$;

d——停驶车辆百分率估计值的容许误差,d 值取决于调查目的,其范围一般为 0.01~0.10,通常用 0.05 或 0.06。

一定置信度下的 χ^2 值 表 3-11

χ^2	置信度(%)	χ^2	置信度(%)
2.71	90.0	6.63	99.0
3.84	95.0	7.88	99.5
5.02	97.5		

这里,样本容量指的是包括停驶车辆和不停驶车辆在内的入口引道车辆总和。在正式观测之前,为确定适当的样本容量 N 需要初步估计停驶车辆百分率。为此,最好进行一次现场试验调查。一般在交叉口入口引道上观测 100 辆车便可以估计出适当的 p 值。

若假定 $p = 50\%$,解式(3-12)可得出在所要求的统计精度下的最小样本容量,见表 3-12。在任何情况下,所取样本数不应小于 50 辆。调查工作结束后,要根据实际的样本数 N,计算出停驶车辆百分数 p,然后按所要求的置信度反算出停驶车辆百分率的估计误差 d,若不能满足要求,则需要增加样本数,重新调查。

最小样本容量($p = 50\%$) 表 3-12

容许误差 d	置 信 度		
	90%	95%	99%
5%	1084	1536	2652
10%	271	384	663

(3)观测方法

点样本法就是观测在连续的时间间隔内交叉口入口引道上停车的车辆数,进而得到车辆在交叉口入口引道上的排队时间。交叉口每一引道需要 3~4 名观测员,其中 1 人为报时员,1 人(或 2 人)为观察员,另外 1 人为记录员。点样本法的现场记录表见表 3-13。在调查开始之前记录员应将调查日期、地点等填入表内。观测时间间隔一般取 15s(根据情况也可选其他值),这样,每分钟有 0~15s、15~30s、30~45s 和 45~60s 四个时间间隔。

观测开始之后,报时员手持秒表,每 1min 报时一次,观测员在报时后即统计停留在入口引道停车线之后的车辆数,并通知记录员逐项记录。同时,记录员(或第二名观测员)还要统计在相应每 1min 内的引道交通量,并按停驶车辆和不停驶车辆分别统计和记录。停驶车辆是指经过停车后通过停车线的车辆,不停驶车辆是指不经停车而直接通过停车线的车辆。

上述观测工作连续进行,直至达到样本容量要求或规定的时间(10min 或 15min)为止。

点样本法调查交叉口延误现场记录表
表 3-13

交叉口_____ 引道_____ 车道_____

日 期_____ 天 气_____ 观测员_____

开始时间	在下列时间内停在引道内的车辆数				引道交通量	
	+0s	+15s	+30s	+45s	停驶车数	不停驶车数
小计						
合计						

（4）注意事项

①对于一个十字交叉口可同时投入 12～16 人对四个入口引道进行观测,这样时间较节省,且各引道的调查结果具有可比性。

②对于定周期信号交叉口,选择观测的时间间隔时应避免信号周期长能被观测时间间隔整除的情况出现,否则,统计停车数的时间将是信号周期的某个相同部分,这会使观测资料失去随机性。此外,还应将观测的起始时间与信号周期的始点错开。

③观察地点应在事先做好调查的基础上确定,要保证观察方便,特别要注意车辆排队很长时对视线的影响。观察地点一般选在停车线旁、排队长度的中间或可通视排队的其他有利位置。

④对于入口引道是多车道的交叉口,若不要求区分某一具体车道上的延误,可不分车道调查,否则要按车道分别安排观测人员。

⑤如果某辆车的停车时间超过一个观测时间间隔,则在下个时间间隔将再次把该车统计在引道停车数内,而在统计停驶车数时,该车却只被统计一次。因此,对于一个指定的时间间隔,停驶车数总是小于或等于停在引道上的车辆总数。这可以帮助判断观测与记录的正确与否。

⑥点样本法也可用来调查交叉口或其他地点的行人交通的延误,这时只要用统计车辆的方法来统计行人即可。

（5）调查结果分析

交叉口延误调查结果通常用下述指标来表达:

$$
\left.
\begin{aligned}
&总延误 = 总停车数 \times 观测时间间隔 \quad （辆 \cdot s）\\
&每一停驶车辆的平均延误 = \frac{总延误}{停驶车辆总数} \quad （s）\\
&交叉口入口引道上每辆车的平均延误 = \frac{总延误}{引道总交通量} \quad （s）\\
&停驶车辆百分率 = \frac{停驶车辆总数}{引道总交通量} \times 100\%\\
&停驶车辆百分率的估计误差 = \sqrt{\frac{(1-p)\chi^2}{pN}}
\end{aligned}
\right\} \quad （3\text{-}13）
$$

【例 3-2】　某交叉口用点样本法调查延误现场记录如表 3-14 所示,请计算其延误参数。

某交叉口点样本法延误调查记录表　　　　　　　　表 3-14

开始时间	对于交叉口引道抽样时间间隔为 5min 的数据					
	交叉口引道上不同时间停止的车辆数				交叉口引道交通量	
	0	15s	30s	45s	停驶车辆数	不停驶车辆数
17:00	0	2	7	9	11	6
17:01	4	0	0	3	6	14
17:02	9	16	14	6	18	0
17:03	1	4	9	13	17	0
17:04	5	0	0	2	4	17
小计	19	22	30	33	56	37

解:延误调查各参数计算如下:

总延误 $= 104 \times 15 = 1560$(辆·s)

每一停驶车辆的平均延误 $= \dfrac{1560}{56} = 27.9$(s)

每一入口车辆的平均延误 $= \dfrac{1560}{56+37} = 16.8$(s)

停驶车辆百分率 $= \dfrac{56}{56+37} = 60\%$

停驶车辆百分率的估计误差 $= \sqrt{\dfrac{(1-0.6) \times 2.7}{0.6 \times 93}} = 13.9\%$

2. 牌照法

牌照法是行程时间法的一种。它是通过测记一定车辆的牌照号码、特征和通过引道延误调查段两端的时刻,进而获得引道实际耗时的方法。引道实际耗时减去引道自由行驶时间,即为引道延误。引道自由行驶时间通常也采用牌照法调查,但如果根据以往资料,已知入口引道自由行驶车速,则利用引道延误段长度便可计算出引道自由行驶时间。特别是在做前后对比调查时,若假定引道自由行驶时间不变,则前后两次调查都可不必测定引道自由行驶时间,只要用交通设施改善前的平均引道时间减去改善后的平均引道时间即可得到交通设施改善所降低的引道延误值。

(1)人员和设备

每个小组需要 5~6 名观测员、2 台无线电对讲机和 4 块秒表。每组观测一个入口引道,整个交叉口延误调查所需人员和设备按引道个数累加。

(2)样本容量

牌照法调查引道时间所需的最小样本数可按下式确定:

$$N = \left(\dfrac{S_t K}{E_t}\right)^2 \qquad (3\text{-}14)$$

式中:S_t——引道时间的样本标准差,s,通常取 $S_t = 10 \sim 20$s;

　　　K——所要求的置信度下的 K 值,按表 3-15 查用,通常采用置信度为 95% 的 K 值,

即 $K=1.96$；

E_t——引道时间的容许误差,s,通常取 $E_t=2\sim5$s。

一定置信度下的 K 值　　　　　　　　　　　　表 3-15

K 值	置信度(%)	K 值	置信度(%)
1.00	68.3	2.00	95.5
1.50	86.6	2.50	98.8
1.64	90.0	2.85	99.0
1.96	95.0	3.00	99.7

（3）观测方法

观测时,一般将交叉口入口引道停车线作为出口断面,记为断面Ⅱ,断面Ⅰ为入口断面,位于引道上游,断面Ⅰ与断面Ⅱ之间的距离应大于引道延误段长度。实际观测之前,引道延误段的长度不易准确确定,应参照以往的入口引道最大排队长度来确定断面Ⅱ的位置。断面Ⅰ、Ⅱ之间的距离尽量选长些,一般在 80~200m 范围内。若一旦在调查过程中发现车辆排队超过了断面Ⅰ的位置,应及时予以调整,并将调整前后的调查资料分开整理。

现以一个入口引道的延误调查为例来说明具体观测过程。调查时,设 1 人持对讲机站在断面Ⅰ的路侧,负责抽样。当拟抽取的车辆到达断面Ⅰ时,便将其车型、特征和车牌号末三位数字用对讲机通知断面Ⅱ的观测人员。调查小组的其余 4~5 人均站在断面Ⅱ的路侧,其中 1 人持对讲机与Ⅰ断面观测人员联络,其余 3~4 人记录。持对讲机者（接收者）负责接收Ⅰ断面观测人员发来的信息,将接收到的各车的信息分别告诉各位记录人员。记录人员一听到接收者传送的关于某辆车的信息,立即记下当时的时刻,然后按表记录下该车的特征、车型及车号,随后专心在来车群中寻找自己负责记录的车辆。当该车通过断面Ⅱ时,马上记录下其通过时刻。当引道实际耗时较短（小于 1min）时,记录人员通常只能等上一次报来的车辆通过停车线后才能向接收者申请记录下一辆车。当引道实际耗时较长（大于 1min）时,记录人员有可能同时记录几辆车的信息,并依次在来车群中寻找,这样可节省时间,提高效率。如果需要分流向研究引道延误,记录人员还应记下自己所负责的车辆通过停车线后的去向。典型的现场记录表见表 3-16。

牌照法引道时间调查现场记录表　　　　　　　　　　表 3-16

交叉口名称_____　引道_____　调查段长度_____

日期_____　时间_____　天气_____　记录_____

序号	特征	车型	车号	通过断面Ⅰ的时刻(min、s)	通过断面Ⅱ的时刻(min、s)	流向	通过调查段时间(s)
1	黑上海	小	008	36　27	36　59	左	32

现举一个调查与记录的实例。当观测人员布置结束后,按预定时间开始观测。断面Ⅰ观测员见某车时报告:"黑色上海小轿车008"。断面Ⅱ接收者在听到"黑"字时,马

上对记录员 A 讲"记"。记录员 A 立即看表,如时间为 8:36:27,则在表 3-19 "通过断面 I 时刻"栏内记下"36　27"。随后接收者将断面 I 观测员传来的其余有关信息告诉记录员 A,记录员 A 在相应栏内分别记入"黑上海"、"小"、"00"等信息。之后专心在来车群中寻找该车。当该车通过断面 II 时,记录员 A 看表,如时间为 8:36:59,则在"通过断面 N 时刻"栏内记下"36　59"。如为左转车,则同时在"流向"栏内记下"左"(或"L")。如果时间允许,可在现场算出通过断面 I、II 的时差(本例取为 36min59s − 36min27s = 32s),并填入相应的"通过调查段时间"栏内。其完整的记录见表 3-16。

通常一名记录员每小时可记下 20~30 辆车的完整资料。引道时间越长,则能记下的车辆数越少。

(4)注意事项

①抽样时除应注意对一般随机取样的有关规定外,还要慎重对待在引道延误段有停靠站的公交车辆。如果不抽取这些车辆也能获取足够的样本数时,最好不调查这些车辆,只有在需要调查这类车辆时才抽取它们。如不抽取公交车辆,在预定的调查时间内就不能获得足够的样本数时,可以适当抽取,但这时应扣除其平均停靠站时间,这将会增加额外的调查工作量。

②当需要调查某一流向(例如左转)车辆的引道时间时,应注意抽取的样本总数要比通常所要求的样本数大某一倍数,即:

$$N_T = N/R \tag{3-15}$$

式中:N_T——调查某一流向车辆引道时间时应抽取的样本总数;

N——所需某一流向最小样本数;

R——某一流向的车辆在车流中的比例,一般用小数表示。

这是因为引道延误段一般都较长,车辆行至断面 I 时,驾驶员尚未打开方向指示灯,断面 I 观测员通常无法判定车辆的流向。如果在专用转弯车道上调查,由于此时能判断出车辆的流向,因此可直接确定所需样本数。

③用牌照法调查引道自由行驶时间,方法完全一样,但必须选择在引道交通量很小时进行调查,并注意与引道时间调查时的其他条件尽可能相同。

④用牌照法调查,由于车辆通过断面 I 的时刻是由远在断面 II 的观测人员记录的,因此有一定误差,但一般小于 2s,并且均形成负误差,即观测的引道实际耗时均小于车辆的实际引道时间。如果引道自由行驶时间与引道实际耗时均采用牌照法观测,则在计算延误时可以抵消这项误差。

⑤如果没有对讲机,也可采用对照牌照法。采用这种方法观测时,两断面上的观测员分别观测各车辆的通过时刻,然后将两断面的观测结果加以对比,求出时间。如事先约定牌照尾数,则效果更好。

(5)调查结果的整理与分析

①引道延误调查资料的整理与地点车速资料整理相似,通常是将引道实际耗时和引道自由行驶时间的资料分组整理,分别求得平均值。两平均值之差即为平均每辆车的引道延误。若引道实际耗时的容许误差范围为 ±E,引道自由行驶时间的容许误差范围为 ±e,则平均每辆车的引道延误的误差范围就是 ±max{E_t, e},其区间估计为平均每

辆车的引道延误±max{E_t,e}。

②将引道实际耗时的观测资料依次减去引道自由行驶时间的平均值,然后再分组整理,则可以获得引道延误的分布规律。

③由于车辆通过断面Ⅰ、Ⅱ时所记录的是绝对时间,经过适当的整理,可以得到引道延误随时间变化的规律。当然,这要求进行大量的调查,采用连续式或定时间断式调查均可。

习 题

1. 交通量调查有何目的?包括哪些种类?有哪些常用方法?

2. 应用浮动车法调查交通量与车速适用于何种情况?调查过程中应注意什么?其中在测试车由 A 到 B 的过程中所遇到的对向车辆数由哪两部分组成?

3. 应用出入量法调查密度其优缺点有哪些?实测过程中如何弥补其不足?

4. 应用点样本法调查交叉口延误有哪些局限性?

5. 某路段长 2.0km,用浮动车法测量交通量和车速。测试车在路线上往返 6 次,测量后数据整理结果如表 3-17 所示,试计算该路段交通量、平均行程时间、平均行程车速。

浮动车法调查记录表　　　　　　　　表 3-17

序号	测试车行驶方向:由 A 驶向 B				测试车行驶方向:由 B 驶向 A			
	行程时间（min）	迎面来车数（辆）	超越测试车的车数（辆）	测试车超越车数（辆）	行程时间（min）	迎面来车数（辆）	超越测试车的车数（辆）	测试车超越车辆数（辆）
1	2.44	38	0	0	2.48	34	1	0
2	2.48	40	1	0	4.37	36	1	1
3	2.31	44	2	1	2.73	41	0	0
4	3.03	56	2	0	2.42	33	2	0
5	2.39	51	0	0	2.80	35	0	1
6	2.50	53	0	0	2.48	40	0	1

6. 采用出入量法测密度,某次记录结果如表 3-18 所示,已知测量区间长800m,测试车驶入时间为 8:02:40,驶出时间为 8:05:10,调查过程中测试车超越 8 辆车,并有 2 辆车超越测试车,求下列时刻的瞬时密度:驶入时刻,驶出时刻,8:04,8:06,8:07。

出入量法调查记录表　　　　　　　　表 3-18

时　间	驶入交通量	驶出交通量	时　间	驶入交通量	驶出交通量
8:01~8:02	70	60	8:04~8:05	49	63
8:02~8:03	28/14	36/18	8:05~8:06	13/78	11/66
8:03~8:04	56	63	8:06~8:07	61	55

7. 对某交叉口某一引道进行车辆延误调查,观测时间间隔为 15s,观测时间为 5min。对引道上 100 辆车进行初步调查,得知停驶车辆的百分率为 70%,实际调查数据如表 3-19所示。计算:(1)确定最小样本容量,容许误差 $d=0.10$,取置信度为 90%;(2)计算延误指标。

某交叉口某一引道延误调查现场记录表 表 3-19

观测时间 （min）	在下列时间内停在引道内的车辆数				引道交通量	
	+0s	+15s	+30s	+45s	停驶车数	不停驶车数
8:00	0	2	7	9	16	6
8:01	4	0	0	3	6	14
8:02	9	16	14	6	39	0
8:03	1	4	9	13	22	0
8:04	5	0	0	2	4	17

第4章　交通流理论

→ 4.1　交通流理论研究现状及发展简介

4.1.1　交通流理论及其分类

随着社会经济的发展,交通量持续增加,尽管修建了大量的交通设施,交通拥挤阻塞状况仍然十分严重。这就要求必须用以一定的科学技术与方法,分析模拟运输系统各组成要素及特性规律,最终形成一个快速、安全、方便、舒适和准时的交通运输体系。

交通流理论是研究交通流随时间和空间变化规律的模型和方法体系。交通流理论是不断发展中的科学,涉及的范围及其研究内容非常广泛,常常运用数学、物理学与控制论等科学思想与方法,建立能描述实际交通一般特性的交通流模型,以揭示控制车辆行为的基本规律,从而更好地为指导交通工程部门规划、设计和完善交通网络与交通控制服务,从而有效地利用交通资源,改善交通供求关系,以科学的交通理论来指导交通规划、建设和交通运营。

按照研究手段和方法,交通流理论可划分为以下两类。

1. 传统交通流理论

所谓的传统交通流理论是指以数理统计和微积分等传统数学和物理方法为基础的交通流理论。其明显特点是交通流模型的限制条件比较苛刻,模型推导过程比较严谨,模型的物理意义明确,如交通流分布的统计特性模型、车辆跟驰模型、交通波模型、车辆排队模型等。传统交通流理论在目前的交通流理论体系中仍居主导地位,并且在应用中相对成熟。

2. 现代交通流理论

现代交通流理论是指以现代科学技术和方法(如模拟技术、神经网络、模糊控制等)为主要研究手段而形成的交通流理论。其特点是所采用的模型和方法不追求严格意义上的数学推导和明确的物理意义,而更重视模型或方法对真实交通流的拟合效果。这类模型主要用于对复杂交通流现象的模拟、解释和预测,具有很好的前瞻性和动态实时拟合性。

传统交通流理论和现代交通流理论并不是截然分开的两种交通流理论体系,只不过是它们所采用的主要研究手段有所区别,在研究不同的问题时它们各有优、缺点。在实际研究中常是两种模型同时使用效果更好。

传统的实时交通流管理方法均存在不同的局限,不能适应现时迅猛增长的城市交通流量和日益复杂的城市道路网络系统。近年来,随着计算机技术的发展,创造并发展了交通模拟技术,为交通流理论的发展提供了新的思维空间,人工智能和现代控制理论越来越多地被用来描述和分析交通流的某些过程或现象,并用以解决交通系统优化等问题。除了计算机,现代的检测技术、通信技术、控制技术和卫星定位技术等也为交通流理论的发展提供了广泛的思维空间和技术保障。可以说,未来交通流理论的发展与交通运输工程的需要和科学技术的发展紧密相关。而目前 ITS 技术的研制开发和人工智能在各行业的广泛应用,为实时动态交通流分配理论的提出和实现提供了良好的内外部环境。

4.1.2 交通流理论研究的思想方法

传统交通流理论对交通流模型的限制条件比较苛刻,追求严格意义上的理论推导,模型过于理想化,常与实际车辆行为相差甚远。这些问题在很大程度上影响了实际应用效果。鉴于此,现代交通流理论理应更倾向于重视模型或方法对真实交通流的拟合效果。

真实交通流具有时间、空间两个变量,同时还受随机因素的影响,变化规律非常复杂。由于时间和空间可以无限分割,随机因素很难预测,导致不同时间和空间下的交通流状态很难相同,也就是说,精确的交通流规律很难找到。描述交通流真实状态的模型应该具备以下特点:

①微分方程;
②与时间和空间两个变量有关;
③非线性;
④随机性;
⑤无穷维。

这样的交通流模型实际上是无法建立的,而且由于条件的苛刻和求解的复杂性,即便是建立了这样的模型也不会有实际意义。

在实际研究中,人们不得不根据实际需要建立抽象模型,即把真实交通流模型抽象成为有穷维、时不变、确定性、线性的实用模型。至于抽象的程度,主要取决于应用的目的。比如,格林希尔茨在研究速度和密度的关系时认为两者是线性关系,由此建立了著名的格林希尔茨 $k-v$ 线性模型。经检验,该模型在一般密度值范围内能够表达这两个变量之间的关系。但当密度值较大或较小时,模型的效果就明显变差,而格林伯(Cree-berg)的对数模型和安德伍德(Underwood)的指数模型恰恰解决了这一问题。

交通流理论是实践性很强的理论,建立交通流模型是为了解释交通现象和解决交通问题,因此在建立交通流模型时,不能脱离实际需要而追求形式上的完整和数学上的完善。在这一过程中,应该充分重视两大环节:一是模型结构设计;二是模型参数标定。在第一个环节上,重点研究设计什么样的模型才能对所关心的交通流现象有一个很好的描述,此环节的关键是对系统的识别,即对所研究对象的充分认识。这种认识越深刻,所建立的模型就越符合实际。在第二个环节上,重点研究如何确定模型中的参数使模型得以具体应用,参数的确定是一项非常具体、细致的工作,其好坏直接决定了模型的应用效果。优秀的交通流模型应该只包含若干个有现实的变量和参数,而且它们是容易测量的。此外,一个好的模型还应在理论上前后一致,便于进行数值模拟且能做出新的预测。简单而言,优秀的交通流模型必须有鲁棒性、现实性、一致性和简单性。

不论是模型结构的建立还是模型参数的标定,简单和适用是第一原则。纵观交通领域所应用的交通流模型,绝大多数都比较简单而且能解决实际问题。即便是推导过程比较复杂的模型,其应用模型形式也比较简单,这样的形式有利于模型的推广。

当然,推崇简单和适用并不等于拒绝复杂的交通流模型,实际上在研究复杂的交通流现象时简单的模型有时确实无能为力。例如,用于城市交通流诱导的实时动态交通分配模型,用于描述城市路网点、线、面交通流相互关系的模型等,很难用简单模型表述。实际上,随着计算手段的改善和交通工程技术人员素质的提高,复杂交通流模型推广和应用的可能性越来越大,人工智能、控制理论等方法和手段在交通监控中的应用,已经证实了这一点。

4.1.3 交通流理论研究现状及发展趋势

任何理论的发展都离不开客观需求和支持其发展的客观环境。交通流理论的发展也是一样。

经过几十年的发展,可以说基于数理统计和微积分等经典数学、物理方法的微观交通流理论已经趋于成熟。现阶段及在今后相当长的一段时间内,从交通流理论研究手段和方法上看,交通流的发展表现为两种趋势:一是利用计算机模拟技术;二是应用现代理论方法(如人工智能、神经网络、模糊控制)。利用计算机模拟技术研究交通流理论不仅可以使研究对象和结果更加形象生动,而且可以把那些用数学模型难于精确表达的复杂交通流现象进行快速处理和归纳,为交通控制和实时动态交通分配提供依据。

最近,美国公路交通部门研制开发了一种实时路线决策支持系统。此系统采用了基于实例推理系统(CBR)和随时搜索算法的人工智能(A1)方法。用于实际交通管理后可及时将交通信息采集系统反馈情报提供给学习模块,以判断决策成功与否。同时,通过对交通系统的仿真研究,可以得到交通流状态变量随时间与空间的变化分布规律及其与交通控制变量间的关系,从而实现对现有和未来系统的行为进行再现或预先把握。到目前为止,国内外已推出了几百种交通仿真软件,应用较多的有 VISSIM、PA-RAMICS、AIMSUN 等。

我国城市交通流的低速混合现状不可能迅速改变,行人、非机动车和机动车的混合所造成的复杂性,远比国外交通情况复杂很多。建立符合我国国情的交通流理论模型,开发应用软件,用于指导工程实践是摆在我们面前的迫切问题。我国现代交通流研究起步较晚,但研究成果显著。20 世纪 90 年代以来,部分力学界、物理学界学者投入到交通流的理论研究,他们在元胞自动机模型、流体力学模型和跟驰模型的研究中取得了一些成果,在国际上产生了一定的影响。近年来,国家自然科学基金委员会支持了一批交通流基础研究项目,越来越多的人开始关注和投入相关的研究。

在此,我们仅介绍传统的交通流基础理论。

4.2 交通流概率统计模型

某一路段在一定时间或空间间隔内到达的车辆数往往是随机的,但该随机数的分布也有一定的规律性。描述车辆的到达随机性分布规律的概率统计模型有两种:一种是以描述可数事件统计特性的离散型分布,用于考察在一段固定长度的时间或距离内到达某场所的交通数量的波动性;另一种是连续型分布,用于研究车辆间隔时间、车速、可穿越空档等交通流参数的统计分布特性。

4.2.1 离散型分布

常用的离散型分布主要有三种:泊松分布、二项分布和负二项分布。

1. 泊松(Poisson)分布

(1)基本公式

$$P(k) = \frac{(\lambda t)^k e^{-\lambda t}}{k!} \qquad (k = 0,1,2,\cdots) \tag{4-1}$$

式中:$P(k)$——在计数间隔 t 内到达 k 辆车或 k 个人的概率;

    λ——单位时间间隔的平均到达率,辆/s 或人/s;

    t——每个计数间隔持续的时间,s 或距离,m;

    e——自然对数的底,取值为 2.71828。

若令 $m = \lambda t$ 为在计数间隔 t 内平均到达的车辆(人)数,则式(4-1)可写成为:

$$P(k) = \frac{(m)^k e^{-m}}{k!} \tag{4-2}$$

如果 m 已知,则由式(4-10)可计算时间 t 内恰好到达 k 辆车(人)的概率。同样,可计算以下的概率值:

时间 t 内到达数小于 k 辆车(人)的概率

$$P(<k) = \sum_{i=0}^{k-1} \frac{m^i e^{-m}}{i!} \tag{4-3}$$

时间 t 内到达数小于等于 k 辆车(人)的概率

$$P(\leqslant k) = \sum_{i=0}^{k} \frac{m^i e^{-m}}{i!} \tag{4-4}$$

时间 t 内到达数大于 k 辆车(人)的概率

$$P(>k) = 1 - P(\leqslant k) = 1 - \sum_{i=0}^{k} \frac{m^i e^{-m}}{i!} \tag{4-5}$$

时间 t 内到达数大于或等于 k 辆车(人)的概率

$$P(\geqslant k) = 1 - P(<k) = 1 - \sum_{i=0}^{k-1} \frac{m^i e^{-m}}{i!} \tag{4-6}$$

时间 t 内到达数至少是 x 辆车(人)但不超过 y 辆车(人)的概率

$$P(x \leqslant i \leqslant y) = \sum_{i=x}^{y} \frac{m^i e^{-m}}{i!} \tag{4-7}$$

用泊松分布拟合观测数据时,参数 m 按式(4-8)计算:

$$m = \frac{观测的总车辆数}{总计间隔数} = \frac{\sum\limits_{j=1}^{g} k_j f_j}{\sum\limits_{j=1}^{g} f_j} = \frac{\sum\limits_{j=1}^{g} k_j f_j}{N} \tag{4-8}$$

式中:g——观测数据分组数;

f_j——计算间隔 t 内到达 k_j 辆车(人)这一事件发生的频数;

k_j——计数间隔 t 内的到达数或各组的中值;

N——观测的总计间隔数。

(2)递推公式

$$P(0) = e^{-m}$$

$$P(k+1) = \frac{m}{k+1}P(k) \tag{4-9}$$

(3)应用条件

车流密度不大,车辆相互影响微弱,无其他外界干扰的随机车流,并且符合条件 $S^2/m \approx 1$ 的车流,其中 S^2 为方差,可按式(4-10)计算:

$$S^2 = \frac{1}{N-1}\sum\limits_{i=1}^{N}(k_i - m)^2 = \frac{1}{N-1}\sum\limits_{j=1}^{g}(k_j - m)^2 f_j \tag{4-10}$$

这是因为泊松分布的理论均值 M 和方差 D 均为 λt,而观察数据的均值 m 和方差 S^2 均为无偏估计,因此当 m 与 S^2 差异较大时,就是不符合泊松分布的表现。

【例4-1】 设60辆汽车随机分布在4km长的道路上,服从泊松分布,求任意400m路段上有4辆及4辆以上汽车的概率。

解:依照题意,本例中 $t=400\text{m}$,$\lambda = \frac{60}{4000}$辆/m,可算得:

$$M = \lambda t = 6 \text{ 辆}$$

$$P(0) = e^{-6} = 0.0025$$

$$P(1) = \frac{6}{0+1}P(0) = 0.0149$$

$$P(2) = \frac{6}{1+1}P(1) = 0.0446$$

$$P(3) = \frac{6}{2+1}P(2) = 0.0892$$

不足4辆车的概率为:

$$P(<4) = \sum\limits_{0}^{3} p(i) = 0.1512$$

有4辆车及4辆以上的概率为:

$$P(\geqslant 4) = 1 - P(<4) = 1 - 0.1512 = 0.8488$$

本例各项概率亦可直接查泊松分布表有关数据求得。

【例4-2】 某信号灯交叉口的周期 $T=97\text{s}$,有效绿灯时间 $g=44\text{s}$,在有效绿灯时间内排队的车流以 $S=900$ 辆/h 的流率通过交叉口,在有效绿灯时间外到达的车辆要停车排队。该信号交叉口上游车辆的到达率 $q=369$ 辆/h 时,服从泊松分布,求到达车辆两次排队的周期数占周期总数的最大百分率。

解:由于车流只能在有效绿灯时间通过,所以一个周期能通过的最大车辆数 $A=gs=44\times900/3600=11$(辆),如果某周期到达的车辆数 N 大于 11 辆,则最后到达的 $(N-11)$ 辆车就不能在本周期内通过而发生两次排队。在泊松分布中:

$$\lambda t = 369 \times 97/3600 = 9.9(辆)$$

按泊松分布公式计算到达车辆数分别为 0,1,2,3,4,5,6,7,8,9,10 及 11 辆车的概率,可得到达车辆数大于 11 辆的周期出现的概率,即需要两次排队通过交叉口的概率为:

$$P(>11) = 0.29$$

则两次排队的周期最多占 29%。

本例的车流如果按每周期 10 辆均匀到达,则任何车辆都只在本周期内排一次队就能通过交叉口。实际车流的到达是时疏时密的,致使绿灯时间不能充分利用。这样,从平均角度看来每周期都能顺畅通过的车流实际上却会遇到一些不顺畅的周期,需要车辆多次排队通行,由此可看出概率分布的理论和方法可以通过揭示车流运行的内在规律,并为交通工程相关方案设计提供决策参考。

2. 二项分布

(1)基本公式

$$P(k) = C_n^k \left(\frac{\lambda t}{n}\right)^k \left(1 - \frac{\lambda t}{n}\right)^{n-k} \quad (k=0,1,2,\cdots,n) \tag{4-11}$$

式中: $P(k)$——在计数间隔 t 内到达 k 辆车或 k 个人的概率;

λ——平均到达率,辆/s 或人/s;

t——每个计数间隔持续的时间或距离,s 或 m;

n——正整数。

$$C_n^k = \frac{n!}{k!\ (n-k)!}$$

通常记 $p=\lambda t/n$,则二项分布式(4-11)可写成式(4-12),以方便计算在计数间隔 t 内到达 k 辆车或 k 个人的概率:

$$P(k) = C_n^k p^k (1-p)^{n-k} \quad (k=0,1,2,\cdots,n) \tag{4-12}$$

式中: n、p——分布参数,其中 $0<p<1$,n 为正整数。

到达数少于 k 的概率:

$$P(<k) = \sum_{i=0}^{k-1} C_n^i p^i (1-p)^{n-i} \tag{4-13}$$

到达数大于 k 的概率:

$$P(>k) = 1 - \sum_{i=0}^{k} C_n^i p^i (1-p)^{n-i} \tag{4-14}$$

其余类推。

对于二项分布,其均值 $M=np$,方差 $D=np(1-p)$,$M>D$。因此,当用二项分布拟合观测数时,根据参数 p、n 与方差和均值的关系式,用样本的均值 m、方差 S^2 分别代替 M、D,则 p、n 可按下列关系式估算:

$$p = (m - S^2)/m \qquad (4\text{-}15)$$

$$n = m/p = m^2/(m - S^2) \ (\text{取整数}) \qquad (4\text{-}16)$$

式中:m、S^2——按式(4-8)和式(4-10)计算。

(2)递推公式

$$P(0) = (1 - p)^n$$

$$P(k + 1) = \frac{n - k}{k + 1} \cdot \frac{p}{1 - p} \cdot P(k) \qquad (4\text{-}17)$$

(3)应用条件

车流比较拥挤、自由行驶机会不多的车流用二项分布拟合较好。此外,二项分布均值 M 大于方差 D,当观测数据表明 S^2/m 显著大于 1 时,就是二项分布不适合的表现。

【例 4-3】 在某条公路上,上午高峰期间以 15s 间隔观测到达车辆数,得到的结果列入表 4-1,试用二项分布拟合之。

二项分布拟合交通拥挤车辆到达的数据表 表 4-1

车辆到达数 n	<3	3	4	5	6	7	8	9	10	11	12	>12
到达数 n_s 出现次数	0	3	0	8	10	11	10	11	9	1	1	0

解:$m = \dfrac{\sum\limits_{j=1}^{g} k_j f_j}{\sum\limits_{j=1}^{g} f_j} = \dfrac{1}{N} \sum\limits_{j=1}^{g} k_j f_j = \dfrac{3 \times 3 + 4 \times 0 + \cdots + 12 \times 1}{3 + 0 + \cdots + 1} = \dfrac{478}{64} = 7.469$

$S^2 = \dfrac{1}{N - 1} \sum\limits_{i=1}^{N} (k_i - m)^2 = \dfrac{1}{N - 1} \sum\limits_{j=1}^{g} (k_j - m)^2 f_j$

$\qquad = \dfrac{1}{64 - 1} \left[(3 - 7.469)^2 \times 3 + (4 - 7.469)^2 \times 0 + \cdots + (12 - 7.469)^2 \times 1 \right]$

$\qquad = 3.999$

因 $S^2 < m$,初步确定用二项分布拟合是合适的,若成立,根据式(4-15)、式(4-16)可计算出分布的两个参数:

$p = (7.469 - 3.999)/7.469 = 0.465$

$n = m/p = 7.469/0.465 = 16.08$,取 16

因此,拟合表 4-1 数据的二项分布的分布函数为:

$$P_k = C_{16}^k \times 0.465^k \times 0.535^k$$

当然,上述车流分布最终还应通过 χ^2 检验来确定是否真正符合二项分布。

3. 负二项分布

(1)基本公式

$$P(k) = C_{k+\beta-1}^{\beta-1} p^{\beta} (1 - p)^k \quad (k = 0, 1, 2, \cdots) \qquad (4\text{-}18)$$

式中:p、β——负二项分布参数,$0 < p < 1$,β 为正整数。

在计数间隔 t 内,到达数大于 k 的概率:

$$P(> k) = 1 - \sum_{i=0}^{k} C_{k+\beta-1}^{\beta-1} p^{\beta} (1 - p)^i \qquad (4\text{-}19)$$

由概率论可知,对于负二项分布,其均值 $M = \beta(1-p)/p$,方差 $D = \beta(1-p)/p^2$,$M < D$。

因此,当用负二项分布拟合观测数据时,用样本的均值 m、方差 S^2 分别代替 M、D,利用 p、β 与均值、方差的关系式,则 p、β 可由下列关系式估算:

$$p = m/S^2 \qquad (4\text{-}20)$$
$$\beta = m^2/(S^2 - m)(取整) \qquad (4\text{-}21)$$

(2)递推公式

$$P(0) = p^\beta$$
$$P(k+1) = \frac{k+\beta}{k+1}(1-p)P(k) \qquad (4\text{-}22)$$

(3)应用条件

当到达的车流波动性很大,或以一定的计算间隔观测到达的车辆数(人数),其间隔长度一直延续到高峰期间与非高峰期间两个时段时,所得数据可能具有较大的方差。即当观测数据表明 S^2/m 显著大于 1 时,此时应采用负二项分布拟合观测数据。

4. 离散型分布拟合优度检验——χ^2 检验

(1)拟合优度检验步骤

上面讨论了交通流理论中常用的分布,但在实际应用中,往往很难知道所研究对象的具体分布,而是基于一定的经验假设其服从某一分布。这种假设是否正确,可用拟合优度检验方法——χ^2 检验加以验证。需要指出的是,以下讨论是针对随机变量分布完全已知的拟合优度检验问题,但对分布参数未知的情况也给出了相应的说明。χ^2 检验的具体步骤如下:

①建立原假设 H_0。随机变量 χ^2 是服从完全给定的分布。"所谓完全给定的分布"是指分布的函数形式及分布中的参数均为已知。

②构造适宜的统计量。由数理统计理论可知,经验分布在一定条件下可作为概率分布的估计。如果原假设 H_0 成立,则假设的概率分布与经验分布相差不应太大。反之,如果被研究对象的经验分布与假设的分布相去甚远,就有理由否定原假设 H_0。

设样本在组中出现的频数为 f_j,在原假设成立的条件下,样本"落入"该组区间的概率为 p_j,若观测样本数为 n,则 np_j 可认为是样本落入该区间的频数理论值,记为 F_j,称之为理论频数。在原假设成立的条件下,f_j 与 $F_j(i=1,2,\cdots,g)$ 相差不大。基于上述思想,构造统计量:

$$\chi^2 = \sum_{j=1}^{g} \frac{(f_j - np_j)^2}{np_j} = \left(\sum_{j=1}^{g} \frac{f_j^2}{F_j}\right) - N \qquad (4\text{-}23)$$

③确定统计量的临界值。由概率论可知,当样本 N 足够大时,统计量 χ^2 服从自由度为 $DF=g-1$ 的 χ^2 分布(g 为样本合并后的分组组数)。因此,对给定的显著水平 α(α 一般取 0.05)下,则可根据自由度 DF,由 χ^2 分布的分位数表查出临界值 χ^2_a。χ^2 分布见表 4-2。

④判定并确定统计检验结果。比较计算值 χ^2 和临界值 χ^2_a,若 $\chi^2 \leqslant \chi^2_a$ 时,则接受原假设,即认为随机变量 χ^2 服从给定的分布;否则,则拒绝原假设 H_0。

上述讨论了"随机变量 χ^2 是服从参数完全给定的分布"这类问题的假设检验问题。如果只假设随机变量 χ^2 服从某种分布形式,而其分布函数中的参数未知,则此时可先计算各参数值,并将参数值代入分布计算各组的理论频数 F_j,然后按式(4-23)计算 χ^2 值。

并且必须注意,此时的 χ^2 统计量的自由度 $DF=g-q-1$,其中 g 仍为样本合并后的分组数,q 为分布函数中估计的参数个数。

χ^2 分 布 表   表 4-2

α / DF	0.10	0.05	0.01	α / DF	0.10	0.05	0.01
1	2.705	3.841	5.412	11	17.275	19.675	24.725
2	4.605	5.991	7.824	12	18.549	21.026	26.217
3	6.251	7.815	11.345	13	19.812	22.362	27.688
4	7.779	9.488	12.277	14	21.064	23.685	29.141
5	9.236	11.070	15.038	15	22.307	24.996	30.578
6	10.615	12.592	16.812	16	23.542	26.296	32.000
7	12.017	14.037	18.475	17	24.769	27.587	33.940
8	12.362	15.507	20.090	18	25.989	28.869	34.805
9	14.684	16.919	21.666	19	27.204	30.144	36.191
10	15.987	18.307	23.209	20	28.412	31.410	37.566

（2）拟合优度检验注意事项

①总频数 n 要足够大。

②样本分组数 g 要连续,且不小于 5。

③各组段的理论频数 F_j 不小于 5,否则要与相邻组归并,直到合并后每组的理论频数大于 5 为止。

④ χ^2 统计量自由度 DF 的确定。当分布参数完全已知（又称第一类假设）时,自由度 $DF=g-1$;当分布函数参数未知（又称第二类假设）时,$DF=g-q-1$。

⑤显著性水平 α 的取值。在实际应用中,一般可取 $\alpha=0.05$。

【例 4-4】 在某大桥引桥上以 30s 的间隔对一个方向车流车辆的到达数做连续观测,得到 232 个观测值,把实测的到达数分成若干组,见表 4-3。试求其统计分布,并检验之。

某大桥以 30s 间隔观测到达的车辆数数据统计表   表 4-3

车辆到达数 k_i	0	1	2	3	4	5	6	7	8	9	10	11	12
频数 f_i	2	15	20	28	27	37	31	24	21	13	8	4	2

解： 根据各到达数出现的频数,算出样本的均值 m 和方差 S^2。

$N=232$

$$m = \frac{\sum\limits_{j=1}^{g} k_j f_j}{N} = \frac{1}{232}(0 \times 2 + 1 \times 15 + 2 \times 20 + \cdots + 12 \times 2) = 5.254$$

$$S^2 = \frac{1}{N-1} \sum\limits_{j=1}^{g} (k_j - m)^2 f_j$$

$$= \frac{1}{232-1}[(0-5.254)^2 \times 2 + (1-5.254)^2 \times 1 + 5(2-5.254)^2 \times$$

$$20 + \cdots + (12-5.254)^2 \times 2] = 6.753$$

从 S^2 与 m 的比值看,初步判断用泊松分布或负二项分布拟合可能是合适的。

若用泊松分布拟合,其仅有的一个分布参数 $m = 5.254$。

若用负二项分布拟合,它有两个分布参数,其值计算如下:

$$p = m/S^2 = 5.254/6.753 = 0.78$$

$$\beta = m^2/(S^2-m) = \frac{5.254^2}{6.753-5.254} = 18.4,取\ 18$$

用递推式(4-9)和式(4-22)可计算出分别服从泊松分布、负二项分布车辆各到达数出现的理论频数,连同实测频数数据,重新整理得表4-4。

某大桥以 30s 间隔观测到达的车辆数数据实测频数及不同分布的理论频数表　　　表4-4

车辆到达数 k_j	实测频数 f_j	泊松分布的理论频数 $F_j = p(k_j) \cdot n$	负二项分布的理论频数 $F_j = p(k_j) \cdot n$
0	2 }17	1.2 }7.6	2.4 }12.1
1	15	6.4	9.7
2	20	16.7	20.7
3	28	29.3	31.0
4	27	38.5	36.5
5	37	40.5	36.0
6	31	35.4	30.9
7	24	26.6	23.7
8	21	17.5	16.5
9	13	10.2	10.7
10	8	5.4	6.4
11	4 }14 }6	2.6 }9.8	3.7 }7.5
12	2	1.1	2.0
>12	0	0.7	1.8
Σ	232	232	232

注:表中大括号表示将 $F_j < 5$ 的组合并。

下面用 χ^2 检验法判别这两种分布拟合的优劣。

①对于泊松分布,把理论频数小于 5 的到达数合并后,并成 10 组,可算出:

$$\chi^2 = \left(\sum_{j=1}^{g} \frac{f_j^2}{F_j}\right) - N = \frac{17^2}{7.6} + \frac{20^2}{16.7} + \frac{28^2}{29.3} + \cdots + \frac{14^2}{9.8} - 232 = 20.04$$

由 $DF = 10-2 = 8$,取 0.05,查表 4-2 得:$\chi^2_{0.05} = 15.51 < \chi^2$

可见,泊松分布拟合是不可接受的。

②对于负二项分布,把理论频数小于 5 的到达数合并后,并成 11 组,可算得:

$$\chi^2 = \left(\sum_{j=1}^{g} \frac{f_j^2}{F_j}\right) - N = \frac{17^2}{12.1} + \frac{20^2}{20.7} + \frac{28^2}{31.0} + \cdots + \frac{14^2}{7.5} - 232 = 7.22$$

由 $DF = 11-3 = 8$,取 0.05,查表 4-2 得:$\chi^2_{0.05} = 15.51 > \chi^2$

可见,负二项分布拟合是可以接受的。

对于同一车流,计数间隔 t 的大小会影响到达数的波动程度,对于上例车流,若以 60 秒间隔重新取样统计,经过检验,得到的结果车流既符合泊松分布,又符合负二项分布。这是因为随着计数间隔 t 的增大,波动程度也许会被抹平。一般当 t 较小或较大时,到达数可能分别服从负二项分布和二项分布,只有适当大小的 t,才服从泊松分布。并且从三种离散型分布的基本公式不难看出,当 $n \to \infty$ 或 $\beta \to \infty$ 时,二项分布和负二项分布都趋向于泊松分布。因此,当一组观测数据服从泊松分布时,它必然服从另两种分布,反之,则不然。对于一般的要求,采用形式简单的泊松分布就够了,不必采用另外两种形式复杂的分布。

4.2.2 连续型分布

除离散型分布外,另一种描述车辆到达时间间隔等交通流参数统计分布称为连续型分布,常用的连续型分布函数有负指数分布、移位负指数分布及爱尔兰分布等。

1. 负指数分布

(1)基本公式

在离散型泊松分布中,计数间隔 t 内没有车辆到达($k=0$)的概率计算公式为 $P(0) = e^{-\lambda t}$,该式表明,在具体的时间间隔 t 内如无车辆到达,则上次车辆到达和下次车辆到达之间车头时距至少有 t 秒,换句话说,$P(0)$ 也是车头时距等于或大于 t 秒的概率,于是得:

$$P(h \geqslant t) = e^{-\lambda t} \tag{4-24}$$

$$P(h < t) = 1 - e^{-\lambda t} \tag{4-25}$$

也就是说,若车辆到达服从泊松分布,则车头时距就是负指数分布,反之亦然。

车头时距大于或等于 t 秒的概率分布见图4-1。

若以 Q 表示每小时的交通量,则:

$$\lambda = Q/3600 \qquad (辆/s) \tag{4-26}$$

于是,式(4-24)、式(4-25)可以分别写成:

$$P(h \geqslant t) = e^{-Qt/3600} \tag{4-27}$$

$$P(h < t) = 1 - e^{-Qt/3600} \tag{4-28}$$

(2)适用条件

负指数分布适用于车辆到达是随机的、有充分超车机会的单列车流和密度不大的多列车流的情况。通常认为当每小时每车道的不间断车流量小于或等于500辆,用负指数分布描述车头时距是符合实际的。

2. 移位负指数分布

(1)基本公式

负指数分布拟合单车道交通流车头时距分布时,理论上会得到车头时距在趋于0时的概率较大,这与实际情况不符。为了克服负指数分布描述车头时距分布的这种局限性,引入了移位负指数分布。假设车头时距不应小于一个给定的常数值 τ(据调查,τ 一般在 1.0~1.5s),该 τ 值为理论最小安全车头时距。这时,可将负指数分布曲线从原点 O 沿 t 轴向右移动一个 τ 值,得到移位负指数分布曲线(图4-2),它能更好地拟合单车道交通流车头时距分布观察数据。

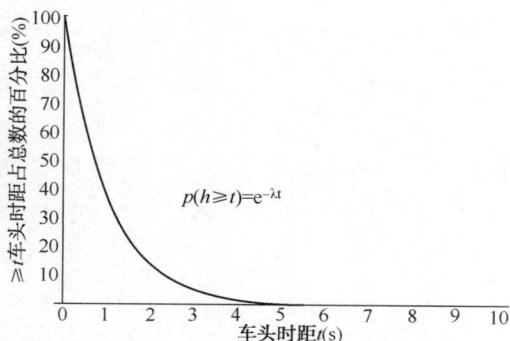

图 4-1 $P(h \geq t) = e^{-\lambda t}$ 分布

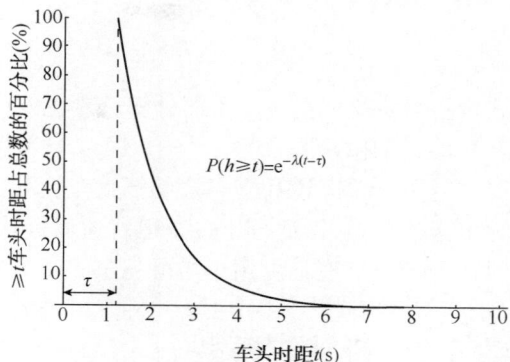

图 4-2 $P(h \geq t) = e^{-\lambda(t-\tau)}$ 分布

移位负指数分布的分布函数:

$$P(h \geq t) = e^{-\lambda(t-\tau)}, t \geq \tau \qquad (4-29)$$

$$P(h < t) = 1 - e^{-\lambda(t-\tau)}, t \geq \tau \qquad (4-30)$$

(2)适用条件

适用于描述不能超车的单列车流的车头时距分布和车流量低的多车道车流的车头时距分布。

3. 爱尔朗分布

(1)基本公式

移位负指数分布对于单列车流的车头时距分布已经考虑了最小安全车头时距的问题,但与现实仍有一定差距,该分布函数表明车头时距越趋于理论最小安全车头时距,概率越大,且无人冒进、超车等。而在现实车流中,大部分车辆以接近于最小安全车头时距的间距运行,但仍免不了有一些新手或性格保守一些的驾驶员愿意保持更大间距,或车流的随机分布性造成了车头较大的车头间距,同时也存在性情急躁冒进的驾驶员愿意紧贴前车运行或总想寻找机会超越前车。而对于这样的现实状况,无论是单车道或是多车道,其车头时距分布可以用更通用的连续型分布,如爱尔朗(Erlang)分布(图 4-3)、韦布尔(Weibull)分布、皮尔逊Ⅲ型分布、对数正态分布、复合指数分布拟合之。

在以上各种分布函数中,爱尔朗分布是较为通用的描述车头时距分布和速度分布等交通流参数分布的概率分布模型,根据参数"l"不同取值会有不同的分布函数。其分布式可表述为:

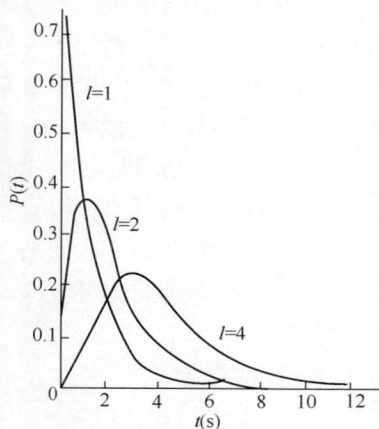

$$P(h \geq t) = \sum_{i=0}^{l-1} (\lambda l t)^i \frac{e^{-\lambda l t}}{i!} \qquad (4-31)$$

当 $l = 1$ 时,为负指数分布;当 $l = \infty$ 时,将产生均一的车头时距。实际应用时 $\lambda = Q/3600$(辆/s),l 值可由观测数据的均值 m 和方差 S^2 用式(4-32)估算,且四舍五入取整数获取的。

图 4-3 λ 固定,不同 l 值的爱尔朗分布曲线

$$l = \frac{m^2}{S^2} (取整) \tag{4-32}$$

式中符号意义同前,m、S^2 的计算分别见式(4-8)、式(4-10)。

（2）适用条件

通用于单车道和多车道的畅行车流和拥挤车流的各种车流条件组合。如当 $l = 1$ 时为负指数分布,即适合于多车道普通运行状况或单车道可超越车辆状况;当 $l = 2,3,4,\cdots$ 时适合于单车道不可超车与可超车多车道的各种车流状况。

4.3 排队论模型

4.3.1 概述

1. 引言

实际生活中,无论是去超市购物交款,到理发店理发,还是到银行办理某项业务等等,到处可以见到排队现象,涉及交通元素与环境的车辆或人员排队现象也比比皆是,如车辆通过收费站交费,车辆到加油站加油,车辆在交叉口遭遇红灯信号,出租车到火车站或机场接客,船舶停靠码头,以及乘客出行购票等。以上种种现象均可归结为顾客与服务窗之间的一种服务关系。没有被服务而依次自成行列等候的顾客就形成了排队队列。而对整个排队系统而言,系统中的顾客包括排队等候服务的顾客和正在接受服务的顾客。

对于接受服务的顾客,希望等待及服务时间越少越好,以便享受良好的服务品质;对于服务方而言,希望设置的服务窗口在满足顾客基本要求的前提下,越少越好,以便节约一次性及日常的经费开支。除此之外,即使相同的服务设施及相同的随机到达客流,由于采用不同的排队方式及服务规则,也决定了不同的服务效率。那么,如何保证排队系统的公平公正性,如何科学合理的设置交通工程服务设施,以及如何充分利用既有服务设施提高系统服务效率等这一系列的问题,需要对排队系统的基本概念及相关知识做必要的了解与更加深入的研究。

排队论理论属于随机服务系统理论,是研究系统由于随机因素的干扰而出现排队（或堵塞）现象规律性的一门学科。排队论起源于20世纪初的电话服务理论的研究,第二次世界大战以后,排队论在很多领域内被采用。在交通工程中,排队论被广泛用于对车辆延误分析、通行能力分析、信号灯配时方案设计以及停车场、收费亭、加油站等交通设施的设置与管理的方方面面。

本节主要介绍排队论的基本术语、基本参数计算方法及其在交通工程中的某些应用。

2. 基本概念

（1）"排队"与"排队系统"

"排队"单指等待服务的顾客（车辆或行人）,不包括正在被服务的顾客。而"排队系统"既包括排队等候服务的顾客,又包括正在接受服务的顾客。

（2）排队系统的三个组成部分

①输入过程：指各种类型的顾客按怎样的规律到来。

a. 定长输入：顾客等距离到达。

b. 泊松输入：顾客到达服从泊松分布或服务时间服从负指数分布，其应用最为广泛。

c. 爱尔朗输入：顾客到达时距符合爱尔朗分布。

②排队规则：指到达的顾客按怎样的次序接受服务。

a. 损失制：顾客到达时，若所有服务台均被占，该顾客就自动消失，永不再来。

b. 等待制：顾客到达时，若所有服务台均被占，它们自然就排成队伍，等待服务。服务次序有先到先服务（这是最通常的情形）和优先服务（如急救车、消防车等）等多种规则。

c. 混合制：顾客到达时，若队长小于 L，就排入队伍；若队长大于或等于 L，顾客就离开，不再回来。

③服务方式：指同一时刻有多少服务台可接纳顾客，为每一顾客服务了多少时间。每次可服务于单个顾客，也可以成批接待。例如公共汽车一次就装载大批乘客。

服务时间的分布主要有以下几种：

a. 等长分布服务：每一顾客的服务时间都相等。

b. 负指数分布服务：各顾客的服务时间相互独立，服从相同的负指数分布。

c. 爱尔朗分布服务各顾客的服务时间相互独立，服从相同的爱尔朗分布。

为了以后叙述上的方便，引入下列记号：令 M 代表泊松输入或负指数分布服务，D 代表定长输入或定长服务，E_k 代表爱尔朗输入或服务。于是，泊松输入、负指数分布服务，N 个服务台的排队系统可以表示为 M/M/N，泊松输入、定长服务、单个服务台的系统可表示为 M/D/1。同样，可以理解 $M/E_k/N$、D/M/N 等记号的含义。如果不附其说明，则这种种记号一般都指先到先服务、单个顾客接受服务的等待制系统。

（3）排队系统的主要数量指标

①忙期：服务台连续繁忙的时期，该指标反映了服务台的工作强度。

②等待时间：是排队系统服务效率的主要衡量指标，指顾客进入系统开始到开始接受服务为止的时间。

③队长：也是衡量排队系统服务效率的主要指标，分排队系统中的顾客与排队顾客。前者指系统中接受服务与等待服务的顾客总数，后者只是指排队等待服务的顾客。

4.3.2　M/M/1 系统

由于 M/M/1 系统排队等待接受服务的通道只有一条，也叫"单通道服务"系统，见图 4-4。

图 4-4　单通道服务系统示意图

设 λ 为进入通道服务系统车辆的平均到达率；排队行列从服务台接受服务平均输出率为 μ，记 $\rho = \lambda/\mu$，ρ 称为服务强度或交通强度，若 $\rho > 1$，系统不稳定，排队长度会越来

越长;若 $\rho<1$,其基本指标均可计算,计算公式如下:

(1)系统中没有顾客的概率

$$P(0)=1-\rho \tag{4-33}$$

(2)系统中有 n 个顾客的概率

$$P(n)=\rho^n(1-\rho) \tag{4-34}$$

(3)系统中的平均顾客数

$$\bar{n}=\frac{\rho}{1-\rho} \tag{4-35}$$

(4)系统中顾客数的方差

$$\sigma=\frac{\rho}{(1-\rho)^2} \tag{4-36}$$

(5)平均排队长度

$$\bar{q}=\frac{\rho^2}{1-\rho}=\rho\cdot\bar{n}=\bar{n}-\rho \tag{4-37}$$

(6)非零平均排队长度

$$\bar{q}_w=\frac{1}{1-\rho} \tag{4-38}$$

(7)系统中顾客平均消耗时间

$$\bar{d}=\frac{1}{\mu-\lambda}=\frac{\bar{n}}{\lambda} \tag{4-39}$$

(8)排队顾客的平均等待时间

$$\bar{w}=\frac{\lambda}{\mu(\mu-\lambda)}=\bar{d}-\frac{1}{\mu} \tag{4-40}$$

4.3.3　M/M/N 系统

1. 计算公式

在 M/M/N 排队系统中,服务通道有 N 条,所以也叫"多通道服务"系统。

M/M/N 系统根据车辆排队方式的不同,可分为:

(1)单路排队多通道服务

指排成一队等待数条通道服务的情况,排队中头一辆车可视哪条通道有空就到哪里去接受服务,如图 4-5 所示。

仍然设 λ 为进入多通道服务系统车辆的平均到达率;排队行列从每个服务台接受服务平均输出率为 μ,仍记 $\rho=\lambda/\mu$,则 ρ/N 称为该系统的服务强度或交通强度,亦可称为饱和度。和 M/M/1 系统相仿,当 $\rho/N<1$ 时系统是稳定的,否则不稳定,排队长度将趋向于无穷大。

(2)多路排队多通道服务

指每个通道各排一个队,每个通道只为其相对应的一队车辆服务,车辆不能随意换队,如图 4-6 所示。此种情况相当于 N 个 M/M/1 系统组成的系统,其计算公式相同。

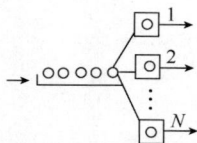

图 4-5 单路排队多通道服务系统

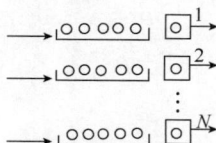

图 4-6 多路排队多通道服务系统

对于单路排队多通道服务的 M/M/N 系统,计算公式如下:

①系统中没有顾客的概率:

$$P(0) = \cfrac{1}{\sum\limits_{k=0}^{N-1} \cfrac{\rho^k}{k!} + \cfrac{\rho^N}{N! \ (1-\rho/N)}} \qquad (4-41)$$

②系统中有 k 个顾客的概率:

$$P(k) = \begin{cases} \cfrac{\rho^k}{k!} \cdot P(0) & k<N \\[3mm] \cfrac{\rho^k}{N! \ N^{K-N}} \cdot P(0) & k \geqslant N \end{cases} \qquad (4-42)$$

③系统中的平均顾客数:

$$\overline{n} = \rho + \cfrac{\rho^{N+1}}{N! \ N} \cdot \cfrac{P(0)}{(1-\rho/N)^2} \qquad (4-43)$$

④平均排队的顾客数:

$$\overline{q} = \overline{n} - \rho \qquad (4-44)$$

⑤系统平均消耗时间:

$$\overline{d} = \cfrac{\overline{q}}{\lambda} + \cfrac{1}{\mu} = \cfrac{\overline{n}}{\lambda} \qquad (4-45)$$

⑥排队平均等待时间:

$$\overline{w} = \cfrac{\overline{q}}{\lambda} \qquad (4-46)$$

2. 应用举例

【例 4-5】 某收费站,今有由东向西 1500 辆/h 的车流量通过三个本向服务通道引向三个收费亭,每个收费亭以 600 辆/h 效率服务,且服从负指数分布,试分别按多路多通道系统(3 个 M/M/1 系统)和单路多通道系统(M/M/3 系统)分别计算各相应指标并比较之。

解:(1)按单路排队(M/M/3)

$$\lambda = 1500 \ 辆/h = \frac{5}{12} 辆/s, \mu = 600 \ 辆/h = \frac{1}{6} 辆/s$$

$$\rho = \frac{\lambda}{\mu} = 2.5, \frac{\rho}{N} = \frac{2.5}{3} = \frac{5}{6} < 1, 系统稳定$$

$$P(0) = \cfrac{1}{\sum\limits_{k=0}^{N-1} \cfrac{\rho^k}{k!} + \cfrac{\rho^N}{N! \ (1-\rho/N)}} = \cfrac{1}{\sum\limits_{k=0}^{2} \cfrac{\rho^k}{k!} + \cfrac{\rho^3}{3! \ (1-5/6)}} = 0.045$$

$$\overline{q} = \frac{\rho^{N+1}}{N! \; N} \cdot \frac{P(0)}{(1-\rho/N)^2} = \frac{2.5^4}{3! \times 3} \cdot \frac{0.045}{(1-5/6)^2} = 3.5(\text{辆})$$

$$\overline{n} = \overline{q} + \rho = 6(\text{辆})$$

$$\overline{w} = \frac{\overline{q}}{\lambda} = 8.4(\text{s})$$

$$\overline{d} = \frac{\overline{n}}{\lambda} = \frac{\overline{q}}{\lambda} + \frac{1}{\mu} = 8.4 + 6 = 14.4(\text{s})$$

(2)按多路排队(3 个 M/M/1)

先求 M/M/1 系统指标:

$$\lambda = \frac{1500/3}{3600} = \frac{5}{36}(\text{辆/s}), \mu = \frac{1}{6}(\text{辆/s})$$

$$\rho = \frac{\lambda}{\mu} = \frac{5}{6} < 1, \text{系统稳定}$$

$$P(0) = 1 - \rho = \frac{1}{6}$$

$$\overline{n} = \frac{\rho}{1-\rho} = 5(\text{辆}) \qquad \overline{q} = \frac{\rho^2}{1-\rho} = \frac{25}{6} = 4.17(\text{辆})$$

$$\overline{d} = \frac{\overline{n}}{\lambda} = 36(\text{s}) \qquad \overline{w} = \overline{d} - \frac{1}{\mu} = 30(\text{s})$$

再求 3 个 M/M/1 系统指标:

$$\overline{n} = \frac{\rho}{1-\rho} \times 3 = 5 \times 3 = 15(\text{辆}) \qquad \overline{q} = \frac{\rho^2}{1-\rho} \times 3 = 4.17 \times 3 = 12.5(\text{辆})$$

$$\overline{d} = \frac{\overline{n}}{\lambda} = 36(\text{s}) \qquad \overline{w} = \overline{d} - \frac{1}{\mu} = 30(\text{s})$$

表 4-5 为两种系统相应指标对比。

两种系统相应指标对比   表 4-5

服务指标 \ 系统类别	3 个平行的 M/M/1 (1)	M/M/3 (2)	服务效率指标对比 $\frac{(1)-(2)}{(1)} \times 100\%$
$\overline{n}$(辆)	15	6	82
$\overline{q}$(辆)	12.5	3.5	72
$\overline{d}$(s)	36	14.4	60
$\overline{w}$(s)	30	8.4	72

4.4 跟驰模型简介

跟驰理论是运用动力学方法,研究在无法超车的单车道上车辆列队行驶时后车跟随前车行驶状态的一种理论。该理论用数学模型表达跟驰过程中发生的各种状态。

　　跟驰理论通过拟合各个车辆逐一跟驰的方式来了解单车道交通流的特性。这种特性的研究和应用,可预测高密度交通短期车辆的相互作用与影响,以便控制追尾事故的频频发生。

4.4.1　车辆跟驰特性分析

　　在道路上,当交通流的密度很大时,车辆间距较小,车队中任一辆车的车速都受前车速度的制约,驾驶员只能按前车提供的信息采用相应的车速,我们称这种状态为非自由运行状态。跟驰理论就是研究这种运行状态车队的行驶特性。

　　非自由状态行驶的车队有以下三个特性。

1. 制约性

　　在一队汽车中,驾驶员总不愿意落后,而是紧随前车前进,这就是"紧随要求"。同时,后车的车速不能长时间的大于前车车速,只能在前车车速附近摆动,否则会发生碰撞,这就是"车速条件"。此外,前后车之间必须保持一个安全距离,在前车制动后,两车之间有足够的距离,从而有足够的时间供后车驾驶员做出反应,采取制动措施,这就是"间距条件"。

　　紧随要求、车速条件和间距条件构成了一队汽车跟驰行驶的制约性。即前车车速制约着后者车速和两车间距。

2. 延迟性(也称滞后性)

　　从跟驰车队的制约性可知,前车改变运行状态后,后车也要改变。但前后车运行状态的改变不是同步的,后车运行的状态改变滞后于前车。因为驾驶员对前车运行状态的改变要有一个反应过程,需要反应时间。假设反应时间为 T,那么前车在 t 时刻的动作,后车在 $(t+T)$ 时刻才能作出相应的动作,这就是延迟性。

3. 传递性

　　由制约性可知,第 1 辆车的运行状态制约着第 2 辆车的运行状态,第 2 辆车又制约着第 3 辆,…,第 n 辆制约着第 $n+1$ 辆。一旦第一辆车改变运行状态,它的效应将会一辆接一辆地向后传递,直至车队的最后一辆,这就是传递性。而这种运行状态的传递又具有延迟性。这种具有延迟性的向后传递的信息不是平滑连续的,而是像脉冲一样间断连续的。

　　跟驰模型有很多种形式,包括线性跟驰模型、非线性跟驰模型、生理—心理跟驰模型、基于模糊推理的跟驰模型和安全距离跟驰模型等形式。本节主要介绍线性跟驰模型和非线性跟驰模型。

4.4.2　线性跟驰模型

　　跟驰模型是一种关于刺激—反应的关系式,用方程表示为:
$$反应 = \lambda \times 刺激$$
式中:λ——驾驶员对刺激的反应系数,称为灵敏度或灵敏系数。

　　驾驶员所接受的刺激是指其前方引导车的加速或减速以及随之而发生的这两辆车之间的速度差和车辆间距离的变化;该驾驶员对刺激的反应是指其为了紧密而安全地跟随前车而作的加速或减速动作及其实际效果。图 4-7 为该跟驰模型的示意图,图中 n

为前导车，$n+1$ 为后随车，两辆车的距离为 $S(t)$，两车间应至少保持在前导车制动时能使后随车停下而不至于和前导车尾相撞的安全距离。

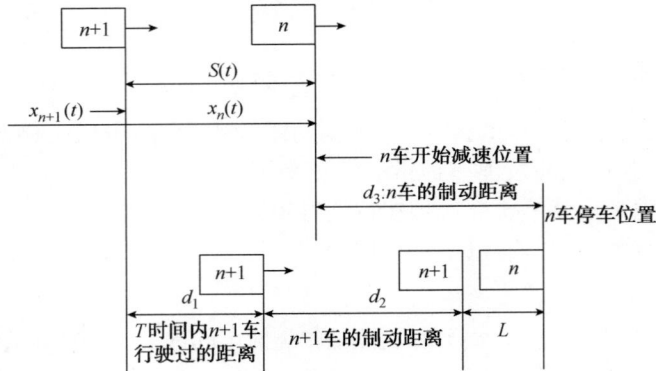

图 4-7　车辆线性跟驰模型示意图

图中各参数意义如下：

$S(t)$——t 时刻第 n 辆车和第 $n+1$ 辆车间的车头间距，$S(t)=x_n(t)-x_{n+1}(t)$；

d_1——反应时间 T 内 $n+1$ 车行驶的距离，$d_1=V_{n+1}(t) \cdot T$；

$x_{n+1}(t)$——t 时刻 $n+1$ 车的位置；

$x_n(t)$——t 时刻 n 车的位置；

T——反应时间或称反应迟滞时间；

d_2——$n+1$ 车的制动距离；

d_3——n 车的制动距离；

L——停车安全距离。

从图中可以得到：

$$S(t)=x_n(t)-x_{n+1}(t)=d_1+d_2+L-d_3 \tag{4-47}$$

$$d_1=V_{n+1}(t) \cdot T=V_{n+1}(t+T) \cdot T=\dot{x}_{n+1}(t+T) \cdot T \tag{4-48}$$

假设两车制动距离相等，即 $d_2=d_3$，则有：

$$S(t)=x_n(t)-x_{n+1}(t)=d_1+L \tag{4-49}$$

进一步得：

$$x_n(t)-x_{n+1}(t)=\dot{x}_{n+1}(t+T) \cdot T+L \tag{4-50}$$

两边对 t 求导得：

$$\dot{x}_n(t)-\dot{x}_{n+1}(t)=\ddot{x}_{n+1}(t+T) \cdot T \tag{4-51}$$

即：

$$\ddot{x}_{n+1}(t+T)=\lambda\left[\dot{x}_n(t)-\dot{x}_{n+1}(t)\right] \quad (n=1,2,3,\cdots) \tag{4-52}$$

或写成：

$$\ddot{x}_{n+1}(t)=\lambda\left[\dot{x}_n(t-T)-\dot{x}_{n+1}(t-T)\right] \quad (n=1,2,3,\cdots) \tag{4-53}$$

其中 $\lambda=T^{-1}$，上式是对刺激—反应方程的近似表示：刺激为两车的相对速度；反应为跟驰车辆的加速度。

式(4-53)是在前导车制动、两车的减速距离相等以及后车在反应时间 T 时间内速度不变等假定下推导出来的。实际的现车操作要比这两条假定所限定的情形复杂得多。比方说,刺激也可能是由前车加速而引起的。而两车在变速过程中行驶的距离可能不相等。为了考虑一般情况,λ 不一定取值为 T^{-1},也不再理解为灵敏度或灵敏系数,而看成与驾驶员动作强度相关的量,称为反应强度系数,量纲为 s^{-1}。

4.4.3　非线性跟驰模型

线性跟驰模型的特点是简便,但它存在明显的缺点:跟驰车辆的加速度仅为两车相对速度的函数,而与车间距离、车速等因素无关。

因此,有关人员做了进一步的研究,认为反应强度系数 λ 并不是常量,而是与车间距离、车速有一定关系的变量,由此得到了一系列的非线性跟驰模型。总结这些非线性跟驰模型,主要有以下两种形式。

(1)车头间距倒数模型

$$\ddot{x}_{n+1}(t+T) = \frac{\alpha}{x_n(t)-x_{n+1}(t)}\left[\dot{x}_n(t)-\dot{x}_{n+1}(t)\right] \tag{4-54}$$

(2)正比于速度反比于间距平方的跟车模型

$$\ddot{x}_{n+1}(t+T) = \frac{\alpha\dot{x}_{n+1}(t+T)}{\left[x_n(t)-x_{n+1}(t)\right]^2}\left[\dot{x}_n(t)-\dot{x}_{n+1}(t)\right] \tag{4-55}$$

4.4.4　跟驰模型的基本形式

总结上述的各种跟驰理论方程(包括线性模型),可以得到以下跟驰模型通式:

$$\ddot{x}_{n+1}(t+T) = \alpha\frac{\dot{x}_{n+1}^m(t+T)}{\left[x_n(t)-x_{n+1}(t)\right]^l}\left[\dot{x}_n(t)-\dot{x}_{n+1}(t)\right] \tag{4-56}$$

式中:$\alpha\dfrac{\dot{x}_{n+1}^m(t+T)}{\left[x_n(t)-x_{n+1}(t)\right]^l}$——反应强度系数;

$\qquad m$、l——常数。

⇒4.5　流体模拟理论

4.5.1　车流连续性方程

该理论运用流体力学的基本原理,模拟流体的连续性方程,建立车流的连续性方程,把车流密度的变化比拟成水波的起伏进而抽象为车流波,当车流因道路或交通状况的改变而引起密度的变化时,在车流中产生车流波的传播。通过分析车流波的传播速度以寻求车流流量和密度、速度之间的关系。此理论有时也被称为流体力学模拟理论。

流体力学模拟理论是一种宏观的模型,它假定车流中各单个车辆的行驶状态与它前面的车辆完全一样,这是与实际不相符的。尽管如此,该理论在分析瓶颈路段的车辆拥挤等问题时(图4-8)有其独特之处。

假设车流顺次通过断面Ⅰ和Ⅱ的时间间隔是 dt,两断面的间距为 dx。同时,车流在断面Ⅰ的流入量为 Q,密度为 K。车流在断面Ⅱ的流出量为(Q+dQ),密度为(K-dK)。dK 取负号表示在拥挤状态下,车流密度随流量的增加而减少。

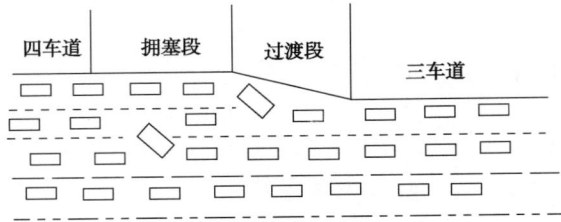
图4-8 瓶颈处的车流波

根据质量守恒定律:

流入量-流出量=车辆在 Δt 时间内数量的变化

即: $[Q-(Q+dQ)]dt=[K-(K-dK)]dx$

化简得到 $-dQdt=dKdx$

$$\frac{dK}{dt}+\frac{dQ}{dx}=0 \tag{4-57}$$

又因为 $Q=KV$

于是 $$\frac{dK}{dt}+\frac{d(KV)}{dx}=0 \tag{4-58}$$

式(4-57)表明,车流量随距离而降低时,车流密度则随时间而增大。

同样,还可用流体力学的理论建立交通流的运动方程:

$$\frac{dK}{dx}=-\frac{dV}{dt} \tag{4-59}$$

式(4-59)表明,车流密度增加将产生减速。

4.5.2 车流中的反向波

1. 交通波模型的建立

如图4-9所示,假设一条公路上有两个相邻的不同交通流密度区域(K_1 和 K_2),用垂直线分割这两种密度,称 S 为波阵面,设 S 的速度为 V_w,并规定交通流按照图中箭头 x 正方向运行。

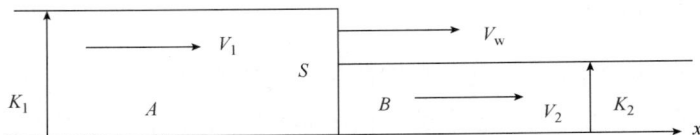
图4-9 两种密度的车流运行情况
V_1——在 A 区车辆的区间平均速度;V_2——在 B 区车辆的区间平均速度

显然,由交通流量守恒可知,在时间 t 内进入通过界面 S 的车数等于从界面 S 出来的车辆数,可以表示如下:

$$(V_1 - V_w)K_1 t = (V_2 - V_w)K_2 t$$

即

$$(V_1 - V_w)K_1 = (V_2 - V_w)K_2$$

则

$$V_w = \frac{V_1 K_1 - V_2 K_2}{K_1 - K_2} \tag{4-60}$$

由 $Q_1 = K_1 V_1$，$Q_2 = K_2 V_2$ 得：

$$V_w = \frac{Q_2 - Q_1}{K_2 - K_1} \tag{4-61}$$

当 $Q_1 > Q_2$，$K_1 < K_2$ 时，V_w 为负值，表明波的方向与原车流的方向相反。此时，在瓶颈过渡段内的车辆即被迫后涌，开始排队，出现拥塞。有时 V_w 可能为正值，这表明此时不致发生排队现象，或者是已有的排队将开始消散。

2. 模型的进一步推导

格林希尔治线性模型的表达式为：

$$V = V_f\left(1 - \frac{K}{K_j}\right) \tag{4-62}$$

式中：K_j——阻塞密度；

V_f——自由流速度。

令

$$\eta_i = \frac{K}{K_j} \tag{4-63}$$

式中：η_i——标准化密度。

将式（4-63）代入式（4-62），有：

$$V_1 = V_f(1 - \eta_1) \tag{4-64}$$
$$V_2 = V_f(1 - \eta_2) \tag{4-65}$$

将以上关系带入式（4-60），得波速为：

$$V_w = \frac{[K_1 V_f(1 - \eta_1)] - [K_2 V_f(1 - \eta_2)]}{K_1 - K_2} \tag{4-66}$$

用式（4-63）得到的 η_1 和 η_2 的关系式来简化式（4-66）：

$$V_w = V_f[1 - (\eta_1 + \eta_2)] \tag{4-67}$$

式（4-67）说明，波速可用交通密度不连续线两侧的标准化密度表示。

（1）交通密度大致相等的情况

如果在分界线 S 两侧的标准化密度 η_1 和 η_2 大致相等，如图4-10所示。

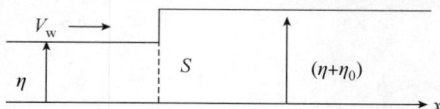

图4-10　交通密度微小不连续性

设 $\eta_1 = \eta$，$\eta_2 = \eta + \eta_0$ 时，式（4-67）写为

$$V_w = V_f[1 - (\eta_1 + \eta_2)] = V_f(1 - 2\eta + \eta_0) \approx V_f(1 - 2\eta) \tag{4-68}$$

该波速 V_w 为断续波的传播速度。

（2）停车波

现假定车流的标准化密度为 η_1 以区间平均速度 V_1 行驶。在交叉口停车线处遇到红灯停，此时，$\eta_2=1$，如图 4-11，根据式（4-68），有：

$$V_w = V_f[1-(\eta_1+1)] = -V_f\eta_1 \tag{4-69}$$

上式说明，由于停车而产生的波，以 $V_f\eta_1$ 的速度向后方传播。经过 t 秒后，将形成一列长度为 $V_f\eta_1 t$ 的排队车队。

（3）起动波

车辆起动时的情况，如图 4-12 所示。

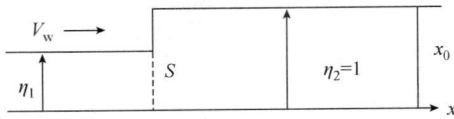

图 4-11　停车产生的波

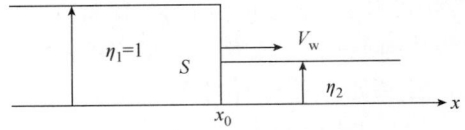

图 4-12　发车产生的波

当车辆启动时 $K_1 = K_j$，也即 $\eta_1 = 1$。因为：

$$V_2 = V_f(1-\eta_2)$$

即：

$$\eta_2 = 1-\left(\frac{V_2}{V_f}\right) \tag{4-70}$$

代入式（4-62）：

$$V_w = V_f[1-(\eta_2+1)] = -V_f\eta_2 = -(V_f-V_2) \tag{4-71}$$

由于 V_2 是刚刚起动时的车速很小，同 V_f 相比可以忽略不计。因此，这列排队等待的车辆从一开始起动，就产生了起动波，该波以接近 V_f 的速度向后传播。

3. 交通波理论的应用

【例 4-6】　车流在一条 6 车道的公路上畅通行驶，其速度为 80km/h。路上有座 4 车道的桥，每车道的通行能力为 1940 辆/h。高峰时单向车流量为 4200 辆/h（单向），在过渡段的车速降至 22km/h，这样持续了 1.69h，然后车流量将减到 1956 辆/h（单向）。试估计桥前的车辆排队长度和阻塞时间。

解：（1）计算排队长度

①在能畅通行驶的车道里没有堵塞现象，其密度为：

$$K_1 = \frac{Q_1}{V_1} = \frac{4200}{80} = 53(辆/km)$$

②在过渡段，由于该处只能通过 $1940 \times 2 = 3880$ 辆/h。而现在却需要通过 4200 辆/h，因此会出现拥挤，其密度为：

$$K_2 = \frac{Q_2}{V_2} = \frac{3880}{22} = 177(辆/km)$$

于是得到：

$$V_w = \frac{Q_2-Q_1}{K_2-K_1} = \frac{3880-4200}{177-53} = -2.58(km/h)$$

表明此处出现了迫使排队的反向波，其波速为 2.58（km/h）

故此处车辆平均拥挤长度为：

$$L=\frac{1.69\times2.58}{2}=2.18(\text{km})$$

（2）计算拥挤持续时间

高峰过后车辆到达率将降低到通行能力水平之下，车队开始消散，直到完全恢复到正常的运行状态。而拥挤持续时间为排队形成时间和排队消散时间之和。

①排队车辆数：$(Q_1-Q_2)\times1.69=541(\text{辆})$

②排队消散时间：$\dfrac{(Q_1-Q_2)\times1.69}{Q_2-Q_3}=0.28(\text{h})$

③拥挤持续时间：$0.28+1.69=1.97(\text{h})$

习 题

1. 已知某公路断面流量为 1200 辆/h，且服从泊松分布，问该断面 6s 内没有车通过的概率是多少？6s 内到达 3 辆及以下车的概率是多少？

2. 某路段以 30s 间隔观测到达的车辆数数据统计见表 4-6，试求其均值，方差是多少？请初步判断其服从何种分布？并用 χ^2 检验法拟合该分布是否成立。

观 测 数 据 统 计　　　　　　　表 4-6

车辆到达数 k_i	0	1	2	3	4	5	6	7	8	9	10	≥11
频数 f_i	3	12	30	38	42	55	46	34	32	15	6	0

3. 某交通流属于泊松分布，已知交通量为 1000 辆/h，试求：

（1）车头时距 $t\geq5s$ 的概率；

（2）车头时距 $5s\leq t<9s$ 的概率。

4. 一个停车库出口只有一个门，在门口向驾驶员收费并找零钱。假设车辆到达服从泊松分布，到达量为 120 辆/h，收费平均持续时间 15s，服从负指数分布，试求收费空闲的概率、系统中有 6 辆车的概率、系统中平均车辆数、排队的平均车辆数、排队系统中的平均消耗时间、排队中的平均等待时间。

5. 如何判断一个排队系统的优劣？主要指标包括哪些方面？各是什么？

6. 超市收银台与顾客之间排队服务关系属于什么排队系统？其有何特点？

7. 某一加油站，今有 2400 辆/h 的车流量通过四个通道引向四个加油泵，平均每辆车加油时间为 5s，服从负指数分布，试分别按多路多通道系统（4 个 M/M/1 系统）和单路多通道系统（M/M/4 系统）计算各相应指标并比较之。

8. 已知某道路入口处车速限制为 13km/h，对应通行能力 3800 辆/h，在高峰期间 1.60h 内，从上游驶来的车流速度为 50km/h，流量为 4200 辆/h，高峰过后上游流量降至 1950辆/h，速度变为 54km/h，试估计此段道路入口前车辆拥挤长度和拥挤持续时间？

第5章　道路通行能力

5.1　概述

　　道路通行能力也称道路容量,是度量道路设施所能疏导车辆程度的指标,是道路负荷性能的一种量度。当道路上的交通量接近道路的通行能力时,就会出现交通拥挤现象,这时所有车辆按同一车速列队行进,一旦发生干扰,就很容易造成交通阻塞。当道路上的交通量小于道路通行能力时,驾驶员驱车前进就有一定的自由度,有变换车速和超车的机会。

　　关于道路通行能力的研究,最早是以美国为中心进行的,并于1950年将其算法标准化编入美国《道路通行能力手册》(Highway Capacity Manual,HCM)中。该手册不仅在美国,而且在很多国家作为计算通行能力的规范书使用着。

　　日本于1960年制定了《公路工程技术标准》,该标准采用了美国《公路通行能力手册》中的观点。1982年,《道路交通容量》一书中将日本的研究成果编入,论述了路段、平面交叉路口、匝道、交织区间等公路各组成部分通行能力的算法,从而使日本的公路通行能力的计算标准化。

　　与国外研究成果相比,我国对通行能力研究起步较晚,在20世纪80年代前期,通行能力实际应用中基本上引用美国HCM的研究成果。然而,我国的交通环境、交通组成和车辆性能与国外有很大差别,主要是混合交通比较普遍。为此,我国自1983年以来,由交通部(现为交通运输部,全书同)牵头,连同一些大专院校,先后对通行能力进行了较大规模的研究,但这些研究都是地方性的、逐步的,未能形成通行能力的核心与框架,难以作为修订标准和规范的技术依据。直至1996年,国家成立了"九五"科技攻关"公路通行能力"课题组,对我国道路通行能力进行了深入研究,最终出版《公路通行能力》。该书汇集了许多综合性研究成果,是具有一定权威性的通行能力规范性的版本。

5.2　道路通行能力与服务水平

　　道路通行能力和服务水平从不同的角度反映了道路的性质与功能。通行能力主要反映道路可提供服务车辆数量的多少。服务水平主要反映了道路服务质量或服务的满意程度。两者相互关联,不可分割。

5.2.1 道路通行能力基本概念

1. 通行能力定义

道路通行能力是指在一定的时段(通常取 15min 或 1h)和正常的道路、交通、管制及运行质量的要求下,道路上某一车道或某一断面上单位时间内所能通过的最大交通实体(车辆或行人)数。通行能力实质上既反映了道路疏通交通的最大能力,也反映了在规定特性的前提下道路所能承担车辆运行的极限值。通行能力可分为机动车道通行能力、非机动车道通行能力和人行道(或人行横道)通行能力。机动车道通行能力一般以 veh/h(辆/小时)、pcu/h(当量标准小客车/小时)表示。

对于确定的交通设施而言,在规定时间内能通过的最大车辆数是一个随机数,而所谓的通行能力是指在交通需求充足的高峰期间平均每小时交通通行量。根据通行能力的性质和使用要求的不同,通行能力又可分为基本通行能力、可能通行能力和设计通行能力。其定义分别如下。

(1)基本通行能力

在理想的道路、交通、控制和环境条件下,道路的一断面(或一条车道)或一交叉点,不论服务水平如何,1h 所能通过标准车辆的最大辆数。该值可理解为期望能通过标准车辆的最大小时通行量。

(2)可能通行能力

在具体的道路、交通、控制及环境条件下,一断面(或一条车道)或一交叉点,不论服务水平如何,1h 所能通过的实际车辆数。

(3)设计通行能力

在具体的道路、交通、控制及环境条件下,一断面(或一条车道)或一交叉点,在所选用的设计服务水平下,1h 所能通过的车辆的最大辆数。

可见,道路在不同运行质量情况下,1h 所能通行的最大交通量是不同的,所对应的各种能力值也有所不同。理想通行能力是在理想的道路、交通、控制及环境条件下,道路所能提供的最大的标准车通行量。而实际通行能力则是在具体的道路、交通、控制及环境条件下的道路通行量,其值通常由于各种实际状况需要折减而常常小于理想通行能力。设计通行能力则是指在设计道路条件下,考虑保持交通流处于良好的运行状况所采用的特定设计服务水平进一步折减后所对应的道路通行量,服务水平越高,该值则越小。

2. 通行能力影响因素

①道路条件。指公路或街道的几何及路面条件(车道数,路肩和中央分隔带等的宽度,侧向净宽,平、纵线形与视距)、道路设计速度等。

②交通条件。指交通特性,交通流中的选用车型及交通组成比例,交通流量、流向及方向分布,以及车道的分布状况等。

③控制条件与管制条件。指交通控制与管制设施装备的类型、位置、种类、交通信号配时方案等影响通行能力的关键性管制条件,以及停车让路标志、禁转弯标志,车道使用限制及交通规则。

④交通环境。主要指横向干扰程度以及交通秩序等。

以上因素中,道路通行能力随不同的条件组合与变化,其疏解交通的能力也会随之变动。对于通常所说的各种通行能力,是指所分析的道路、设施、控制条件及外界环境在固定条件下,并假定其具有良好的气候条件和路面条件下的通过能力,如有任何变动都会引起通行能力的变化。

由于道路通行能力的影响因素众多,且各因素之间相互关联,导致道路通行能力的分析比较复杂,因此,目前多采用从理想条件出发,按照不同影响因素进行修正的办法来分析。可见,理想条件是讨论通行能力的基础,是通行能力分析的出发点。所谓理想条件,原则上是指对以上各条件更进一步改善也不能提高理想通行能力的条件。

3. 道路通行能力的作用

道路通行能力是考察道路承担交通量能力的一项重要指标,也是道路规划、设计和运营质量评估的重要参数,对道路通行能力的研究,会有助于科学地解决下面一些问题:

①根据机动车、自行车及行人交通需求预测,以及相应道路设施在规定的运行质量条件下所能适应的最大交通量分析,可科学规划设计道路布局、横断面形式、道路几何尺寸等主要技术指标。

②根据道路通行能力和现有道路的交通量运营状况的分析,可评价不同时空条件下的道路服务水平,依此可提出道路交通管理措施及交叉口改建与管理控制措施,从而更加充分地利用道路资源,提高道路运营效益。

③道路与交叉口设计通行能力可作为交叉路口类型选择,相关设施配置与信号方案设计的依据。

④通过道路通行能力、运营状况及服务水平的分析,估算收费道路或桥隧收入状况及进行车辆废气、噪声等因素的影响评估。

⑤根据居民出行交通需求与公共交通通行能力,确定交通高峰期与非高峰期所需要的公交车辆数,并确定公交车站等运营过程中可能出现的瓶颈地带。

5.2.2 道路服务水平

1. 服务水平概念

服务水平是衡量交通流运行条件,以及驾驶员和乘客所感受的服务质量的一项指标,通常根据交通量、速度、行驶时间、驾驶自由度、交通间断性、舒适和方便等因素确定服务水平。服务等级高的道路车速高,延误少,驾驶员开车的自由度大,舒适与安全性好,但其相应的服务交通量就小;反之,允许的服务交通量大,则服务水平相应降低。

2. 道路服务水平分级及运行质量

服务水平也称服务等级,是用来衡量为道路使用者所提供的服务质量的等级,其质量可以从高速、舒适、自由运行的最高水平,到拥挤、受阻、停停开开的最低水平。各国根据其道路交通具体条件划分不同数量的服务水平等级。美国的 HCM 将道路服务水平分为 A、B、C、D、E、F 六个服务等级,各级服务水平道路状况见图 5-1。其中 A 级代表最佳的车流运行条件,而 F 级则是最差的运行条件。对于每一级服务水平,其对应的通行能力也有所不同,服务水平越高,对应的通行能力反而越小;反之,服务水平降低,对应的通行能力反而升高。对于某一级服务水平下所允许通过的最大交通量,称为该服务水平下的最大服务交通量。图 5-2 反映了 A~F 各级服务水平对应的最大交通密度及其各级服务水平对应的最大服务交通量关系。

A级　　　　B级

C级　　　　D级

E级　　　　F级

图 5-1　美国 A~F 各级服务水平下道路交通运行状况示意图

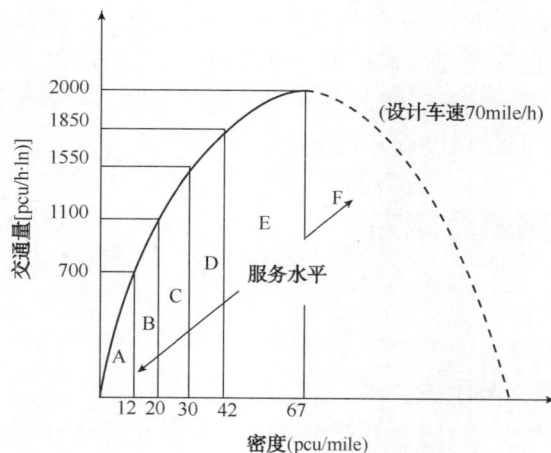

图 5-2　美国 A~F 各级服务水平对应的最大交通密度及最大服务交通量关系

不同于美国的道路服务水平分级标准,日本规划及设计道路所用的交通规划等级分为 Ⅰ、Ⅱ、Ⅲ 三个等级。Ⅰ 级为最高级,Ⅲ 级为最低级,Ⅱ 级居中。

在我国,根据实际观测分析并综合考虑美国、日本的分级标准,从便于公路规划设计、可操作性强、方便使用等原则出发,以区分稳定流和不稳定流为基本条件,我国《公路工程技术标准》将服务水平划分为一、二、三、四共四个等级。一级服务水平相当于美国公路服务水平的 A~B 级;二级服务水平相当于美国 C 级;三级服务水平相当于美国 D 级;四级服务水平大致相当于美国公路 E~F 级。具体规定如下:

一级服务水平:交通量小、驾驶员能自由或较自由地选择行车速度并以设计速度行驶,行驶车辆不受或基本不受交通流中其他车辆的影响,交通流处于自由流状态,超车需求远小于超车能力,被动延误少,为驾驶员和乘客提供的舒适便利程度高。

二级服务水平:随着交通量的增大,速度逐渐减小,行驶车辆受别的车辆的干扰增大,驾驶员选择行车速度的自由度受到一定限制,交通流状态处于稳定流的中间范围,有些许的拥挤感。到二级下限时,车辆间的相互干扰较大,开始出现车队,被动延误增加,为驾驶员提供的舒适便利程度下降,超车需求基本接近超车能力。

三级服务水平:当交通需求超过二级服务水平对应的服务交通量后,驾驶员选择车辆运行速度的自由度受到很大限制,行驶车辆受别的车辆的干扰很大,交通流处于稳定流的下半部分,并已接近不稳定流范围,流量稍有增长就会出现交通拥挤,服务水平显著下降。到三级下限时行车延误的车辆达到 80% 左右,超车需求超过了超车能力,但可通行的交通量尚未达到最大值。

四级服务水平:交通需求继续增大,行驶车辆受其他车辆的干扰更加严重,交通流处于不稳定流状态,直至每小时可通行的交通量达到最大值,驾驶员已无自由选择速度的余地,交通流变成强制状态。所有车辆都以接近最大通行能力对应的但相对均匀的速度范围行驶。一旦上游交通强度稍有增加,或交通流出现小的扰动,车流就会出现走走停停的状态,此时能通过的交通量很不稳定,时常发生严重的交通阻塞。

3. 道路设计采用的服务水平等级

确定服务水平分级标准后,在公路规划、设计时选用合适的服务水平等级可以更为科学的确定公路的建设规模和技术标准,一般建议高速公路和一级公路按二级服务水平进行设计,而二、三级公路按三级服务水平设计。另外,通过确定的服务水平分级方法,可对实际运营的公路状况进行分析评价。

5.3 高速公路通行能力

5.3.1 引言

1. 高速公路的定义与组成

高速公路是有中央分隔带,上下行每个方向至少有两车道,全部立体交叉,完全控制出入的公路。高速公路车流一般属于不间断连续流。

高速公路一般由以下三部分组成:

①高速公路基本路段;

②交织区;

③匝道区。

2. 高速公路基本路段

高速公路基本路段是指主线上不受匝道附近车辆汇合、分离以及交织运行影响的路段部分。具体讲,是指驶入匝道—主线连接处上游 150m 至下游 760m 以外、驶出匝道—主线连接处上游 760m 至下游 150m 以外,以及表示交织区开始的汇合点上游 150m 至表示交织区终端的分离点下游 150m 以外的主线路段,见图 5-3。

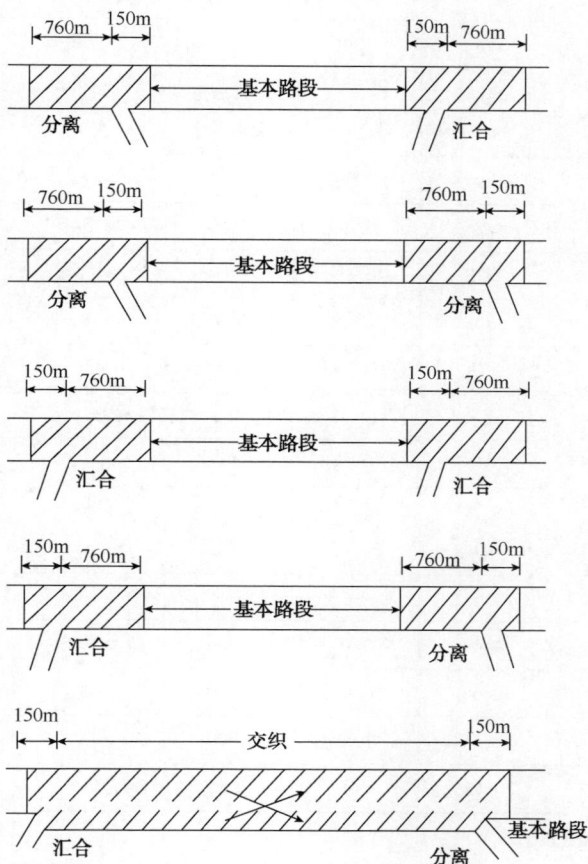

图 5-3 高速公路基本路段示意图

高速公路基本路段、交织区及匝道区的能力应分别加以计算,在此只介绍基本路段通行能力的计算方法。

5.3.2 高速公路基本路段通行能力分析

1. 高速公路的理想条件

①3.75m≤车道宽度≤4.50m;
②侧向净宽≥1.75m;
③车流中全部为小客车;
④驾驶员均为经常行驶高速公路且技术熟练遵守交通法规者。

2. 高速公路基本路段服务水平

高速公路基本路段服务水平分级的关键参数为最大交通密度,根据交通密度将服务水平分为四级,在理想条件下,基本路段在各种设计速度及对应的各级服务水平下的平均行程速度、V/C 值及最大服务交通量值见表 5-1。

高速公路基本路段服务水平分级   表 5-1

服务水平等级	密度 [pcu/(km·ln)]	设计速度(km/h)					
		120			100		
		车速 (km/h)①	V/C②	最大服务交通量③	车速 (km/h)①	V/C②	最大服务交通量③
一	≤12	≥94	0.56	1100	≥81	0.51	1000
二	≤19	≥86	0.79	1600	≥75	0.71	1400
三	≤26	≥73	0.94	1900	≥68	0.85	1700
四	≤42	≥48	1.00	2000	≥48	1.00	2000
	>42	<48	④	④	<48	④	④
服务水平等级	密度 [pcu/(km·ln)]	设计速度(km/h)					
		80			60		
		车速 (km/h)①	V/C②	最大服务交通量③	车速 (km/h)①	V/C②	最大服务交通量③
一	≤12	—	—	—	—	—	—
二	≤19	≥69	0.67	1300	≥59	0.64	1150
三	≤26	≥62	0.83	1600	≥53	0.81	1450
四	≤42	≥45	1.00	1900	≥43	1.00	1800
	>42	<45	④	④	<43	④	④

注:①车速指平均行程速度。

②V/C 是在理想条件下,最大服务交通量与基本通行能力之比,基本通行能力是四级服务水平上半部的最大服务交通量。

③在理想条件下各级服务水平通行的最大交通量[pcu/(h·ln)]。

④在第四级服务水平下半部,交通处于强制流情况下,V/C 及交通量变化很大且频繁,但最大不会超过四级服务水平上半部的 V/C 及最大服务交通量。

3. 高速公路基本路段通行能力计算与分析

高速公路是多车道高等级公路,和其他多车道公路一样,由于两个方向的交通运行互不依赖,且两个方向在其前进方向上的线形(其中主要是纵断面线形)不同,因此,两个方向车行道的通行能力和服务水平的分析计算是分别进行的。

对于高速公路单向道路而言,其基本路段通行能力可以定义为:在一定时间段和通常的道路、交通及管制条件下,基本路段上某一断面所通过的单向 N 车道最大持续交通流。

影响高速公路基本路段通行能力的因素很多,如道路等级、车道宽度、线形、路肩宽度等技术标准,以及交通组成和驾驶员技术水平等。

(1)通行能力计算

①基本通行能力。基本通行能力又称理论通行能力,是指在一定时段(一般取1h)和理想的道路、交通及管制条件下,一条车道的一个断面所允许通过的最大持续交通流。

按车头时距计算,其计算公式为:

$$C_B = \frac{3600}{t} \tag{5-1}$$

式中:C_B——一条车道的基本通行能力,pcu/h;

t——最小安全车头时距,s。

设计速度为120km/h、100km/h、80km/h、60km/h的高速公路基本路段的C_B分别为2000pcu/(h·ln)、2000pcu/(h·ln)、1900pcu/(h·ln)及1800pcu/(h·ln)。

②最大服务交通量。

$$M_{SV_i} = C_B \cdot (V/C)_i \tag{5-2}$$

式中:M_{SVi}——第i级服务水平的一条车道最大服务交通量,pcu/(h·ln);

C_B——基本通行能力,即理想条件下一车道所能通行的最大交通量,pcu/(h·ln);

$(V/C)_i$——第i级服务水平最大服务交通量与基本通行能力的比值。

③单向车行道的设计通行能力。

$$C_D = M_{SV_i} \cdot N \cdot f_W \cdot f_{HV} \cdot f_P \tag{5-3}$$

即

$$C_D = C_B \cdot (V/C)_i \cdot N \cdot f_W \cdot f_{HV} \cdot f_P \tag{5-4}$$

式中:C_D——单向N条车行道设计通行能力,即在具体设计条件下,采用i级服务水平单向时所能通行的最大交通量,veh/h;

N——单向车行道的车道数;

f_W——车道宽度和侧向净宽对通行能力的修正系数;

f_{HV}——大型车对通行能力的修正系数;

f_P——驾驶员条件对通行能力的修正系数。

(2)影响高速公路基本路段通行能力的因素及修正系数

由于高速公路是全部控制出入、全立交的,因此受横向干扰的影响很小,故影响基本路段通行能力的主要因素为道路条件、交通条件和驾驶员条件。具体地说,包括道路几何条件(车道宽及侧向净空)、交通组成(大型车混入率)、驾驶员状况等因素。

①车道宽度和侧向净空宽度对通行能力的修正系数f_W。根据对道路宽度影响通行能力的实际观测认为,当车道宽度达到某一定数值时,其通过量能达到理论上的最大值;当车道小于该值时,则通行能力降低。侧向净空的影响包括左侧路缘带宽度和右侧路肩宽度的影响。根据实际调查表明,路缘带宽度小于某一数值时(理想条件规定的数值),驾驶员会感到不安全,从而降速、偏离车道线,使旁侧车道利用率降低。行车道宽度及侧向净空对通行能力的综合修正系数如表5-2所示。

车道宽度和侧向净宽修正系数 f_W 表 5-2

侧向净宽（m）	行车道一边有障碍物		行车道两边有障碍物	
	车道宽度（m）			
	3.75	3.50	3.75	3.50
有中央分隔带的 4 车道公路（每边有 2 车道）				
≥1.75	1.00	0.97	1.00	0.97
1.60	0.99	0.96	0.99	0.96
1.20	0.99	0.96	0.98	0.95
0.90	0.98	0.95	0.96	0.93
0.60	0.97	0.94	0.94	0.91
0.30	0.93	0.90	0.87	0.85
0	0.90	0.87	0.81	0.79
有中央分隔带的 6 或 8 车道公路（每边有 3 或 4 车道）				
≥1.75	1.00	0.96	1.00	0.96
1.60	0.99	0.95	0.99	0.95
1.20	0.99	0.95	0.98	0.94
0.90	0.98	0.94	0.97	0.93
0.60	0.97	0.93	0.96	0.92
0.30	0.95	0.92	0.93	0.89
0	0.94	0.91	0.91	0.87

注:1.一些高级形式的中央带护栏如已为广大驾驶员所熟悉且基本上不影响其行驶时,可不作为障碍物。

2.两边侧向净宽不足且不相等时,取两侧侧向净宽的平均值。

②交通组成对通行能力修正系数 f_{HV}。在高速公路上,由于交通流中大中型车辆的动力性能不如小型车,运行速度较慢一些,故应对大中型车进行通行能力修正,其修正系数采用下式计算:

$$f_{HV} = \frac{1}{1 + P_{HM}(E_{HM} - 1) + P_T(E_T - 1)} \qquad (5-5)$$

式中:P_{HM}——大、中型车交通量占总交通量的百分比;

P_T——特大型车交通量占总交通量的百分比;

E_{HM}——大、中型车折算系数;

E_T——特大型车折算系数。

车辆折算系数见表 5-3。

车 辆 折 算 系 数 表 5-3

车型 公路类型	小型车	中型车	大型车	特大型车
高速公路	1.0	1.5	1.5	2.0

③驾驶员条件的修正系数 f_P。根据驾驶员驾驶技术熟练程度及普遍遵守交通法规

者的状况。可酌情考虑在 $1.00 \sim 0.90$ 范围内取 f_P 值。

（3）路段交通运行状况分析

高速公路路段运行状况分析主要是评价已有高速公路在特定的道路、交通条件下的通行能力和交通运行状况。通过运行状况分析，可为交通管制人员制订管理措施，为改变高速公路运行的部分道路、交通条件提供依据，使交通运行状况达到期望水平，如达到预期的通行能力和速度等，以提高高速公路运输效益。

4. 实例分析

【例 5-1】　一已有四车道高速公路，设计速度为 100km/h，单向高峰小时交通量 V_P =1800veh/h，大中型车共占 40%，车道宽 3.50m，紧挨行车道两边均有障碍物，重丘地形。分析其服务水平，问其达到可能通行能力之前还可增加多少交通量。

解：为求服务水平要计算 V/C：

（1）查表 5-2、表 5-3 得诸修正系数

$f_W = 0.79，E_{HV} = 1.5$

$f_{HV} = 1/[1+0.40 \times (1.5-1)] = 0.833，f_P = 1.0$

（2）计算 V/C

$V/C = V_P/[C_B \cdot N \cdot f_W \cdot f_{HV} \cdot f_P] = 1800/[2000 \times 2 \times 0.79 \times 0.833 \times 1.0] = 0.68$

（3）该公路服务水平属二级服务水平

（4）求算达到可能通行能力前可增加的交通量

行车道的可能通行能力

$C = C_B \cdot N \cdot (V/C) \cdot f_W \cdot f_{HV} \cdot f_P = 2000 \times 2 \times 1.00 \times 0.79 \times 0.833 \times 1.0 = 2632（veh/h）$

达到可能通行能力前可增加的交通量

$V = 2632 - 1800 = 832（veh/h）$

5.4 双车道公路通行能力

5.4.1 概述

1. 双车道公路路段通行能力

目前我国大多数干线及非干线公路均为双车道公路，同时双车道公路也是我国公路网中最长、最普遍的一种公路形式。由于双车道公路交通特性独特，车辆只能在对向车道有足够超车视距时，必须进入对向车道行驶若干距离后回到本向车道，才完成超车过程，因而此类交通流又不同于其他的非间断流，一个方向上的正常车流会受另一方向上的车流影响，因此双车道公路的两个方向中任何一个方向的车流运行都受到对向交通的制约。所以不能对单个方向而必须对车行道双向通行能力和服务水平进行总的分析计算。

2. 双车道公路路段理想条件

①设计速度大于或等于 80km/h；

②车道宽度大于或等于 4.00m，但不大于 4.50m；

③侧向净宽大于或等于 1.75m；

④在公路上无"不准超车区"；

⑤交通流中全部为中型载货汽车；

⑥两个方向交通量之比为 50/50；

⑦对过境交通没有横向干扰且交通秩序良好；

⑧处于平原微丘地形。

5.4.2 服务水平与通行能力

1. 服务水平

双车道一般公路路段服务水平标准见表 5-4。

双车道一般公路路段服务水平标准   表 5-4

服务水平级别	V/C①						
	不准超车区(%)③ 平均行程速度(km/h)②	0	20	40	60	80	100
一	≥64	0.27	0.24	0.21	0.19	0.17	0.15
二	≥53	0.43	0.39	0.36	0.34	0.32	0.31
三	≥45	0.63	0.61	0.58	0.56	0.55	0.54
四	≥37	1.00	0.98	0.98	0.98	0.97	0.97
	<37	④	④	④	④	④	④

注：①V/C 是理想条件下各级服务水平最大服务交通量与基本通行能力之比，基本通行能力为 2000 辆中型载货汽车/h。

②表中平均行程速度是设计速度为 80km/h 时的数值。当计算车行速度小于 80km/h 时，应减小平均行程速度数值。

③不准超车区% 是指超车视距小于设计速度所要求的最小超车视距的路段长度占区段总长的百分率（双向的平均值）。

④四级服务水平的后半段是强制流，V/C 在很大范围内变化，但均小于四级服务水平上半段的 V/C。

2. 双车道一般公路路段通行能力

（1）车行道最大服务交通量

$$M_{SV_i} = C_B \cdot (V/C)_i$$

式中：M_{SV_i}——在理想条件下第 i 级服务水平的车行道双向最大服务交通量，mvu/h；

$\quad\quad C_B$——基本通行能力，理想条件下车行道每小时双向合理的期望能通行的最大交通量，$C_B = 2000$mvu/h；

$\quad (V/C)_i$——第 i 级服务交通量与基本通行能力之比。

（2）车行道设计通行能力

$$C_D = M_{SV_i} \cdot f_s \cdot f_d \cdot f_w \cdot f_T \cdot f_L \tag{5-6}$$

即：
$$C_D = C_B \cdot (V/C)_i \cdot f_s \cdot f_d \cdot f_w \cdot f_T \cdot f_L \tag{5-7}$$

式中：C_D——行车道设计通行能力，是实际或预测交通和道路等条件下采用 i 级服务水平的车行道双向设计交通量，veh/h；

f_s——设计速度小于 80km/h 时对通行能力的修正系数;

f_d——交通量方向分布对通行能力的修正系数;

f_W——车道宽度及(或)侧向净宽小于理想条件时对通行能力的修正系数;

f_T——交通流中有非中型载货汽车时,交通组成对通行能力的修正系数;

f_L——横向干扰及交通秩序处于非理想条件时对通行能力的修正系数。

3. 通行能力的修正系数

(1)设计速度修正系数 f_s(表 5-5)

(2)交通量方向分布修正系数 f_d(表 5-6)

设计速度修正系数 f_s 表 5-5

设计速度(km·h^{-1})	80	70	60	50	40
f_s	1.00	0.98	0.96	0.94	0.92

交通量方向分布修正系数 f_d 表 5-6

交通量方向分布	50/50	60/40	70/30	80/20	90/10	100/0
f_d	1.00	0.945	0.89	0.82	0.75	0.71

(3)车道宽度及侧向净宽修正系数 f_W(表 5-7)

车道宽度及侧向净宽修正系数 f_W 表 5-7

车道宽(m) / 侧向净宽(m)	4.00~4.50	3.50	3.00	车道宽(m) / 侧向净宽(m)	4.00~4.50	3.50	3.00
1.75	1.00	0.96	0.84	0.75	0.84	0.80	0.70
1.50	0.96	0.92	0.80	0.50	0.79	0.76	0.66
1.00	0.88	0.84	0.74	0.00	0.70	0.67	0.58

(4)交通组成修正系数 f_T

$$f_T = \frac{1}{1 + \sum P_i(E_i - 1)} \tag{5-8}$$

式中:P_i——车型 i 的交通量占总交通量的百分比;

E_i——车型 i 的车辆换算系数,见表 5-8。

车 辆 换 算 系 数   表 5-8

两轮摩托车	小型车	中型车	大型车	特大型车	小型拖拉机	大型拖拉机	兽力车	人力车	自行车
0.6	0.8	1.0	1.5	2.5	1.7	3.5	4.0	2.0	0.3

（5）横向干扰修正系数 f_L（表 5-9）

横向干扰修正系数 f_L [2]

表 5-9

横向干扰程度	f_L	横向干扰程度	f_L
较小	$0.85 \leqslant f_L < 1.00$	较大	$0.65 \leqslant f_L < 0.75$
中等	$0.75 \leqslant f_L < 0.85$	严重	[1]

注：①干扰严重程度差别较大，f_L 按实际或预测情况采用；
  ②交通秩序较差的路段，f_L 值按干扰程度采用的数值再减小 $0.05 \sim 0.10$ 取用。

5.5 多车道公路通行能力

5.5.1 概述

多车道公路（通常多指 4 车道公路），其路段通行能力不同于双车道公路路段通行能力，由于双车道公路和多车道公路的横断面设置不同，导致了两者在交通运行规律上的明显差异，这主要体现在超车行为方面。多车道公路车辆经常由外侧车道驶入内侧车道或者由内侧车道通过外侧车道驶出，超车时不影响对向车流的运行，车辆运行只受同方向车流的影响。此外，在我国沿海地区，两轮摩托车流量较大，对外侧通行能力的影响也较大。故处于不同位置的车行道所受干扰不同，受影响的程度不同。因为其或不设中央分隔带，或对于车辆的进出缺少全面控制，或两者兼而有之。这与高速公路是完全不同的。

影响公路通行能力的因素有很多方面，如道路等级、道路宽度、道路横断面类型、线形标准、交通组成以及出入口数量和横向干扰情况等。为了研究结果的可比性，有必要建立道路通行能力的标准条件。研究结果主要是用于我国的公路建设参考，所以原则上以满足交通部颁布的《公路工程技术标准》（JTG B01—2003）要求作为标准条件。

根据《公路工程技术标准》，一级公路的标准道路条件即理想条件为：路基宽度 24.5m，路面宽度 15m，中间带宽度 3m，硬路肩 2.5m，土路肩 0.75m，设计速度 100km/h，视距大于 160m，地形为平原微丘，横向干扰很小，车流均为小客车，路面平整度较好，对速度没有影响，交通管理管理状况良好。

在大多数通行能力分析中，一般条件都不是理想的标准条件。道路通行能力和服务水平的计算，必须包括一般条件的修正。对于一级公路，主要包括道路条件和交通条件，在通行能力分析时对于一般条件应对比标准的理想条件进行相应折减。

5.5.2 通行能力计算

多车道公路单向通行能力可按下式计算

$$C = C_0 \cdot (V/C)_i \cdot N \cdot f_W \cdot f_{HV} \cdot f_e \cdot f_p \tag{5-9}$$

式中：C——多车道公路单向 N 车道设计通行能力，veh/h；

C_0——对应于设计车速的一条车道的基本通行能力，pcu/（h·ln）；

$(V/C)_i$——i 级服务水平最大服务交通流与最大通行能力比值；

N——单向车道数;

f_W——受车道宽度和侧向净空影响修正系数(一般当路面宽度为 3.75m 时取 1.00,为 3.50m 时,取 0.96);

f_{HV}——重型车辆修正系数;

f_e——横向干扰影响修正系数;

f_p——驾驶员总体特征影响修正系数(通常取 1.00)。

鉴于我国对于多车道公路研究还不够深入细致,将式(5-8)中的所有修正系数用一个总的修正系数统一起来,用符号f_C表示,成为通行能力综合影响系数,即:

$$f_C = f_W \cdot f_{HV} \cdot f_e \cdot f_p \tag{5-10}$$

表 5-10、表 5-11 分别列出了不控制出入的多车道公路影响因素修正系数及各车道通行能力推荐值。此外,表 5-12 给出了理想条件下多车道不控制出入一级公路服务水平分级指标。

不控制出入多车道公路通行能力影响因素修正系数f_C　　　　表 5-10

横向干扰	内侧车道	中间车道	外侧车道	备注
一级	0.9~1	—	—	干扰较小
二级	0.8~0.9	0.8~0.9	—	干扰中等
三级	—	0.6~0.7	0.6~0.7	干扰较大
四级	—	—	0.5~0.6	干扰严重

注:横向干扰因素包括路段是否穿过村镇,非机动车数量,路侧停车及纵横向行人数量,交通管理和运行秩序情况,进出主路交通量(交叉口数量)及两轮摩托车数量。

不控制出入多车道公路基本路段通行能力推荐值[单位:pcu/(h·ln)]　　表 5-11

车道	内侧车道	中间车道	外侧车道	备注
通行能力	1500	1300	1100	有中央分隔带
	1300	—	1000	无中央分隔带

理想条件下多车道不控制出入一级公路服务水平分级指标表　　　　表 5-12

服务水平等级	最大密度 [pcu/(km·ln)]	平均行程速度 (km/h)	V/C	最大服务流率 [pcu/(h·ln)]
一	≤12	≥75	0.50	1000
二	≤19	≥70	0.65	1300
三	≤26	≥60	0.80	1600
四	≤42	≥48	1.00	2000
	>42	<48	不稳定	不稳定

注:表中 C 为理想条件下,相应设计车速的公路基本路段通行能力,一级公路为2000辆/(h·ln)。

由于任何一条多车道公路都不可能出现理想条件下的单一小客车流,所以应根据实际的交通构成、比例等条件,将理想条件下的小客车车流密度转换成实际条件下相应的混合流密度。表 5-13 给出了不同货车混入率下的多车道公路混合车流的服务水平分级指标。

混合车流服务水平分级指标表　　　表 5-13

服务水平等级	10%混入率			15%混入率			20%混入率			25%混入率		
	密度	速度	SFL	密度	速度	SFL	密度	速度	SFL	密度	速度	SFL
一	≤11	82	1000	≤11	82	950	≤11	82	950	≤10	80	900
二	≤18	78	1450	≤18	78	1350	≤18	78	1300	≤16	75	1250
三	≤24	67	1700	≤24	67	1600	≤24	67	1550	≤22	65	1500
四	≤39	48	1850	≤39	48	1750	≤39	48	1700	≤35	48	1650
	>40	不稳定		>40	不稳定		>40	不稳定		>35	不稳定	

服务水平等级	30%混入率			50%混入率			70%混入率		
	密度	速度	SFL	密度	速度	SFL	密度	速度	SFL
一	≤10	80	800	≤9	74	650	≤8	70	550
二	≤16	78	1200	≤14	68	950	≤13	63	800
三	≤22	65	1400	≤19	60	1150	≤18	57	1050
四	≤35	48	1700	≤32	46	1500	≤29	44	1300
	>35	不稳定		>32	不稳定		>29	不稳定	

注:密度单位为中型车/(km·ln),速度单位为 km/h,SFL 表示车道服务流率,单位为辆/h。

5.6　城市道路通行能力

5.6.1　路段基本通行能力

1. 一条车道的基本通行能力

基本通行能力,是指道路和交通都处于理想条件下,由技术性能相同的某种标准车,以最小的车头间距连续行驶的理想交通流,在单位时间内通过道路断面的最大车辆数,又称理论通行能力,因为它是假定理想条件下的通行能力,实际上不可能达到。

在一条车道连续行驶的车流中,跟随运行的前后相邻两车的间隔距离,即从前车的前端到后车的前端的间隔距离,称为车头间隔。车头间隔可用距离或行车时间来表示,用距离来表示车头间距的称为车头间距(m);用行车时间来表示车头间隔的称为车头时距(s)。路段上一条车道的通行能力,可按车头间距和车头时距两种方法来计算。其计算公式为:

$$C_0 = 3600/h_t \quad \text{或} \quad C_0 = 1000V/h_s \tag{5-11}$$

式中:C_0——一条车道的基本通行能力,辆/h;

　　h_t——饱和连续车流的平均车头时距,s;

　　V——行驶速度,km/h。

连续车流条件下的安全车头间距 L,可采用下式计算:

$$L = L_0 + L_l + U + I \cdot V^2 \tag{5-12}$$

式中：L——连续车流的安全车头间距，m；

L_0——停车时的车辆安全车间距，m；

L_l——车体长度，m；

U——驾驶员在反应时间内车辆行驶的距离，m，$U = v \cdot T$，$T = 1.2s$ 左右；

I——与车重、路面阻力系数、黏着系数及坡度有关的系数。根据有关研究，I 可以按表 5-14 取值；

V——行驶速度，km/h。

参数 I 与坡度的关系　　　　　　　　　表 5-14

坡度（%）	5	4	3	2	1	0	−1	−2	−3	−4	−5
I	0.050	0.051	0.052	0.053	0.053	0.054	0.055	0.056	0.057	0.058	0.059

在通常的城市道路设计范围内（坡度 ≤ |4%|），其 I 值近似为 0.054，取 $L_0 = 2m$，$L_l = 5m$，则一条车道的理论通行能力如表 5-15 所示。

按车头间距计算的一条车道的理论通行能力　　　　　表 5-15

V(km/h)	20	30	35	40	50	60
L(m)	14.32	19.08	21.82	24.78	31.31	38.67
C_0(pcu/h)	1406	1572	1604	1614	1597	1552

我国《城市道路工程设计规范》（CJJ 37—2012）建议的一条车道基本通行能力和设计通行能力，如表 5-16 所示。

《城市道路工程设计规范》（CJJ 37—2012）建议的一条车道理论通行能力　表 5-16

V(km/h)	20	30	40	50	60	80	100
基本通行能力（pcu/h）	1400	1600	1650	1700	1800	2100	2200
设计通行能力（pcu/h）	1100	1300	1300	1350	1400	1750	2000

通过对城市道路饱和连续车流条件下的车头时距进行观测，观测结果及计算的理论通行能力如表 5-17 所示（车速范围为 15~60km/h）。

按车头时距计算的理论通行能力　　　　　　表 5-17

车型	小客车	大客车	卡车	通道车
h_t(s)	2.671	3.696	3.371	4.804
C_0(pcu/h)	1348	974	1068	749

综合国内的研究成果，一条车道的理论通行能力一般推荐取 1500pcu/h 比较合理。

2. 多车道的基本通行能力

由于基本通行能力计算时不考虑道路和交通条件的影响，因此多车道的基本通行能力可按下式计算：

$$C = n \cdot C_0 \tag{5-13}$$

式中：C ——n 条车道的基本通行能力；

　　　n ——车道数；

　　　C_0 ——一条车道的基本通行能力。

5.6.2 路段设计通行能力

1. 路段设计通行能力的计算

必须指出，按上述方法和公式计算的通行能力值是理想化的结果，城市道路路段设计通行能力或实际通行能力应考虑到各种影响修正后，可根据一个车道的理论通行能力进行修正而得。影响因子随道路车道数量、车道宽度、交叉口红绿灯配时比、非机动车和行人的不同干扰程度而有所变化。城市道路路段设计通行能力对理论通行能力的修正，概括起来应包括车道数、车道宽度、自行车影响及交叉口影响四个方面。即：

$$N_a = N_0 \cdot \gamma \cdot \eta \cdot C \cdot n' \tag{5-14}$$

式中：N_a——单向路线设计通行能力，pcu/h；

　　　N_0——一条车道的理论通行能力，辆/h；

　　　γ——自行车影响修正系数；

　　　η——车道宽影响修正系数；

　　　C——交叉口影响修正系数；

　　　n'——单向 n 车道的车道数修正系数。

（1）自行车影响折减系数 γ 的确定

自行车对机动车道机动车的影响，应视有无分隔带（墩）及自行车道交通负荷的大小分三种情况考虑。一是机动车道与非机动车道之间有分隔带（墩），路段上的自行车对机动车几乎没有影响，可不考虑折减。二是机动车道与非机动车道间无分隔带（墩），但自行车道负荷不饱和，此时对机动车的影响不大。三是机动与非机动车道间无分隔带（墩），且自行车道超饱和负荷，自行车将侵占机动车道而影响机动车的正常运行，使机动车的车速、通行能力大大降低，其影响系数可根据自行车影响程度取值。各种情况的影响系数取值见表5-18。

各种情况的影响系数 γ 取值　　　　　　　　　　　　表 5-18

分隔带（墩）设置情况	有分隔带（墩）	无分隔带（墩）	
		自行车负荷不饱和	自行车道饱和或超饱和
γ	1	0.8~0.9	0.5~0.8

（2）多车道对路段通行能力的影响系数 n' 的确定

在城市主干道上，同向行驶的各车道的通行能力由于超车、换道、停车等状况受到不同程度的影响。一般地，越靠近外侧的车道，其影响越大，其通行能力也越小，而越靠近路中心线的车道，其影响越小，车道通行能力越大。其影响用折减系数 n' 来表示。

据观测，自道路中心线起第一条车道的折减系数 n' 假设为 1.00，其余车道的折减系数依次为:第二条车道为 0.80~0.89;第三条车道为 0.65~0.78;第四条车道为 0.50~0.65;第五条车道为 0.40~0.52。综上,多车道对路段通行能力的影响系数 n' 取值见表 5-19。

通行能力的影响系数 n' 取值   表 5-19

车道数	1	2	3	4	5
车道修正系数范围	1	1.80~1.89	2.5~2.63	3.07~3.22	3.47~3.74
平均值	1	1.85	2.57	3.15	3.59
车道修正系数 n'	1	1.87	2.60	3.20	3.62

由以上的折减系数可以看出,当设计的车道数越多,则靠路边的车道其折减系数越小,如自路中心线起算的第四条和第五条车道,其通行能力经折减后,仅为第一条车道通行能力的一半。因此,设计过多的车道对于增加道路通行能力的作用是不大的;相反,会造成交通过分集中和交通混乱,给交通组织管理工作带来困难。在一般的中小城市,主干道设计为双向四条车道为宜,大城市和特大城市的主干道设计为双向六条机动车道为佳。如仍满足不了交通量发展的要求,则应从改善道路网、修建平行道路、调整交通组织、合理改善城市布局等方面来解决,以疏散该道路的交通负荷。

(3)交叉口对路段通行能力影响的修正系数 C 的确定

交叉口影响修正系数,主要取决于交叉口控制方式及交叉口间距。当交叉口间距较小时,交叉口的停车延误在车辆行驶时间中所占的比例较小,不利于道路空间的利用、路段通行能力的发挥及路段车速的提高。交叉口间距的增大,有利于提高路段通行能力及路段车速,有利于充分利用道路空间。经研究表明,交叉口间距从 200m 增大到 800m 时,其通行能力可提高 80% 左右。表 5-20 为通行能力与交叉口间距的关系值。

交叉口间距与路段通行能力的关系(单位:辆/h)   表 5-20

间距(m) 车道数	200	300	400	500	600	700	800
2	1258	1555	1762	1912	2060	2157	2240
3	1780	2208	2505	2720	2930	3060	3180
4	2310	2850	3250	3520	3800	3865	4130

注:路段交叉口为信号控制,周期为 80s。

由表 5-20 可见,路段通行能力提高值与交叉口间距基本上呈线性关系。因此,交叉口影响修正系数可用式(5-15)计算:

$$C = \begin{cases} C_0 & S \leqslant 200\text{m} \\ C_0(0.0013S+0.73) & S > 200\text{m} \end{cases} \qquad (5\text{-}15)$$

式中:S——交叉口间距,m;

C_0——交叉口有效通行时间比,视路段起点交叉口控制方式而定,信号交叉口即为绿信比。

由式(5-15)计算的 C 结果大于 1,则取 $C=1$。

（4）车道宽度对路段通行能力的影响

车道宽度对行车速度有很大的影响，在城市道路设计中，取标准车道宽度为3.5m，当车道宽度大于该值时，有利于车辆行驶，车速略有提高，通行能力也略有提高；当车道宽度小于该值时，车辆行驶的自由度受到影响，车速降低，通行能力也有所降低。经观测发现，车道宽度不足对车速的影响远远大于宽度富裕对车速的影响，当宽度不足标准宽度1m（此时车道宽2.5m）时，小车的车速几乎下降严重，大车已难以通行，通行能力仅为标准车道通行能力的一半。当宽度即使大于标准宽度2.5m，即达到6m（几乎接近于两个车道的宽度）时，车速只有略微提升，其通行能力也仅仅提高30%。此时，即使车道宽再增加，由于受到车辆本身性能的限制，其车速不可能再高。因此可以认为车道宽与车速之间呈下陡上缓的曲线关系，其车道宽度影响系数 η 可由下式确定：

$$\eta = \begin{cases} 50(W_0-1.5) \quad （\%） & W_0 \leqslant 3.5\text{m} \\ -54+188W_0/3-16W_0^2/3 \quad （\%） & W_0 > 3.5\text{m} \end{cases} \tag{5-16}$$

式中：W_0——一条机动车道宽度，m。

当车道宽为标准宽度3.5m时，$\eta = 1$，车道宽度与影响系数之间的变化关系如表5-21所示。

车道宽度与影响系数之间的变化关系表　　　　　　　　　　表5-21

W_0(m)	2.5	3	3.5	4	4.5	5	5.5	6
η(%)	50	75	100	111	120	126	129	130

（5）行人过街等因素对路段通行能力的影响

目前，由于人及铁路道口等其他影响因素较复杂，尚难正确计算，通常忽略不计，在特殊情况下，如一定要考虑这些因素的影响，可通过现场观测确定。

关于行人过街对路段通行能力的影响，与行人过街的密度有关，距北京市的观测，当双向过街人数达到500人次/h时，其折减系数 $\alpha_人 = 0.63$。快车超车影响的折减系数，与小汽车的交通量所占的比重有关。

对于铁路道口影响的折减系数，与每小时道口封闭的次数及每次封闭的时间长短有关。在设计时，可参考有关资料或通过实际调查观测求得。

由于影响车道通行能力的因素很多，一条车道究竟实际能通过多少车辆，迄今还没有一个简易公式就能把所有的各种因素加以普遍概括。目前，除了应用上述理论公式结合实际观测的参数进行计算外，也可通过实际观测或用类比的方法估计而得。城市道路各种车型混合行驶的一条车道的实际通行能力一般为500~600辆/h。

2. 实例分析

【例5-2】　某路段单向机动车道宽为8m，交叉口间距离为300m，两端交叉口采用信号控制，绿信比为0.48，机动车与非机动车之间设有隔离带。试计算该路段的设计通行能力。

解：一个车道的理论通行能力 $N_0 = 1500\text{pcu/h}$

路段设计通行能力 $N_a = N_0 \cdot \gamma \cdot \eta \cdot n' \cdot C$

由于机动车道与非机动车道之间有隔离带，故 $\gamma = 1$

机动车道总宽为 8m, 不足 3 车道, 只能按 2 车道处理, 每个车道宽 $W_0 = 4\text{m}$, 则 $\eta = 1.11$, 由表 5-19 可知, 车道数修正系数为: $n' = 1.87$

交叉口间距修正系数为:

$$C = C_0(0.0013s + 0.73)$$
$$= 0.48 \times (0.0013 \times 300 + 0.73)$$
$$= 0.538$$

所以, 该路段的设计通行能力为:

$$N_a = 1500 \times 1.0 \times 1.113 \times 1.87 \times 0.538$$
$$= 1680(\text{pcu/h})$$

5.7 平面交叉口通行能力

5.7.1 交叉口通行能力的概念

当两条或两条以上道路在同一平面相交称为平面交叉, 即两条不同方向的车流通过平面路口时产生车流的交叉。平交路口可能通过两相交车流的最大交通量就是平面交叉口的通行能力。平面交叉口的通行能力不仅与交叉口的面积、形状、入口引道车道的条数、宽度、几何线形或物理条件有关, 而且受相交车流通过交叉口的运行方式、交通管理措施等方面的影响。

平面交叉口可分为三大类: 第一类为不加任何交通管制措施的交叉口; 第二类为中央设岛的环形交叉口; 第三类为设置色灯信号的交叉口。

5.7.2 无信号主路优先交叉口通行能力

1. 行车规定

在无信号灯控制的交叉口上, 我国未采取其他交通管理措施。按照惯例, 主路具有优先通行的权利, 即沿主路行驶的车辆一般不用停车可优先通过路口运行。同时, 沿次要道路或支路行驶的车辆必须让行于主路的车辆, 当主要道路上车流具有可穿越的空当时, 方可抓住机会通过路口。当主路的车流间隙 h 至少有一个临界可穿越间隙 t_c (t_c 与次要道路上的车流通过交叉口的状态有关: 若在进口停车等候, t_c 为 7~9s; 若驶近路口降速待机, t_c 为 6~8s), 当 $h > t_c$ 时, 允许支路至少有一辆车通过, 若主路车辆间隔 $h > t_c + t_f$ 时, 至少允许支路两辆车通过, 当 $h > t_c + nt_f$ 时, 至少允许 $n+1$ 辆车通过。其中 t_f 为车辆跟驰行驶的平均车头时距。

主要道路上能够通过的车辆多少, 按路段计算。次要道路上能够通过多少车辆, 受下列因素影响: 主要道路上车流的车头间隔分布、次要道路上车辆穿越主要道路车流所需时间、次要道路上车辆跟驰的车头时距大小、主要道路上车流的流向分布。

2. 计算公式

假定: 临界可穿越间隙 t_c 和车辆跟驰行驶的平均车头时距 t_f 均为常量。主路优先车流的到达时距分布为负指数分布。

假设:主要道路上的车辆优先通过路口;主要车道上的双向车流视为一股车流;交通量不大,车辆之间的间隙分布符合负指数分布;当间隙大于临界间隙 t_0 时,次要道路上车辆方可穿越。次要道路上车辆跟驰行驶时的车头时距 $t = 3s$。

按可穿越间隙理论,推算出次要道路上的车辆每小时能穿越主要道路车流的数量为:

$$Q_{次} = \frac{Q_{主} \, e^{-\lambda t_0}}{1 - e^{-\lambda t}} \tag{5-17}$$

式中:$Q_{次}$——次要道路可能通过的车辆数,pcu/h;

$\quad Q_{主}$——主要道路上的交通量,pcu/h;

$\quad \lambda$——车辆到达率,大小为 $Q_{主}/3600$,pcu/s;

$\quad t_0$——临界间隙时间,对停车待机通过者 $t_0 = 7 \sim 9s$,对减速待机通过者,$t_0 = 6 \sim 8s$;

$\quad t$——次要道路上车辆跟驰行驶车头时距。

3. 实例分析

【例5-3】 一无信号灯控制的交叉口,主要道路的双向交通量为1200pcu/h,车辆到达符合泊松分布。次要道路上车辆可穿越的临界车头时距 $t_0 = 6s$。车辆跟驰行驶的车头时距 $t = 3s$。求次要道路上的车辆可穿越主要道路车流的数量。

解:由式(5-17)计算得

$$Q_{次} = \frac{1200 \times e^{-\frac{1200}{3600} \times 6}}{1 - e^{-\frac{1200}{3600} \times 3}} = 257 \, (\text{pcu/h})$$

同样计算,得到表5-22中各个数值。

次要道路通行能力 表5-22

次要道路行驶方式	车头时距(s)		主要道路双向交通量(pcu/h)				
	t_0	t	800	1000	1200	1400	1600
停车等空当	9	5	160	110	70	50	30
	8	5	200	140	100	70	50
	7	5	250	190	140	110	80
低速等空当	8	3	275	190	130	90	60
	7	3	345	250	185	135	95
	6	3	430	335	255	195	150

美国相关研究表明,无信号交叉口,在不影响主要道路车辆通行的情况下,次要道路可通过的交通量不超过表5-23数值。

无信号交叉口通行能力 表5-23

主要道路为二车道	主要道路交通量	400	500	600
	次要道路交通量	250	200	100
主要道路为四车道	主要道路交通量	1000	1500	2000
	次要道路交通量	100	50	25

5.7.3 信号交叉口通行能力

1. 信号交叉口通行规则

中国道路交通管理条例规定,在没有实施多相位信号灯控制的交叉口,绿灯亮时,允许各行驶方向的车辆进入交叉口。红灯亮时,只允许右转车辆沿右转专用车道行进,但不得影响横向道路上直行车辆的正常行驶。黄灯亮时,已越过停车线的车辆继续行驶通过交叉口,没越过停车线的车辆应在停车线后等候绿灯。

2. 十字形交叉口的设计通行能力

一般地,十字形交叉口设计通行能力等于各进口道设计通行能力之和。基本车道如图 5-4 所示,各种车道可依据地形地貌、直左右车流量比例及交叉口运行管理规则组合使用。对于未设专用左(右)转车道的进口道,其设计通行能力等于该进口各车道设计通行能力之和。对于设有专用左(右)转车道的进口道,可根据专用车道数量、种类以及本进口道车辆左、右转比例,推算出该计算进口道的设计通行能力。

| 直行 | 右转专用 | 左转专用 | 左右转 | 直右 | 直左 | 直左右 |

图 5-4 交叉口车道功能区分图标

(1)未设专用左(右)转车道时进口车道设计通行能力计算

①一条直行车道的设计通行能力计算公式为:

$$C_s = \frac{3600}{T_c}\left(\frac{t_g - t_0}{t_i} + 1\right)\phi \tag{5-18}$$

式中:C_s——一条直行车道的设计通行能力,pcu/h;

T_c——信号灯周期,s;

t_g——信号每周期内的绿灯时间,s;

t_0——绿灯亮后,第一辆车启动,通过停车线的时间,s,可采用 2.3s;

t_i——直行或右转车辆通过停车线的平均时间,s;

ϕ——折减系数,可选 0.9。

车辆平均通过停车线的时间 t_i 与车辆组成、车辆性能、驾驶员条件有关,设计时可采用本地区调查数据。如无调查数据,混合车组成的车队,按表 5-24 选用。

混合车队的 t_i 表 5-24

大车:小车	0:10	2:8	3:7	4:6	5:5	6:4	7:3	8:2	10:0
$t_i(s)$	2.5	2.65	2.95	3.12	3.26	3.30	3.24	3.42	3.5

②直右车道设计通行能力计算公式为:

$$C_{sr} = C_s \tag{5-19}$$

式中:C_{sr}——一条右转车道的设计通行能力,pcu/h。

③直左车道设计通行能力计算公式为:

$$C_{sl} = C_s(1 - \beta'_l/2) \tag{5-20}$$

式中：β'_l——一条直左车道中左转车所占比例。

④直左右车道设计通行能力计算公式为：

$$C_{slr} = C_{sl} \tag{5-21}$$

式中：C_{slr}——一条直左右车道的设计通行能力，pcu/h。

（2）设有专用左右转车道时进口车道设计通行能力

①进口设有专用左转与专用右转车道时，进口道设计通过能力按下式计算：

$$C_{elr} = \sum C_s / (1 - \beta_l - \beta_r) \tag{5-22}$$

式中：C_{elr}——设有专用左转与右转车道时，本面进口道的设计通行能力，pcu/h；

$\sum C_s$——本面直行车道设计通行能力之和，pcu/h；

β_l、β_r——分别为左、右转车占本面进口道车辆的比例。

其中，专用左转车道的设计通行能力为：

$$C_l = C_{elr} \cdot \beta_l \tag{5-23}$$

专用右转车的设计通行能力为：

$$C_r = C_{elr} \cdot \beta_r \tag{5-24}$$

②进口道设有专用左转车道而未设有专用右转车道时，进口道的设计通行能力按下式计算：

$$C_{el} = (\sum C_s + C_{sr}) / (1 - \beta_l) \tag{5-25}$$

式中：C_{el}——设有专用左转车道时，本面进口道的设计通行能力，pcu/h；

$\sum C_s$——本面直行车道设计通行能力之和，pcu/h；

C_{sr}——本面直右车道设计通行能力，pcu/h。

其中，专用左转车道的设计通行能力为

$$C_l = C_{el} \cdot \beta_l \tag{5-26}$$

③进口道设有专用右转车道而未设有专用左转车道时，进口道的设计通行能力按下式计算：

$$C_{er} = (\sum C_s + C_{sl}) / (1 - \beta_r) \tag{5-27}$$

式中：C_{er}——设有专用右车道时，本面进口道的设计通行能力，pcu/h；

$\sum C_s$——本面直行车道设计通行能力之和，pcu/h；

C_{sl}——本面直左车道的设计通行能力，pcu/h。

其中，专用右车道的设计通行能力为：

$$C_r = C_{er} \cdot \beta_r \tag{5-28}$$

（3）设计通行能力的折减

在一个信号周期内，对面到达的左转车不超过 3~4pcu 时，对向左转车通过交叉口并不影响本面直行车。假定 n 为每小时信号周期数，也就是说当交叉口一小时交通量为 3n~4$n$pcu/h（小交叉口取 3n，大交叉口取 4n）时，不必折减，而超过该值的部分应考虑其超额值及本面受影响的直行车道（包括直行，直左、直右、直左右车道）的数量 n_s 对本面设计通行能力加以折减。

本面进口道受左转车流影响的设计通行能力折减值 C_o 为：

$$C_o = n_s(C_{le} - C'_{le}) \tag{5-29}$$

式中：n_s ——本面受左转车影响的各种直行、直左或直右车道总数；

　　C_{le} ——本面进口道左转车的初步的设计通行能力，pcu/h；

　　C'_{le} ——不必折减本面各种直行车道设计通行能力时对面每小时左转车数，pcu/h，小交叉口为 $3n$，大交叉口为 $4n$，n 为每小时信号周期数。

本面进口道折减后的设计通行能力为：

$$C_e' = C_e - C_o \tag{5-30}$$

式中：C_e' ——折减后本面进口道的设计通行能力，pcu/h；

　　C_e ——本面进口道的初步的设计通行能力，pcu/h。

3. 实例分析

【例5-4】 已知某交叉口设计如图5-5所示。东西干道一个方向有三条车道，南北支路一个方向有一条车道。信号灯管制交通信号配时：周期 $T=120\text{s}$，绿灯 $t_g=52\text{s}$。车种比例大车：小车为 2∶8，东西南北各方向左转车占该进口交通量的 15%、右转车占该进口交通量的 10%。求交叉口的设计通行能力。

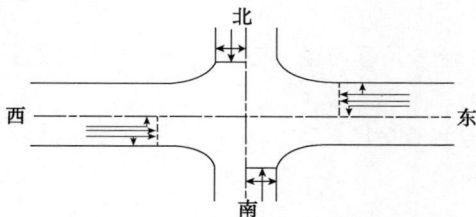

图 5-5 交叉口通行能力计算图

解：先计算东西方向干道。东进口有三条车道，区分为专用左转、直行和直右三种车道。

(1) 计算直行车道的设计通行能力：

$$C_s = \frac{3600}{T}\left(\frac{t_g - t_0}{t_i} + 1\right)\varphi$$

取 $t_0 = 2.3\text{s}$，$\varphi = 0.9$

车种比例为 2∶8，查表 5-24，得 $t_i = 2.65$。

$$C_s = \frac{3600}{120} \times \left(\frac{52-2.3}{2.65} + 1\right) \times 0.9 = 533(\text{pcu/h})$$

(2) 计算直右车道的设计通行能力：

$$C_{sr} = C_s = 533(\text{pcu/h})$$

(3) 东进口属于设有专用左转车道而未设右转专用车道类型：

$$C_{el} = (\Sigma C_s + C_{sr})/(1-\beta_l) = (533+533)/(1-0.15) = 1254(\text{pcu/h})$$

(4) 该进口专用左转车道的设计通行能力：

$$C_l = C_{el} \cdot \beta_l = 1254 \times 0.15 = 188(\text{pcu/h})$$

(5) 验算是否需要折减：

当 $C_{le} > C'_{le}$ 时，应当折减。

不影响对面直行车辆行驶的左转交通量等于 $4n$，n 为 1h 内周期个数，因为 $T=$

120s，所以

$$n = \frac{3600}{120} = 30$$

则 $C'_{le} = 4 \times 30 = 120(\text{pcu/h})$。

而该进口设计左转交通量 $C_{le} = C_l = 188(\text{pcu/h})$。此时，$C_{le} > C'_{le}$，则需按公式（5-30）折减，

$$\begin{aligned}
C_e' &= C_e - n_s(C_{le} - C_{le}') \\
&= 1254 - 2 \times (188 - 120) \\
&= 1254 - 136 \\
&= 1118(\text{pcu/h})
\end{aligned}$$

（6）西进口设计通行能力同东进口。

（7）南进口设计通行能力。该进口只有直、左、右混行车道，其设计通行能力计算如下：

$$\begin{aligned}
C_{slr} &= C_{sl} \\
&= C_s(1 - \beta'_l/2) \\
&= 533 \times (1 - 0.15 \times 0.5) \\
&= 493(\text{pcu/h})
\end{aligned}$$

（8）验算南进口的左转车是否影响对面直行车，因为南北进口车道划分相同，即验算北进口左转是否影响南进口车的直行。

设计左转交通量 $C_l = 493 \times 0.15 = 74(\text{pcu/h})$

由于设计左转交通量

$$C_l = C'_{le} = 120(\text{pcu/h})$$

故不需要折减。

（9）交叉口的设计通行能力：

交叉口设计通行能力等于四个进口设计通行能力之和。东进口折减后的设计通行能力为1118pcu/h；西进口折减后的设计通行能力为493pcu/h。

故该交叉口的设计通行能力为：

$$\begin{aligned}
C &= 1118 \times 2 + 493 \times 2 \\
&= 3222(\text{pcu/h})
\end{aligned}$$

5.7.4 环形交叉口通行能力

1. 环形交叉口的特点及适宜条件

（1）特点

平面环形交叉口又称环交，也是渠化交通的一种形式。它是在交叉口中央设置一个中心岛，使所有直行和左、右转弯车辆均沿逆时针方向绕中心岛连续不断地以较低速度进行交织行驶，并从所要去的路口分流驶出。和信号管制相比，环形交叉可避免发生周期性交通阻滞，并且可大大减少车辆在交叉口的冲突点以及在交叉口的延误时间。当然，设置环形交叉口，也可能使某些车流增加了绕行距离，同时也增加了行人步行距离，其道路通行能力也仅仅介于非信号控制和信号控制交叉口之间。

为了减小环形交叉中间区域（即中心岛）的土地浪费，人们经常会在中心岛上做一

些建筑小品、雕塑、喷泉或者纪念碑。图5-6为各种形式的环形交叉。

图5-6 各种形式的环形交叉

（2）适宜条件

一般地，环形交叉口适用以下状况：

①各交汇道路进入路口的左转弯交通量所占比例大；

②4条与4条以上道路相交的路口；

③各条道路进入环交路口的交通量大体相等；

④在相邻路口比较接近而交通量又大，采用信号灯控制排队车辆需二次等待绿灯通过的交叉口；

⑤车种单纯的郊区干道交叉口，尤其是需要设置一些标志性景观、雕塑的特殊交叉口。

2. 分类

环形交叉口按中心岛直径可分以下三类。

①常规环行交叉口，中心直径大于25m，交织段比较长。

②小型环行交叉口，中心岛直径小于25m，引道进口加宽，做成喇叭形，便于车辆进入交叉口。

③微型环行交叉口，中心岛直径一般小于4m，中心岛不一定成圆形，也不一定做成一个。可以用白漆画成圆圈，不用凹起这种环形交叉口，实际上是渠化交叉口。

3. 常规环形交叉口的通行能力计算

常规环形交叉口的通行能力计算图式如图5-7所示，各国均有独特的公式，其中较著名的和使用较广泛的公式有以下两种。

（1）奥尔罗普（Wardrop）公式

$$Q_M = \frac{280w \cdot (1 + \frac{e}{w}) \cdot (1 - \frac{p}{3})}{1 + \frac{w}{l}} \quad (5\text{-}31)$$

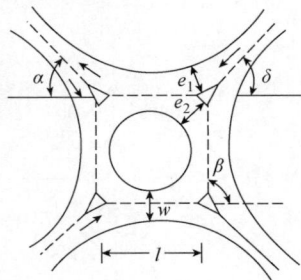

图5-7 常规环交通行能力计算图式

式中：Q_M——交织段上的最大通行能力，辆/h；

$\quad l$——交织段的长度，m；

$\quad w$——交织段的宽度，m；

$\quad e$——环行交叉口引道的平均宽度，m，$e = \dfrac{e_1 + e_2}{2}$；

$\quad e_1$——入口引道长度，m；

$\quad e_2$——环道突出部分的宽度，m；

$\quad p$——交织段内交织车辆与全部车辆之比，%。

上述公式适用于下列条件：

①引道上没有因故暂停的车辆。

②引道位于平坦地区，纵坡不大于4%。

③各参数应在下列范围：

$w = 6.1 \sim 18.0$m；

$e/w = 0.4 \sim 1.0$；

$w/l = 0.12 \sim 0.4$；

$e_1/e_2 = 0.34 \sim 1.41$；

$p = 0.4 \sim 1.0$。

④驶入角不宜大于30°。

⑤驶出角应小于60°。

⑥交织段内角不应大于95°。

（2）英国环境部使用公式

英国道路实施左行规则，通过对环形交叉口研究，1966年对环行交叉口实行了左侧优先的行驶法则，即规定进入环道的车辆要让路给环道上的车辆等候间隙驶进环道。交织段运行能力也应采用以下公式计算：

$$C = \dfrac{160w\left(1 + \dfrac{e}{w}\right)}{1 + \dfrac{w}{l}} \tag{5-32}$$

式中：C——交织段通行能力，该值再乘以85%，为设计通行能力；

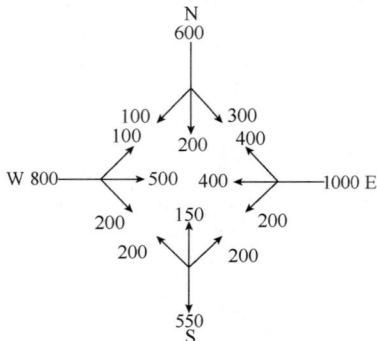

图5-8 某环交设计交通量

其他各参数意义与数值同前。

当重车超过15%时，对该式应做矫正。

【例5-5】 某环形交叉口环道宽12m，西北和东南象限中的交织距离长48m，东北和西南象限中的交织距离长42m，$e_1 = 6$m，$e_2 = 12$m，远景年设计交通量见图5-8。求设计通行能力，验算能否通过设计交通量。

解：用公式(5-32)分别计算4个象限交织段的设计通行能力。现列表计算，见表5-25。

环形交叉口通行能力计算用表 表 5-25

象限	l	$\dfrac{w}{l}$	$\dfrac{e}{w}$	$1+\dfrac{e}{w}$	$160w\left(1+\dfrac{e}{w}\right)$	$1+\dfrac{w}{l}$	C	$0.85C$	远景流量
东北	42	0.286	0.75	1.75	3360	1.286	2613	2221	1450
西北	48	0.25	0.75	1.75	3360	1.25	2688	2285	1400
西南	42	0.286	0.75	1.75	3360	1.286	2613	2221	1500
东南	48	0.25	0.75	1.75	3360	1.25	2688	2285	1450

由计算结果可知,各象限的设计通行能力均大于相应象限的远景设计交通量。

我国长春、沈阳、哈尔滨、大连、长沙、南京、广州等城市都有不少环形交叉口,使用效果很好。特别是作为小区中心、城乡分界标志和解决复杂路口等方面很适用。根据我国使用经验,结合自行车交通的情况,环形交叉口的设计通行能力见表 5-26。

环形交叉口设计通行能力 表 5-26

机动车车行道 设计通行能力(pcu/h)	2700	2400	2000	1750	1600	1350
相应自行车数(辆/h)	2000	5000	10000	13000	15000	17000

注:表中机动车道的设计通行能力,包括15%的右转车,当右转车为其他比例时,需予以调整。

4. 小型环行交叉口通行能力计算

小型环交(图 5-9)的特点是环道较宽,进出口做成喇叭形,对进入环道的车辆提供较多的车道,车流运行已不存在交织现象。在所有进口引道都呈饱和状态下,经过试验,得到以下公式:

$$Q=k(\Sigma w+\sqrt{A}) \qquad (5-33)$$

式中:Q——环行实用通行能力,该值乘以 0.8 为设计通行能力,pcu/h;

Σw——所有引道基本宽度的总和,m;

A——引道拓宽增加面积,m^2,$A=\Sigma a_i$;

k——系数,pcu/(h·m),三路交叉,$k=10$,四路交叉,$k=50$,五路交叉,$k=45$。

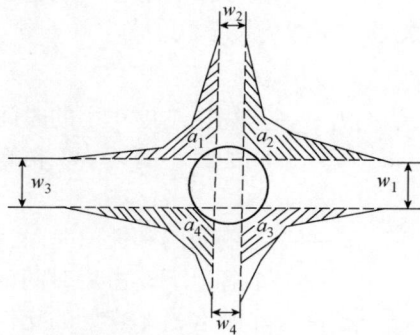

图 5-9 小型环行交叉口通行能力计算图

5.8 公共交通线路通行能力

1. 公共交通

公共交通是指城市空间内地面的、地下的与地上架空的,按规定线路行驶,有固定的停、靠站,行车间隔小,客流量大,随上随下的客运交通。如公共汽车、公共无轨电车、地铁、轻轨、轮渡等交通。除此之外,还有私人个体交通,如小汽车、摩托车、自行车等交通。

在经济发达国家,小汽车交通量大,给城市交通造成很大压力。交通拥挤,经常阻塞,停放车辆很困难,且污染城市环境。在发展中国家,非机动车交通面广量大,同样给城市交通造成很大压力。因此,世界各国都倡导发展公共交通。

公共交通的车辆与小汽车相比,占用道路空间小,客运能力大。一般而言,一条公共交通线路的客运能力为:

公共汽车 6000～8000 人/h;

无轨电车 8000～10000 人/h;

轻轨 10000～30000 人/h;

地铁 40000～60000 人/h。

2. 公共汽车交通线路通行能力计算

公共汽车交通线路的通行能力受沿线各站通行能力的制约,其中通行能力最小的停靠站,是控制线路通行能力的站点。停车站的通行能力取决于车辆占用停车站的时间长短。

因此,公共汽车交通线路的通行能力为:

$$C_{线} = \min\left[C_{站}\right] = 3600/T \tag{5-34}$$

式中:$C_{线}$——公共汽车交通线路的通行能力,辆/h;

    $C_{站}$——停车站的通行能力,辆/h;

    T——车辆占用停车站的总时间,s。

汽车在站停靠时间与车辆性能、车辆结构、上下车乘客的多少、车站秩序等因素有关。一般可按下式估算:

$$T = t_1 + t_2 + t_3 + t_4 \tag{5-35}$$

式中:t_1——车辆进站停车用的时间,s,$t_1 = \sqrt{2l/b}$,其中 l 为车辆驶入停车站时,车辆之间的最小间隔,可取等于车辆长度值,m,b 为进站时制动减速度,一般取 $b = 1.5\mathrm{m/s^2}$;

    t_2——车辆开门和关门时间,为 3～4s;

    t_3——乘客上下车占用时间(s),$t_3 = \Omega K t_0/n_d$,其中,Ω 为公共汽车容量,K 为上下车乘客占车容量的比例,一般 $K = 0.25～0.35$,t_0 为一个乘客上车或下车所用时间,s,平均为 2s,n_d 为乘客上下车用的车门数;

    t_4——车辆起动和离开车站的时间,s,$t_4 = \sqrt{2l/a}$,其中,a 为离开停车站时的加速度,可取 $a = 1.0\mathrm{m/s^2}$,l 含义同前。

将上述各值代入式(5-34)及式(5-35),简化后得到:

$$C_{线} = \frac{3600}{T} = \frac{3600}{2.57\sqrt{l} + \dfrac{\Omega \cdot K \cdot t_0}{n_d} + 4} \tag{5-36}$$

按式(5-36)可以计算公共汽车交通线路的通行能力。线路的设计通行能力等于该计算值乘 0.8。

公共汽车线路的客运能力等于线路的通行能力乘汽车的额定容客量。

【例 5-6】 一条公共汽车线路,配备 BK661 铰接公共汽车。该车车身长 17m,额定容量195人,3个车门,计算该线路的设计通行能力及设计客运能力。

解: 经分析,找到乘客上下车最多的站点,该站的 $K=0.4$。一个乘客上下车平均占用时间 $t_0=2.0s$。将各参数代入式(5-36),得

$$C_{线} = \frac{3600}{2.57\sqrt{17} + \dfrac{195 \times 0.4 \times 2}{3} + 4} = 54(辆/h)$$

则该线路的设计通行能力为 $54 \times 0.8 = 43$(辆/h)。

该公共汽车线路的客运能力 $= 54 \times 195 = 10530$(人/h);

该线路的设计客运能力 $= 43 \times 195 = 8385$(人/h)。

3. 提高公共汽车交通线通行能力的措施

从通行能力计算公式来看,通行能力大小与客流分布、运营管理情况、车辆特性有关系。客流沿线各站分布比较均匀,通行能力大;客流集中某几个站,通行能力小。此外,可考虑以下各点:

①维持好站点乘车秩序,缩短乘客上下车时间。

②增加车门个数,加大车门宽度,降低车辆底盘高度,减少踏步阶数,缩短乘客上下车时间。

③改善车辆动力性能,提高驾驶员驾驶技术,缩短车辆进、出站时间。

④在一条较长的街道上,同时开设几条公共汽车线,在同一站点将几路公共汽车沿行车方向分开设置停靠站位,可提高通行能力。

$$C'_{线} = n \cdot C_{线} \cdot K \tag{5-37}$$

式中:$C'_{线}$——各线路总通行能力,辆/h;

  n——分开布设停靠站的个数,$n=1 \sim 3$;

  $C_{线}$——一条公共汽车线路的通行能力;

  K——分开布设站时,相邻站位互相干扰,使通行能力降低的系数,$n=1$ 时,$K=1$,$n=2$ 时,$K=0.8$,$n=3$ 时,$K=0.7$。

习 题

1. 简述道路通行能力的定义、作用。

2. 影响道路通行能力的因素有哪些?各表现在哪些方面?

3. 道路通行能力可以分成哪几类?分类的依据是什么?它们是如何定义的?

4. 什么是车辆折算系数?它有何作用?

5. 道路的服务水平是如何定义的?服务水平的分级是按什么指标划分的?服务水平的高低与交通量的大小有何关系?

6. 简述平面交叉的类型及适宜性,并说明各自通行能力的影响因素及计算方法。

7. 规划一条高速公路,已知其远景设计年限平均日交通量 AADT $= 50000$veh/h,大型车占总交通量的30%,方向系数 $K_D = 0.6$,平原地形,设计小时交通量系数 $K=0.12$,应规划成几车道高速公路?

8. 已知某交叉口东西与南北均为双向两车道道路,各方向路面总宽度均为7m,采用二相制信号控制,交通信号周期 $T=60s$,两个相位绿灯开放时间均等,黄灯时间各取3s,各进口引道车种比例为大车∶小车=2∶8,且左转车占各进口交通量的10%,右转车占各进口交通量的20%,过街行人影响可忽略不计,求交叉口的设计通行能力。

9. 公交车站和公交线路的通行能力影响因素分别是什么? 如何提高其通行能力?

第6章 交通规划

→ 6.1 概述

6.1.1 交通规划的定义及分类

交通规划是指在确定规划期限、目标的基础上经过现状调查与分析,预测在未来人口变化、土地利用、社会经济发展条件下的交通状况,并拟订交通结构与路网规划及其评价体系。交通规划的目的就是根据地区的生产布局以及人民生活水平变化所形成的客、货运交通量,进行科学、合理地规划,力求能较好地完成客、货运输任务。

交通规划的种类因其构成要素不同而有不同的分类方法。

1. 按移动对象分类

①旅客交通规划:研究旅客的流动以及以此为基础的交通网络发展战略与规划。

②货物交通规划:研究货物的流动以及以此为基础的交通网络发展战略与规划。

2. 按交通设施分类

①交通网络规划:研究高速公路、一般道路、公交线路、自行车专用道、行人专用道等交通网络的规划。

②交通节点规划:研究立体交叉、站场、停车场和交通枢纽等的规划。

3. 按交通服务分类

①公共交通规划:研究公共电汽车、轨道交通等公共交通线路、网络、运行、服务等的规划。

②特定用户交通规划:研究以残疾人、老龄人、中小学生等交通弱者为对象的交通规划。

③特定交通服务规划:研究急救活动、避难等特定交通服务规划。

4. 按交通服务对象空间规模分类

①全国交通规划:研究全国干线交通网的规划。

②区域交通规划:研究大城市及其周边交通规划、省级交通设施及其服务等的规划。

③城市交通规划:研究以城市为中心的交通设施及其服务等的规划。

④地区交通规划:研究市中心区、商务中心区、商业区、住宅小区等的交通设施及其服务规划。

5. 按规划目标时期分类

①长期交通规划：一般规划期在 15 年以上。

②中期交通规划：一般规划期为 5~10 年。

③短期交通规划：一般规划期为 5 年。

6.1.2 交通规划的研究内容

1. 交通调查

交通调查是为交通规划提供基础数据和资料的必要手段，并且是交通规划的主要内容之一。交通调查主要有以下几种。

①居民出行调查：主要调查城市居民某日的出行情况和交通工具利用情况，为城市综合交通规划提供基础数据。

②货物流动调查：货物流动调查被作为城市综合交通规划的一环，为了把握工作日一天的货物流动而进行。

③机动车 OD 调查：调查车辆的 OD(Origin and Destination)属性、出发和到达时刻、载运情况等。

④断面交通量调查：调查路网某一断面的道路属性、交通属性和车辆行驶属性。

2. 交通与土地利用分析

交通与土地利用之间存在着不可分割的关系。通常，交通设施的建设使得两地间或区域的机动性提高，人们愿意在交通设施附近或沿线购买房屋、建立公司或厂房，从而拉动土地利用的发展；相反，某种用途的土地利用又会要求和促进交通设施的规划与建设。两者相互影响，相互促进。

3. 交通需求量的预测

交通需求量预测是交通规划的核心内容之一，是决定网络规模、断面结构的依据。其内容包括交通发生与吸引（第一阶段）、交通分布（第二阶段）、交通方式划分（第三阶段）和交通量分配（第四阶段）。从交通的生成到交通量分配的过程有四个阶段，通常被称为"四阶段预测法"。

四阶段预测法是经典的交通规划方法，在实际工程项目中获得了极其广泛的应用，为世界所公认。然而，由于四阶段预测法的局限性，如明显的阶段划分、小区划分和统计处理等，已经逐渐不能适应信息化、个性化的要求，一些新方法正在受到人们的重视，如将上述四阶段或其中某几个阶段组合在一起的组合模型，利用断面实测交通量反推OD 交通量方法，非集计模型方法以及基于控制论的方法和基于计算机模拟的方法等。

4. 交通网络规划与设计

交通网络规划与设计是交通规划的主要组成部分。人们从事交通规划首先面临的是对象区域中的现有交通网络。对于未来交通网络，在选线设计阶段，根据车辆动力性、自然条件和经济技术条件等确定线路的走向、平纵断面等。在交通规划阶段，需要利用确定的各条线路方案和断面尺寸（车道数）等，进行网络结构设计、拓扑关系建模，以便于计算机模拟实际网络，进行分析评价。

5. 交通网络分析评价

在网络设计阶段提出的交通规划方案,其交通流动是否合理、局部线路的交通负荷度或运输能力以及环境等指标能否满足预定目标等,均需要对方案的优劣进行必要的评价,以便于优化规划方案,获得预期效果。

➡ 6.2 交通规划调查

6.2.1 调查的目的和作用

交通规划中的交通调查,主要目的是为交通规划提供全面、系统而又真实可靠的实际参考资料和基础数据,依据这些数据准确分析规划区域的交通现状,对交通规划涉及的经济、运输、交通量等作出准确可靠的预测,并且制订出合乎社会发展规律并且与交通需求相适应的交通规划方案,从而达到规划工作指导交通建设与发展的目的。

交通调查在交通规划中的作用主要体现在以下几方面:

①交通调查资料是交通运输系统现状评价的基础。

②交通调查可以为交通需求预测模型提供基础数据。

③交通调查资料也是制订交通规划目标的重要依据。

6.2.2 调查的种类

1. 全国统一组织的交通调查

全国统一组织的调查是以掌握大区域的交通需求和交通状况为目的的交通调查,主要有:全国干线公路交通调查,包括连续式观测站和间歇式观测站,进行交通量、交通组成、车速的长期定点观测;机动车 OD 调查,调查机动车辆(小汽车、出租车、货运车等)出行情况;城市交叉口以及主要路段交通调查,包括定期的交通量、车速、延误以及阻塞等项目调查。

2. 按照项目需要组织的调查

按照项目需要组织的调查是以指定范围和指定路段的工程建设和交通管理需要为目的的交通调查,主要有:地区出入交通量调查;交叉口流量、流向、车型、延误、排队长度调查;车辆停放调查;交通事故以及事故多发点调查;道路交通条件和交通环境调查;道路通行能力调查;行人调查等。

6.2.3 调查的内容

调查的内容因采用的规划方法和规划侧重点不同而异。总的来讲,在进行交通规划时,主要对规划区域交通运输、社会经济及土地利用基础资料、相关的政策和法规、建设资金、交通规划影响 5 个方面做出真实、全面、系统、客观地调查。

1. 交通运输调查

①运输量调查,包括各种运输方式的 OD 运输量、历年完成的运量、周转量和技术经济指标以及有关道路网历年的交通量、车速、车流密度、交通量等。

②交通基础设施调查,包括规划区域铁路、公路、航空、管道和水运的运输网里程、技术等级、运输枢纽的布置、港站吞吐能力、站点布置等。

2. 社会经济及土地利用基础资料调查

社会经济系统是进行运输系统分析的重要因素之一,在进行交通规划时,社会经济现状和规划资料是不可缺少的。社会经济调查是根据交通规划的需要,对规划区域内的社会经济状况及土地利用做全面的调查,收集详尽的资料。

3. 与交通规划相关的政策与法规调查

①区域经济发展规划、区域社会经济建设方针政策、国土开发利用规划。

②区域人口、资源开发、环境保护等方面的政策。

③综合运输发展规划,尤其是道路运输发展规划。

④道路工程技术标准、规范、定额、指标和基本建设的政策法规。

4. 建设资金调查

资金投入是实施交通规划的基本保证,在制定交通规划过程中,要认真调查和了解资金供给规划和资金来源渠道,主要调查内容有:

①国家补助投资、规划区域政府自筹资金、贷款和合资或外资引进。

②道路建设造价、规划区域养路费(或燃油税)收入和支出情况。

③规划区域地方政府对道路建设优惠政策。

5. 交通规划影响调查

交通规划的影响调查主要包括以下几个方面:

①对社会环境的影响,包括交通规划的实施对文化遗产、古迹、景观、动迁设施、建筑物、可达性、生活圈、都市圈以及群众性活动等影响。

②对自然环境的影响,对自然环境的影响主要包括噪声、振动、空气污染、日照障碍、地域隔断、自然生态平衡以及水环境等。

③对资源环境的影响,包括土地、空间以及能源消耗等。

6.3 出行生成

6.3.1 概述

出行可分为由家出行与非由家出行。前者又可分为上班与非上班。如按出行目的细分,则又有上班、上学、自由(购物、社交)、业务等出行之别。出行生成有两种单位:一种是以车为单位;另一种是以人为单位。

出行生成包括出行产生与出行吸引。前者以住户的社会经济特性为主,后者以土地利用的形态为主,故有些方法需将出行产生和出行吸引分别进行预测,以求其精确,也利于下一阶段出行分布的工作。当住户的社会经济特性和土地利用形态发生改变时,也可用来预测交通需求的变化。而出行生成交通量通常作为总控制量,用来预测和校核各个交通小区的发生和吸引交通量。

6.3.2 出行生成交通量的预测方法

出行生成交通量的预测方法主要有原单位法、增长率法、聚类分析法、函数法以及利用研究地区过去的交通量或经济指标等的趋势法和回归分析等方法,本书重点介绍原单位法。

原单位的求得原则通常有两种:一种是用居住人口或就业人口每人平均的交通生成量来进行推算的个人原单位法;另一种是以不同用途的土地面积或单位办公面积平均发生的交通量来预测的面积原单位法。

在居民出行预测中经常采用的是以人均每天出行次数作为原单位,预测未来的居民出行量。对于预测生成交通量,通常有以下两种做法。

①增长率法:将现状调查得到的原单位乘以其他指标的增长率来推算。

②函数法:按照不同的出行目的预测原单位。其中,函数的自变量多采用性别、年龄等指标。

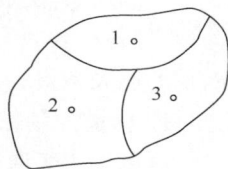

图 6-1 拥有 3 个交通小区的某区域

【例 6-1】 图 6-1 是分有 3 个交通小区的某对象区域,表 6-1 是各小区现状的出行发生量和吸引量,在常住人口平均出行次数不变的情况下,采用单位出行次数法预测其未来的出行生成量。

各区现在的出行发生量和吸引量(单位:万次/d) 表 6-1

O \ D	1	2	3	合计	人口(万人) (现在/未来)
1				28.0	11.0/15.0
2				51.0	20.0/36.0
3				26.0	10.0/14.0
合计	28.0	50.0	27.0	105.0	41.0/65.0

解:根据上表中的数据,可得:

现状出行生成量 $T = 105.0$ 万次;

现状常住人口 $N = 41.0$ 万人;

未来常住人口 $M = 65.0$ 万人;

人均单位出行次数 $T/N = 105.0/41.0 = 2.561$ 次/(d·人)。

因此,未来的生成交通量 $X = M \cdot (T/N) = 65.0 \times 2.561 = 166.5$ 万次/d。

6.3.3 发生与吸引交通量的预测

与生成交通量的预测方法相同,发生与吸引交通量的预测方法也分原单位法、增长率法、聚类分析法和函数法,这里重点介绍原单位法。

利用原单位法预测发生与吸引交通量时,首先需要分别计算发生原单位和吸引原单位,然后根据发生原单位和吸引原单位与人口、面积等属性的乘积预测得到发生与吸引交通量的值,分别用下式表示。

$$O_i = bx_i \qquad (6\text{-}1)$$

$$D_j = cx_j \qquad (6\text{-}2)$$

式中: i、j——交通小区;

$\quad x$——常住人口、从业人口、土地利用类别、面积等属性变量;

$\quad b$——某出行目的的单位出行发生次数,次/(d·人);

$\quad c$——某出行目的的单位出行吸引次数,次/(d·人);

$\quad O_i$——小区 i 的发生交通量;

$\quad D_j$——小区 j 的吸引交通量。

一般地,在交通需求预测时,要求各小区的发生交通量之和与吸引交通量之和相等,并且各小区的发生交通量或吸引交通量之和均等于生成交通量。如果它们之间不满足上述关系,则可以采用如下方法进行调整。

1. 总量控制法

假设生成交通量 T 是由全人口 P 与生成原单位 p 而得到的,则

$$T = p \cdot P \qquad (6\text{-}3)$$

如果生成交通量 T 与总发生交通量 $O = \sum_{i=1}^{n} O_i$ 有明显的误差,则可以将 O_i 修正为:

$$O_i' = \frac{T}{O} \cdot O_i \qquad (i = 1, 2, \cdots, n) \qquad (6\text{-}4)$$

为了保证 T 与总吸引交通量 $D = \sum_{i=1}^{n} D_i$ 也相等(这样发生交通量之和、吸引交通量之和以及生成交通量三者才能全部相等),为此需将 D_j 修正为:

$$D_j' = \frac{T}{D} \cdot D_j \qquad (j = 1, 2, \cdots, n) \qquad (6\text{-}5)$$

这种方法叫总量控制法。

2. 调整系数法

在出行生成阶段,要求满足所有小区出行发生总量等于出行吸引总量。当上述条件不满足时,一般认为所有小区出行发生总量($O = \sum_{i=1}^{n} O_i$)可靠些。从而,可将吸引总量乘以一个调整系数 f。

$$f = \frac{\sum_{i=1}^{n} O_i}{\sum_{j=1}^{n} D_j} \qquad (6\text{-}6)$$

【例 6-2】 假设各小区的发生与吸引原单位不变,试用【例 6-1】的数据求出未来的发生与吸引交通量。

解:(1)求现状发生与吸引的原单位

小区 1 的发生原单位:28.0/11.0=2.545 次/(d·人)

小区 1 的吸引原单位:28.0/11.0=2.545 次/(d·人)

同理,可以计算其他交通小区的原单位,结果如表 6-2 所示。

现状各区发生与吸引的原单位[单位:次/(d·人)] 表6-2

O＼D	1	2	3	原单位
1				2.545
2				2.550
3				2.600
合计	2.545	2.500	2.700	

（2）计算各交通小区的未来发生与吸引交通量

小区1的发生交通量:15.0×2.545＝38.175(万次/d)

小区1的吸引交通量:15.0×2.545＝38.175(万次/d)

同理,计算小区2和小区3的发生与吸引交通量,汇总三个小区计算结果如表6-3所示。

各区未来的出行发生与吸引交通量(单位:万次/d) 表6-3

O＼D	1	2	3	交通量
1				38.175
2				91.800
3				36.400
交通量	38.175	90.000	37.800	

（3）调整计算

由于各小区发生交通量之和不等于其吸引交通量之和,需要进行调整计算。调整的目标是使得上述两者相等,即满足下式:

$$\sum_j D_j = \sum_i O_i \qquad (6-7)$$

调整方法可以采用总量控制法,即使得各小区发生交通量之和等于其吸引交通量之和,且都等于未来的生成交通量166.5。根据总量控制法的公式可推导得到:

$$O'_i = O_i \times T / \sum_i O_i^N \qquad (6-8)$$

$$D'_j = D_j \times T / \sum_j D_j^N \qquad (6-9)$$

按上式的计算结果如下:

$O'_1 = 38.175 \times 166.5 / 166.375 = 38.204$ $\qquad$ $D'_1 = 38.175 \times 166.5 / 165.975 = 38.296$

$O'_2 = 91.800 \times 166.5 / 166.375 = 91.869$ $\qquad$ $D'_2 = 90.000 \times 166.5 / 165.975 = 90.285$

$O'_3 = 36.400 \times 166.5 / 166.375 = 36.427$ $\qquad$ $D'_3 = 37.800 \times 166.5 / 165.975 = 37.920$

调整后的结果如表6-4所示。

调整后的各区未来的出行发生与吸引交通量（单位:万次/d）　表6-4

O＼D	1	2	3	交通量
1				38.204
2				91.869
3				36.427
交通量	38.296	90.285	37.920	166.5

由上可以看出,调整以后,各小区的发生与吸引交通量之和相等,均等于交通生成量 166.5 万次/d。

6.4　出行分布

从出行发生预测可以得知对象区域各个分区出行产生量和出行吸引量。下面的问题是:就某个分区而言,它所产生的这些出行量究竟到哪个分区去了?它所吸引的这些出行量又究竟来自哪里?也就是要预测未来规划年各个分区之间出行的交换量。我们把分区之间出行的交换量叫作"出行分布量",现在就来研究出行分布量的预测问题。

6.4.1　出行分布量

出行分布量是指:分区 i 与分区 j 之间平均单位时间内的出行量,单位时间可以是一天、一周、一月等,也可以是专指高峰小时。就一对分区 i 和 j 而言,它由两部分 q_{ij}、q_{ji} 组成:

q_{ij} 表示以分区 i 为产生点(注:不一定是出行的起点),以分区 j 为吸引点(不一定是出行的终点)的出行量。

q_{ji} 表示以分区 j 为产生点,分区 i 为吸引点的出行量。

如同一个分区的产生量不一定等于吸引量一样,q_{ij} 不一定等于 q_{ji}。

6.4.2　出行分布矩阵

出行分布矩阵是一个二维表(矩阵),行坐标为产生分区号(Producing Zone),列坐标为吸引分区号(Absorbing Zone),元素为出行分布量。如表6-5所示,表中的行数和列数相等。从理论的严格意义上讲,产生区和吸引区不一定相同。为了叙述简便起见,我们一般假定产生区和吸引区数相同,用 n 表示。

由于一个分区的出行产生点和吸引点不一定相等,所以基于产生点、吸引点的出行量矩阵不一定是对称的。这种基于产生点—吸引点的分布矩阵简称为"PA 矩阵"。

与6.3节中的产生量和吸引量相比,产生量 P_i、吸引量 A_j 是两个不带方向的量(标

量)。而本节的出行分布量 q_{ij} 是一个带有方向性的量(矢量),它有两个下标。它们之间存在以下关系:

$$P_i = \sum_j q_{ij}, \quad A_j = \sum_i q_{ij} \quad (i,j = 1,\cdots,n) \tag{6-10}$$

总出行量:

$$Q = \sum_i P_i = \sum_j A_j = \sum_i \sum_j q_{ij} = \sum_j \sum_i q_{ij} \tag{6-11}$$

出 行 分 布 矩 阵　　　　　　　　　　　表 6-5

P＼A	1	2	…	n	小计
1	q_{11}	q_{12}	…	q_{1n}	P_1
2	q_{21}	q_{22}	…	q_{2n}	P_2
⋮	…	…	…	…	⋮
n	q_{n1}	q_{n2}	…	q_{nn}	P_n
小计	A_1	A_2	…	A_n	Q

6.4.3　分布量预测

现在在各分区产生量、吸引量预测值的基础上,求分布矩阵中各个元素 q_{ij} ,即已知表 6-5 中小计列和小计行中各元素的值,求其他元素的值。从数学上来说,这是用 $2n$ 个方程式求 $n \times n$ 个未知数的问题。数学常识告诉我们,当 $n>2$ 时,这是没有唯一解的。为此,我们必须借用其他的一些条件,但是从后面的进一步的研究可以发现,即使是借用了其他条件,仍很难求出精确的解来,而只能求出近似解。

我们通过对调查资料的分析和预测,可以找到和利用的数据有:现状分布矩阵以及两个分区之间的交通阻抗矩阵。分布量预测常用的方法有:增长系数法、重力模型法、机会模型法。这里介绍前两种方法。

1. 增长系数法分布预测

增长系数法需事先给定一个先验的 OD 矩阵(历史的,或抽样调查的,或是按某一种数学方法计算的),并假设预测的 OD 矩阵与先验的 OD 矩阵具有基本相同的分布形式,模型的计算主要是解决了交通需求的增长及交通区之间的平衡。

(1)平均增长系数模型

平均增长系数模型假设未来的 OD 量按该 OD 量的起讫点区增长系数的平均值增长,其分布模型为

$$T(i,j) = t(i,j) \cdot [E(i) + F(j)]/2 \quad (i,j = 1,2,\cdots,n) \tag{6-12}$$

式中:$T(i,j)$——i 区至 j 区的未来 OD 量;

　　$t(i,j)$——i 区至 j 区的现状 OD 量;

$E(i)$——i 区的出行发生增长系数；

$F(j)$——j 区的出行吸引增长系数；

n——全市(或全规划区域)的交通区个数。

按上述计算的 OD 矩阵,往往各交通区的吸引总量、发生总量不能满足增长后的平衡条件。为了使预测的 OD 矩阵满足增长要求,应重新确定修正增长系数,进行迭代计算,修正增长系数为:

$$E'(i) = \frac{U_i}{\sum\limits_{j=1}^{n} t(i,j)} \qquad (i=1,2,\cdots,n) \tag{6-13}$$

式中:U_i——未来小区 i 的发生总量。

$$F'(j) = \frac{V_j}{\sum\limits_{i=1}^{n} t(i,j)} \qquad (j=1,2,\cdots,n) \tag{6-14}$$

式中:V_j——未来小区 j 的吸引总量。

利用前述公式不断进行迭代计算,直到修正增长系数 $E'(i)$、$F'(j)$ 接近于 1(允许误差 3%)为止。

(2)Fratar 模型

Fratar 模型是增长系数中的一种较好的交通分布预测模型,它考虑了交通区与交通区之间的吸引强度,Fratar 模型的基本形式有多种,常用的形式为:

$$t^k(i,j) = \frac{t_1(i,j) + t_2(i,j)}{2} \tag{6-15}$$

$$t_1(i,j) = \frac{t^{k-1}(i,j) \cdot E^{k-1}(i) \cdot F^{k-1}(j) \cdot \sum\limits_j t^{k-1}(i,j)}{\sum\limits_j t^{k-1}(i,j) \cdot F^{k-1}(j)} \tag{6-16}$$

$$t_2(i,j) = \frac{t^{k-1}(i,j) \cdot E^{k-1}(i) \cdot F^{k-1}(j) \cdot \sum\limits_i t^{k-1}(i,j)}{\sum\limits_i t^{k-1}(i,j) \cdot E^{k-1}(i)} \tag{6-17}$$

式中: $t^k(i,j)$ ——第 k 次迭代时的 OD 矩阵元素,迭代开始时, $t^0(i,j)$ 为给定的先验 OD 矩阵元素,$i,j=1,2,\cdots,n$;

$E^{k-1}(i)$、$F^{k-1}(j)$ ——调整系数。

$$E^k(i) = \frac{\sum\limits_j t^k(i,j)}{\sum\limits_j t(i,j) \cdot E^{k-1}(i)} \tag{6-18}$$

$$F^k(j) = \frac{\sum\limits_i t^k(i,j)}{\sum\limits_i t(i,j) \cdot F^{k-1}(j)} \tag{6-19}$$

Fratar 模型由 $E(i)$、$F(j)$ 控制精度,一般 $E(i)$、$F(j)$ 收敛于 1 时,迭代结束。

【例 6-3】 某区域有三个交通区,现状 OD 矩阵及通过出行产生预测所获得的各交通区未来发生总量及吸引总量如表 6-6 所示,试分别用平均增长系数模型和 Fratar 模型确定该区域的未来 OD 分布。

现状 OD 矩阵及未来发生、吸引量 表 6-6

节　点	1	2	3	$\sum_j t(i,j)$	未来发生量 U_i
1	4	2	2	8	16
2	2	8	4	14	28
3	2	4	4	10	40
$\sum_i t(i,j)$	8	14	10	32	
未来吸引量 V_j	16	28	40		84

解： 现状调查的 OD 矩阵为对称矩阵，且预测的各交通区发生量与吸引量相等，故各交通区的发生增长系数与吸引增长系数相同，即：

$$E(1)=F(1)=\frac{16}{8}=2, E(2)=F(2)=\frac{28}{14}=2, E(3)=F(3)=\frac{40}{10}=4。$$

首先用平均增长系数模型进行预测。

第一次计算：

$$T(1,1)=t(1,1)\times[E(1)+F(1)]/2=4\times(2+2)/2=8$$
$$T(1,2)=t(1,2)\times[E(1)+F(2)]/2=2\times(2+2)/2=4$$
$$T(1,3)=t(1,3)\times[E(1)+F(3)]/2=2\times(2+4)/2=6$$
$$T(2,2)=t(2,2)\times[E(2)+F(2)]/2=8\times(2+2)/2=16$$
$$T(2,3)=t(2,3)\times[E(2)+F(3)]/2=4\times(2+4)/2=12$$
$$T(3,3)=t(3,3)\times[E(3)+F(3)]/2=4\times(4+4)/2=16$$

由于 OD 矩阵对称，可得：

$$T(2,1)=T(1,2)=4, T(3,1)=T(1,3)=6, T(3,2)=T(2,3)=12。$$

于是得表 6-7 所示的第一次计算 OD 分布矩阵。在 OD 矩阵中，分布预测的各小区发生总量 $\sum_j T(i,j)$、吸引总量 $\sum_i T(i,j)$ 不等于出行产生预测的发生、吸引总量，且各交通区的发生、吸引修正增长系数 $E'(i)$、$F'(j)$ 不接近于 1（见表 6-7 最后一列和最后一行，偏差大于3%），故尚需以新确定的修正增长系数进行迭代计算。

第一次迭代的未来 OD 分布 表 6-7

节点	1	2	3	$\sum_j T(i,j)$	未来发生量 U_i	$E'(i)$
1	8	4	6	18	16	0.89
2	4	16	12	32	28	0.88
3	6	12	16	34	40	1.18
$\sum_i T(i,j)$	18	32	34	84		
未来吸引量 V_j	16	28	40		84	
$F'(j)$	0.89	0.88	1.18			

第二次计算：

$$T(1,1) = 8 \times (0.89 + 0.89)/2 = 7.12$$
$$T(1,2) = 4 \times (0.89 + 0.88)/2 = 3.54$$
$$T(1,3) = 6 \times (0.89 + 1.18)/2 = 6.21$$
$$T(2,2) = 16 \times (0.88 + 0.88)/2 = 14.08$$
$$T(2,3) = 12 \times (0.88 + 1.18)/2 = 12.36$$
$$T(3,3) = 16 \times (1.18 + 1.18)/2 = 18.88$$

根据对称性可确定其他元素,于是得到表 6-8 所示的第二次计算 OD 分布矩阵。在该 OD 矩阵中,修正的增长系数仍不满足精度要求,还需迭代计算。

第二次迭代的未来 OD 分布　　　　　　　　表 6-8

节点	1	2	3	$\sum_j T(i,j)$	未来发生量 U_i	$E'(i)$
1	7.12	3.54	6.21	16.87	16	0.95
2	3.54	14.08	12.36	29.98	28	0.93
3	6.21	12.36	18.88	37.45	40	1.07
$\sum_i T(i,j)$	16.87	29.98	37.45	84.30		
未来吸引量 V_j	16	28	40		84	
$F'(j)$	0.95	0.93	1.07			

第三次计算：

用同样的方法可第三次计算的 OD 分布矩阵,如表 6-9 所示,该矩阵中修正的增长系数已满足精度要求,故表 6-9 所示 OD 矩阵即为要求预测的 OD 分布。

第三次迭代的未来 OD 分布　　　　　　　　表 6-9

节点	1	2	3	$\sum_j T(i,j)$	未来发生量 U_i	$E'(i)$
1	6.76	3.33	6.27	16.36	16	0.98
2	3.33	13.09	12.36	28.78	28	0.97
3	6.27	12.36	20.20	38.83	40	1.03
$\sum_i T(i,j)$	16.36	28.78	38.83	83.97		
未来吸引量 V_j	16	28	40		84	
$F'(j)$	0.98	0.97	1.03			

用 Fratar 模型预测:

$$T_1(1,1)=t(1,1) \cdot E(1) \cdot F(1)\frac{t(1,1)+t(1,2)+t(1,3)}{t(1,1) \cdot F(1)+t(1,2) \cdot F(2)+t(1,3) \cdot F(3)}=6.4$$

$$T_2(1,1)=t(1,1) \cdot E(1) \cdot F(1)\frac{t(1,1)+t(2,1)+t(3,1)}{t(1,1) \cdot E(1)+t(2,1) \cdot E(2)+t(3,1) \cdot E(3)}=6.4$$

所以,$T(1,1) = \frac{1}{2}[T_1(1,1) + T_2(1,1)] = 6.4$

$$T_1(1,2) = t(1,2) \cdot E(1) \cdot F(2)\frac{t(1,1)+t(1,2)+t(1,3)}{t(1,1) \cdot F(1)+t(1,2) \cdot F(2)+t(1,3) \cdot F(3)}=3.2$$

$$T_2(1,2) = t(1,2) \cdot E(1) \cdot F(2)\frac{t(1,2)+t(2,2)+t(3,2)}{t(1,2) \cdot E(1)+t(2,2) \cdot E(2)+t(3,2) \cdot E(3)}=3.11$$

$$T(1,2)= \frac{1}{2}[T_1(1,2) + T_2(1,2)] = 3.16$$

同理可得:

$T(1,3) = 6.06$, $T(2,1) = 3.16$, $T(2,2) = 12.44$, $T(2,3) = 11.93$, $T(3,1) = 6.06$, $T(3,2) = 11.93$, $T(3,3) = 22.86$

经过一轮计算后,得表 6-10 所示 OD 分布矩阵。在该分布矩阵中,各交通区修正的增长系数已满足精度要求,无须进行迭代计算,可见,用 Fratar 模型比用平均增长系数模型收敛速度要快得多。

Fratar 模型预测的 OD 分布　　　　　　表 6-10

节点	1	2	3	$\sum\limits_{j} T(i,j)$	未来发生量 U_i	$E'(i)$
1	6.4	3.16	6.06	15.62	16	1.02
2	3.16	12.44	11.93	27.53	28	1.02
3	6.06	11.93	22.86	40.85	40	0.98
$\sum\limits_{i} T(i,j)$	15.62	27.53	40.85	84.00		
未来吸引量 V_j	16	28	40		84	
$F'(j)$	1.02	1.02	0.98			

2. 重力模型法分布预测

交通分布预测的重力模型考虑了两交通区之间的吸引强度与吸引阻力,认为两交通区之间的出行吸引与两交通区之间的出行发生、吸引量成正比,与交通区之间的交通阻抗成反比。与增长系数法(如 Fratar 模型)相比,比较切合实际,即使没有完整的 OD 表,也能预测 OD 矩阵(只要能标定模型参数 α)。但重力模型的一个致命缺点是短程 OD 分布偏大,尤其是区内出行,在预测是必须给予注意。

重力模型有多种形式,目前应用最广泛、精度较好的是行程时间模型及双约束重力模型。

（1）行程时间模型

行程时间模型以行程时间作为交通阻抗，其分布预测公式为：

$$T(i,j) = \frac{A'_j/S^c_{ij}}{\sum\limits_{j=1}^{n}(A'_j/S^c_{ij})}P_i \qquad (6\text{-}20)$$

$$A'_j = \sum\limits_{i=1}^{n}t(i,j) \qquad (6\text{-}21)$$

$$P_i = \sum\limits_{j=1}^{n}t(i,j) \qquad (6\text{-}22)$$

式中：A'_j——j 区的现状出行吸引总量；

　　　P_i——i 区的未来出行发生总量；

　　　S_{ij}——i 区至 j 区的行程时间，$i,j = 1,2,\cdots,n$ ；

　　　c——参数。

利用行程时间模型预测出行分布时，参数 c 采用试算法确定，一般在 1.0~2.0。试算时，以全区加权平均行程时间作为精度控制条件，要求现状与预测的加权平均行程时间相对误差不大于 3%。

【例 6-4】　某区域有三个交通区，现状 OD 矩阵及通过出行产生预测所获得的未来出行发生、吸引总量如表 6-11 所示，各交通区之间的行程时间如表 6-12 所示。试用行程时间模型确定出行分布。

现状 OD 矩阵及通过出行产生预测所获得的未来出行发生、吸引总量　　　表 6-11

节点	1	2	3	P'_i	P_i
1	4	2	2	8	16
2	2	8	4	14	28
3	2	4	4	10	40
A'_j	8	14	10	32	
A_j	16	28	40		84

各交通区之间的行程时间（单位：min）　　　表 6-12

节点	1	2	3
1	2	4	4
2	4	1	2
3	4	2	2

解：设 $c = 1.0$

交通区 1：$\sum\limits_{j=1}^{n}A_j/S_{1j} = \dfrac{8}{2} + \dfrac{14}{4} + \dfrac{10}{4} = 10$

$$T(1,2) = \frac{A_2/S_{12}}{10}\cdot P_1 = \frac{14/4}{10}\times 16 = 5.60$$

$$T(1,1) = \frac{A_1/S_{11}}{10} \cdot P_1 = \frac{8/2}{10} \times 16 = 6.40$$

$$T(1,3) = \frac{A_3/S_{13}}{10} \cdot P_1 = \frac{10/4}{10} \times 16 = 4.00$$

交通区 2： $\sum_{j=1}^{n} A_j/S_{2j} = \frac{8}{4} + \frac{14}{1} + \frac{10}{2} = 21$

$$T(2,2) = \frac{A_2/S_{22}}{21} \cdot P_2 = \frac{14/1}{21} \times 28 = 18.67$$

$$T(2,1) = \frac{A_1/S_{21}}{21} \cdot P_2 = \frac{8/4}{21} \times 28 = 2.67$$

$$T(2,3) = \frac{A_3/S_{23}}{21} \cdot P_2 = \frac{10/2}{21} \times 28 = 6.67$$

交通区 3： $\sum_{j=1}^{n} A_j/S_{3j} = \frac{8}{4} + \frac{14}{2} + \frac{10}{2} = 14$

$$T(3,2) = \frac{A_2/S_{32}}{14} \cdot P_3 = \frac{14/2}{14} \times 40 = 20.00$$

$$T(3,1) = \frac{A_1/S_{31}}{14} \cdot P_3 = \frac{8/4}{14} \times 40 = 5.71$$

$$T(3,3) = \frac{A_3/S_{33}}{14} \cdot P_3 = \frac{10/2}{14} \times 40 = 14.29$$

于是得出行分布 OD 矩阵如表 6-13 所示。

出行分布 OD 矩阵　　　　　　　　　　　　　表 6-13

节点	1	2	3	$\sum_{j} T(i,j)$	Pi
1	6.40	5.60	4.00	16	16
2	2.67	18.67	6.67	28	28
3	5.71	20.00	14.29	40	40
$\sum_{i} T(i,j)$	14.78	44.27	24.96	84	
A_i	16	28	40		84

由表 6-13 可以看出，各小区吸引量误差较大，因此可以对未来吸引量用以上方法再做分布，并求两者的平均值以减少总误差。也可直接用双约束重力模型求解未来的 OD 分布矩阵。

（2）双约束重力模型

双约束重力模型的形式为

$$X_{ij} = A_i \cdot B_j \cdot T_i \cdot U_j \cdot f(d_{ij}) \tag{6-23}$$

$$A_i = [\sum_j \cdot B_j \cdot U_j \cdot f(d_{ij})]^{-1} \tag{6-24}$$

$$B_j = [\sum_i \cdot A_i \cdot T_i \cdot f(d_{ij})]^{-1} \tag{6-25}$$

式中：X_{ij} ——交通区 $i \to j$ 的 OD 量；

T_i ——交通区 i 的发生量 $T_i = \sum_j X_{ij}$；

U_j ——交通区 j 的吸引量 $U_j = \sum_i X_{ij}$；

A_i、B_j ——运算参数；

$f(d_{ij})$ ——交通阻抗函数，可取 $f(d_{ij}) = d_{ij}^{-a}$；

d_{ij} ——交通区 $i \to j$ 的交通阻抗值；

a ——模型参数，a 通常通过小样本 OD 调查数据或局部 OD 矩阵标定。

双约束重力模型也需要通过迭代计算才能获得满足精度的 OD 矩阵。

6.5 方式划分

前面的交通发生预测和交通分布的研究对象大都是人或货物，其实，交通预测的目的是为交通设施的规划设计提供定量的规模依据，而交通设施直接承载对象是各种交通工具，而不是人或物。因为不同的交通工具的承载量不同，就同一批人员出行量而言，对交通工具的不同选择结果将会导致不同的车辆出行量，所以明确交通工具的选择，把以人或吨为单位的出行量转化成以交通工具为单位的出行量是非常必要的。我们把出行者对交通工具的选择叫作"交通方式划分"。

针对大交通而言，方式划分就是指对铁路、公路、航空、水运、管道五种方式的选择。针对城市交通而言，方式划分就是指选择公共交通与个体交通，或选择机动车与非机动车等。

6.5.1 交通方式分类

1. 多层或单层划分

可以从不同的角度对交通方式进行划分。从结构层次来看，可分为多层划分和单层划分。以城市交通的人员出行为例，可作以下划分：

（1）多层划分（二者选一）

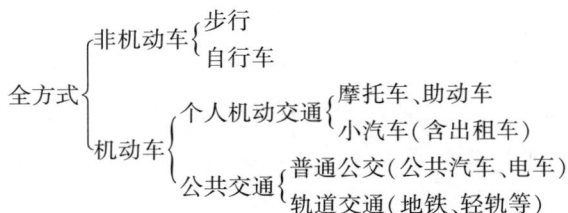

全方式 { 非机动车 { 步行 / 自行车 } 机动车 { 个人机动交通 { 摩托车、助动车 / 小汽车（含出租车） } 公共交通 { 普通公交（公共汽车、电车） / 轨道交通（地铁、轻轨等） } }

（2）单层划分（多者选一）

将上述六种基本方式（步行、自行车、摩托车、小汽车、普通公交、轨道交通）作为选择对象。

2. 根据服务提供者划分

有时为了将问题简化，或从具体问题的需要出发，也可从提供交通方式的直接服务者来划分交通方式。如以城市交通的人员出行为例，可归结为两种：公交方式——直接服务者是公交公司；非公交方式——直接服务者是道路部门。我国目前进行的交通方式划分大多采用这种划分办法。

6.5.2　影响出行方式选择的因素

不同国家或地区因实际情况千差万别，出行者的出行方式选择的比例结构也就不同，也就是说，影响出行方式划分的因素因国家而异。就我国的实际情况而言，城市交通中，影响人员出行方式选择的主要因素包括：家庭车辆拥有情况、出行者年龄、收入、道路密度、公交网密度、出行目的、出行距离、费用、时间、舒适度、可靠性以及安全性等。

6.5.3　交通方式划分方法

从目前国内城市交通预测的实践看，在进行居民出行方式划分的预测中，一个普遍的趋势是定性和定量分析相结合，在宏观上依据未来国家经济政策、交通政策及相关城市的比较来对未来城市交通结构作出估计，然后在此基础上进行微观预测。因为影响居民出行方式结构的因素很多，社会、经济、政策、城市布局、交通基础设施水平、地理环境及居民出行行为心理、生活水平等均从不同侧面影响居民出行方式结构，其演变规律很难用单一的数学模型或表达式来描述。尤其是在我国经济水平、居民的物质生活水平还相对落后，居民出行以生产、生活活动出行占绝大部分，可采用宏观与微观相结合，宏观指导微观的思路。

首先应宏观考虑该城市现状居民出行方式结构及其内在原因，定性分析城市未来布局和规模变化趋势、交通系统建设发展趋势、居民出行方式选择决策趋势，并与同类城市进行比较，初步估计规划年城市交通结构可能的取值。

表6-14所示为无锡市2010年居民出行方式结构建议值，表中的出租车、摩托车、单位车出行比例值通过交通管理拟采取的管理政策确定的。

无锡市2010年居民出行方式结构建议值　　　　　　表6-14

出行方式	步行	自行车	公交	出租车	摩托车	单位车	其他	合计
出行比例	13%~15%	53%~54%	16%~19%	3%	7%	3%	2%	100%

其次，在微观上，根据该城市居民出行调查资料计算出不同距离下各种方式分担率（图6-2）。然后，考虑各交通方式特点、最佳服务距离、不同交通方式之间竞争转移的可能以及居民出行选择行为心理等因素，对现状分担率进行修正，经过若干次试算，使城市总体交通结构分布值落在所估计的可能取值范围之内。

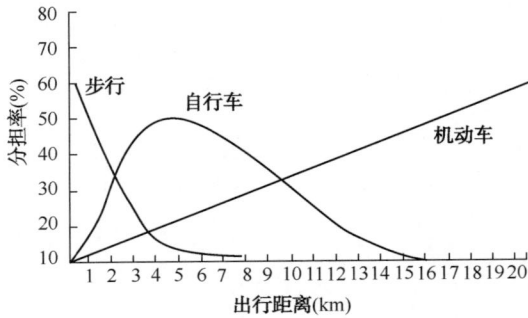

图 6-2 出行方式分担率—距离曲线分布图

6.6 交通分配

在传统交通规划中交通分配是四阶段交通预测的最后一步,在现代交通规划中它是方案设计的理论基础。最优化理论、图论以及计算机技术的发展为交通分配模型和算法的研究与开发提供了坚实的基础。

6.6.1 概述

所谓交通分配是指将各分区之间出行分布量分配到交通网络的各条边上去的过程。可以是将现状分布量在现状交通网络上的分配,以分析目前交通网络的运行状况;也可以是规划年分布预测值在现状交通网络上的分配,以辅助决策规划方案;还可以是规划年分布预测值在规划交通网络上的分配,以评价交通网络规划方案的优劣。

6.6.2 基本概念

1. 路径与最短路径

①路段:交通网络上相邻两个节点之间的交通线路称作"路段"。

②路径:交通网络上任意一对 PA 点之间,从产生点到吸引点一串连通的路段的有序排列叫作这对 PA 点之间的路径。一对 PA 点之间可以有多条路径。

③最短路径:一对 PA 点之间的路径中总阻抗最小的路径叫"最短路径"。一对 PA 点之间的最短路径也可能不止一条。

2. 交通阻抗

交通阻抗是指交通网络上路段或路径之间的运行距离、时间、费用,或这些因素的综合。具体到不同交通网络,其含义随人们的关注点不同而有所偏重,或为了简单起见,干脆单指其中某个因素。如对城市道路网一般指出行时间,公路网一般指距离。交通阻抗包括路段上的阻抗、节点处的阻抗。

6.6.3 交通分配方法概述

对于交通分配,国内外均进行过较多的研究,数学规划方法、图论方法及计算机技术的发展,为合理的交通分配模型的研制及应用提供了坚实的基础。国际上通常把交通分配方法分为平衡模型与非平衡模型两大类,并以 Wardrop 第一、第二原理为划分依据。

Wardrop 第一原理指出:网络上的交通以这样一种方式分布,就是所有使用的路线都比没有使用的路线费用小。Wardrop 第二原理认为,车辆在网络上的分布,使得网络上所有车辆的总出行时间最小。

如果交通分配模型满足 Wardrop 第一、第二原理,则该模型为平衡模型,并且满足第一原理的称为使用者优化平衡模型,满足第二原理的称为系统优化平衡模型。如果分配模型不使用 Wardrop 原理,而是采用了模拟方法,则被称为非平衡模型。

平衡交通分配模型比较适用于宏观研究,非平衡模型由于具有结构简单、概念明确、计算简便等优点,在实际工程中得到了广泛的应用,效果良好。

目前已提出许多非平衡模型及其解法,这些模型都不用数学表达式描述,根据分配方法不同可分为容量限制与容量不限制两类,就路径选择可分为单路径与多路径两类,综合起来,可以分以下 4 类,见表 6-15。

非平衡交通分配模型 表 6-15

分　　类	容量不限制分配方法	容量限制分配方法
单路径型	最短路(全有全无)分配	容量限制单路径分配
多路径型	多路径分配	容量限制多路径分配

1. 最短路分配

最短路分配是一种静态的交通分配方法,在该分配法中,取路权(起讫点之间的出行时间)为常数,即假设车辆的路段行驶车速、交叉口延误不受路段和交叉口交通负荷的影响。每一 OD 点对对应的 OD 量被全部分配在连接该 OD 点对的最短线路上。这种分配方法的优点是计算相当简便,其致命缺点是出行量分布不均匀,出行量全部集中在最短路上。这种分配是其他各种交通分配方法的基础。

2. 容量限制分配

容量限制分配是一种动态的交通分配方法,其考虑了路权与交通负荷之间的关系,即考虑了交叉口、路段的通行能力限制,比较符合实际情况,该法在国际上通用。

采用容量限制—增量加载分配模型分配出行量时,需先将 OD 表中的每一 OD 量分解成 K 部分,即将原 OD 表分解成 K 个 OD 分表,然后分 K 次用最短路分配模型分配 OD 量,每次分配一个 OD 分表,并且每分配一次,路权修正一次,路权采用路阻函数修正,直到把 K 个 OD 分表全部分配到网络上。在具体应用时,视道路网的大小,根据表 6-16 选取分配次数 K 及每次分配的 OD 量比例,一般取 5 级分配就能满足精度要求。

分配次数 K 与每次的 OD 量分配率(%)   表 6-16

分配次序 K	1	2	3	4	5	6	7	8	9	10
1	100									
2	60	40								
3	50	30	20							
4	40	30	20	10						
5	30	25	20	15	10					
10	25	20	16	12	9	7	5	3	2	1

3. 多路径分配

由出行者的路径选择特性可知,出行者总是希望选择最合适(最短、最快、最方便、最舒适等)的路线出行,称之为最短路因素,但由于交通网络的复杂性及交通状况的随机性,出行者在选择出行路线时往往带有不确定性,称之为随机因素。这两种因素存在于出行者的整个出行过程中,两因素所处的主次地位取决于可供选择的出行路线的路权差(行驶时间差或费用差等)。因此,各出行路线被选用的概率可采用 Logit 路径选择模型计算。

$$P(r,s,k) = \exp\left[-\theta \cdot t(k)/\bar{t}\right] \Big/ \sum_{i=1}^{m} \exp\left[-\theta \cdot t(i)/\bar{t}\right] \qquad (6\text{-}26)$$

式中:$P(r,s,k)$——OD 量 $T(r,s)$ 在第 k 条出行路线上的分配率;

$\quad t(k)$——第 k 条出行路线的路权(行驶时间);

$\quad \bar{t}$——各出行路线的平均路权(行驶时间);

$\quad \theta$——分配参数,一般为 $3.00 \sim 3.50$;

$\quad m$——有效出行路线条数。

本分配模型能较好地反映路径选择过程中的最短路因素及随机因素。实际上,若各出行路线的路权相同,则本模型成为随机分配模型,各路线被选用的概率相同。若某一路线的路权远远小于其他各路线,则本模型成为最短路分配模型。因此,也可以称本模型为随机—最短路分配模型,它是一种改进型的多路径分配模型。

【例 6-5】 某交通区 A 与 B 之间有三条道路连接,三条连接道路的行驶时间:道路 1 为 31min、道路 2 为 25min、道路 3 为 30min,已知从 A 交通区至 B 交通区的出行量为 300 辆/d,求三条连接道路的交通量。

解:三条路的平均行驶时间为 $\bar{t} = (31+25+30)/3 = 28.67(\text{min})$

取 $\theta = 3.3$,则三条连接道路的分配率为:

$p(1) = \exp(-3.3 \times 31/28.67)/[\exp(-3.3 \times 31/28.67) + \exp(-3.3 \times 25/28.67) + \exp(-3.3 \times 30/28.67)] = 0.243$

$p(2) = 0.485$

$p(3) = 0.272$

三条连接道路的分配交通量为:

道路 1:$300 \times 0.243 = 72.9(\text{辆/d})$

道路 2：300×0.485＝145.5（辆/d）

道路 3：300×0.272＝81.6（辆/d）

4. 容量限制—多路径分配

在多路径分配模型中，认为路段行驶时间为一常数，这与实际的交通情况有一定的出入。实际上，路段行驶时间与路段交通负荷有关，在容量限制—多路径分配模型中，考虑了路权与交通负荷之间的关系及交叉口、路段通行能力的限制，可使分配结果更合理。

与容量限制—增量加载交通分配方法类似，采用多路径—增量加载方法分配出行量时，需先将 OD 表（$n×n$ 阶）分解成 K 个 OD 分表（$n×n$ 阶），然后分 K 次用多路径分配模型分配 OD 量，每次分配一个 OD 分表，并且，每分配一次，路权修正一次，直到把 K 个 OD 分表全部分配到网络上。

习 题

1. 简述交通规划调查的内容、目的及作用。
2. 简述"四阶段"预测模型。
3. 影响出行方式选择的因素有哪些？
4. 交通分配方法有哪些？
5. 试分别用平均增长系数模型和 Fratar 模型求表 6-17 的未来 OD 分布交通量。设定收敛标准为 $\varepsilon=3\%$。

各区现在的出行发生量和吸引量（单位：万次/d）　表 6-17

O＼D	1	2	3	现状值	未来值
1	17.0	7.0	4.0	28.0	38.6
2	7.0	38.0	6.0	51.0	91.9
3	4.0	5.0	17.0	26.0	36
现状值	28.0	50.0	27.0	105.0	
未来值	39.3	90.3	36.9		166.5

6. 在习题 5 中，假设各交通区之间的行驶时间均为 20min，试用重力模型（行程时间模型）预测 OD 矩阵。

7. 某两个交通区之间有 3 条道路连接，各连接道路的行驶时间分别为 10min、12min、28min，两个交通区之间的出行量为 4000pcu/h，试用多路径交通分配方法确定各条道路的交通量。

第7章 交通控制

7.1 概述

1. 交通信号设置目的及意义

道路交叉口交通运行效率,往往用通行能力、延误及停车次数三项指标来衡量。一般,当相交道路上的车辆流量不大,通行彼此干扰影响不大时,不必设置信号及控制设施。而当交通流量达到一定阈值时,为了更加有效地使用交通设施,需要在时间上隔离不同方向的车流,控制车流的运行秩序,轮流分配车辆通行权,使得车流运行安全有序,这时则应设置交通信号及控制设施。当然,设置信号及控制设施不仅有助于规范交通秩序、提高交叉口通行能力,而且也有利于行人的安全过街。

交通信号具有法定意义,一般包括灯光信号与手势信号,城市道路交叉口常用信号灯管理交通。当信号灯发生故障或未设信号灯的交叉口需加强管理时,应启用手势信号。

2. 城市道路交通信号控制分类系统类型

①单点交叉口交通信号控制:又称点控,对单个交叉口实施独立的交通控制。

②干道交通信号协调控制:又称线控,是对一条道路上若干交叉口实施联动控制。线控的目的是期望车辆行至各个交叉口都遇到绿灯,故线控又称绿波交通控制。

③区域交通信号系统控制:又称面控,是对道路网上所有交叉口,或对道路网上其一部分交叉口实施联网协同控制。面控的目的是期望车辆到交叉口遇到绿灯的机会多,区域道路的通行能力及畅通性最大化,延误与干扰最小化。

7.2 单点交叉口交通信号控制

单点交叉口交通信号控制是最基本的交叉口信号控制方式,是实现线控与面控的基础。点控方式又可区分为固定周期信号控制与感应式信号控制。

7.2.1 固定周期信号控制

固定周期信号控制是最被广泛采用的一种信号控制形式。这种控制方式的设备简单,投资少,维护方便,固定周期控制也是其他控制方式的基础,可以与邻近信号灯组联机控制后上升为干线控制或区域控制。

1. 交通信号灯光及含义

固定周期信号控制是按事先设计好的控制程序,在每个方向上通过不同灯光循环显示,指挥交通流有序安全运行的。最基本的机动车交通信号灯由红、黄、绿三色组成。绿灯表示准许通行。面对绿灯的车辆可以直行、转向,但转弯车辆不准妨碍直行车辆和行人通行。红灯表示不准通行,面对红灯的车辆不准越过停车线。黄灯表示警示、具有清尾作用,已越过停车线的车辆可继续行进,其余车辆不准越过停车线。此外,必要时设有各个通行方向的箭头灯,箭头灯由红变绿,表示车辆可由停止状态转为按箭头指示的方向行进。我国道路上使用的信号灯,灯色排列有竖式和横式两种形式。竖式的次序从上到下为红、黄、绿;横式的次序是从路边向路中心为红、黄、绿。对于行人通行信号,只有红、绿两色,红灯等待,绿灯通行。

2. 信号相位方案的制定

(1)信号相位方案与相位

交通信号灯灯色的周期性变换,控制着交叉口各进口车辆的行止。信号相位方案是在一个周期内不同灯色显示组合状态下,分配给不同进口车流及行人通行权的数目及顺序安排,其中每一种不同灯色显示的组合称为一个相位,一个信号周期往往包含两个及以上的相位。

信号灯相位控制方案一般情况下仅设计成两个相位,即二相制:东西向放行,显示绿灯,而南北向禁行,显示红灯,这是一个相位;南北放行,显示绿灯,东西禁行,显示红灯,这是另一个相位。相位控制方案及配时图见图 7-1。当左转交通量比较大时,可设专用左转相位,此时信号相位控制采用三相制,其相位控制方案及配时图见图 7-2,或采用四相制,其相位控制方案及配时图见图 7-3。有时根据交叉口车流量流向的实际情况,还可设置成更多相位。

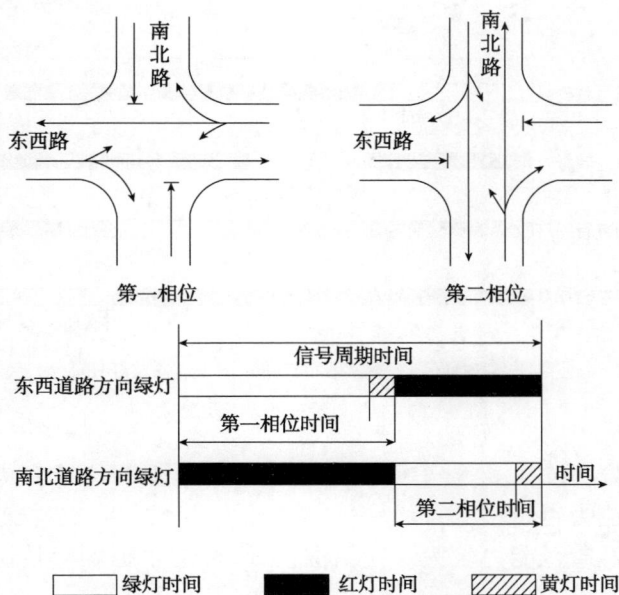

图 7-1　两相位控制方案及配时图

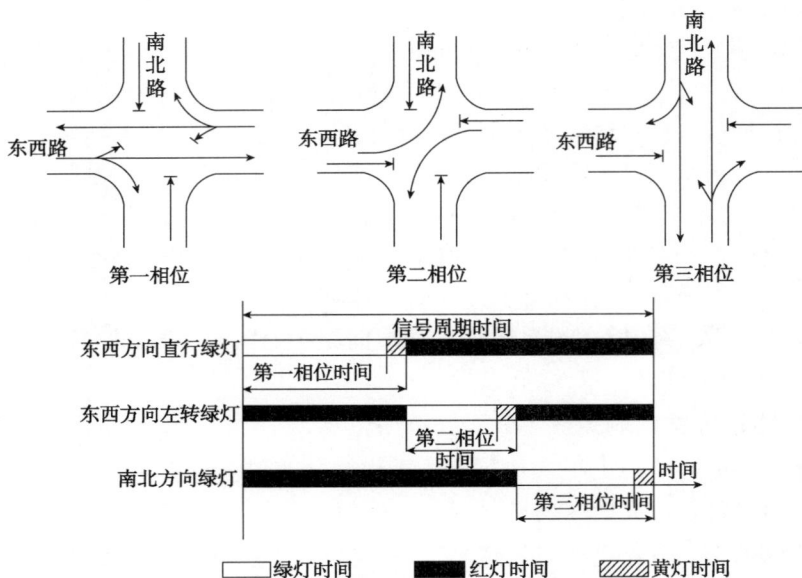

图 7-2　三相位信号控制方案及配时图

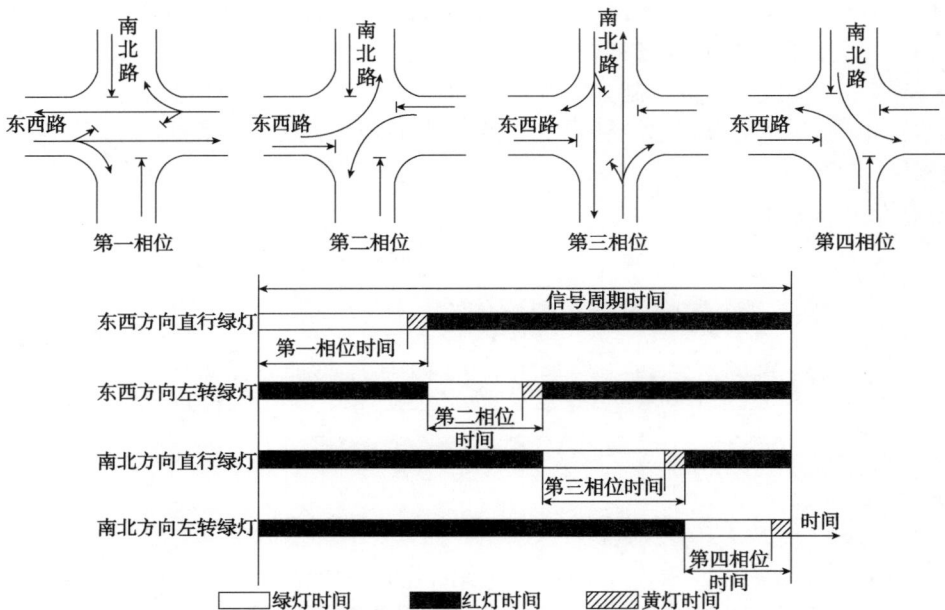

图 7-3　四相位信号控制方案及配时图

　　一般来说,信号相位越多,行车秩序越好,越安全。但相位越多,则灯时损失越多,周期也越长,通行能力也越小,通行效率也会降低。相反,相位少,交叉口车流秩序较乱,但通行效率高,通行能力较大。在相位设计时,应根据实际情况深入分析,综合优化。

（2）绿灯间隔时间

从失去通行权的上一个相位绿灯结束到下一个相位绿灯开始的时间称为绿灯间隔时间。如图 7-4 所示，假设需要确定在相位 A 失去通行权到相位 B 得到通行权的绿灯间隔时间，则需测量从相位 A 的停车线到潜在冲突点之间的距离 x，以及相位 B 的停车线到潜在冲突点之间的距离 y，设 $x>y$，$(x-y)$ 则是为了避免相位 A 的最后一辆通行车与相位 B 的第一辆通行车在潜在冲突点发生冲突而确定的行驶距离。绿灯间隔时间必须大于相位 A 最后一辆车驶过这段距离所需的时间，这样才能保证不发生冲突。

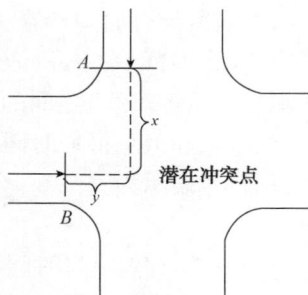

图 7-4　交叉口的潜在冲突点

表 7-1 是英国根据不同冲突距离 $(x-y)$ 而建议采用的绿灯间隔时间。

冲突距离与建议绿灯间隔时间　　　　　表 7-1

类型	冲突距离 $(x-y)$（m）	绿灯间隔时间（s）	类型	冲突距离 $(x-y)$（m）	绿灯间隔时间（s）
直行车	9	5	转弯车	9	5
	10~18	6		10~13	6
	19~27	7		14~20	7
	28~36	8		21~27	8
	37~46	9		28~34	9
	47~54	10		35~40	10
	55~64	11		41~45	11
	65~74	12		46~50	12

在我国，绿灯间隔时间多为黄灯时间，当交通量大，黄灯不足以达到清尾效果时，可后续设置全红时间增强清尾效果。绿灯间隔时间的确定应综合交叉口几何尺寸、车流组成、转向或掉头车比例，以及自行车与行人通行需求等选择间隔组成形式。对于冲突距离小于 9m 的交叉口，一般仅设为黄灯，间隔时间取 3~4s 即可。当然，若自行车和行人流量较大时，由于自行车和行人速度较慢，为了保证安全，则需要较长的绿灯间隔时间。

（3）饱和流率和有效绿灯时间

实际绿灯时间与有效绿灯时间关系如图 7-5 所示。绿灯开始时，停在停车线后面的车辆不可能立即通过停车线，而是有一个起动延误时间，驶入率并不是立即达到最大，而是从零开始，逐渐达到最大。当绿灯结束时，驶出交叉口的车辆也不可能立即终止，而是在绿灯结束后，驶出率由最大逐渐降为零。图 7-5 中实线下面的面积就是绿灯时间通过停车线的车辆数。为便于计算，取一个等面积的矩形套在曲线上，即图 7-5 中的矩形 $ABCD$。这个矩

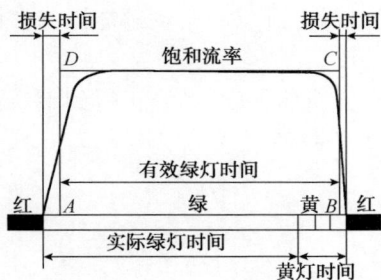

图 7-5　实际绿灯时间与有效绿灯时间关系图

形的高就是饱和流率,它的底就是有效绿灯时间。

按有效绿灯时间计算,车辆驶过交叉口是开始于实际绿灯开始之后而结束于黄灯结束(清尾时间)(Clearance Lost Time)之前。这里,实际绿灯开始与有效绿灯开始(第一辆车通过停车线)之间的时间间隔称为起动损失时间。此外,黄灯末也有部分损失时间,两者之和为总损失时间。所以,有效绿灯时间=实际绿灯时间+黄灯时间-总损失时间,用符号表示为:

$$g_e = G + A - l \tag{7-1}$$

式中:g_e——有效绿灯时间,s;

G——实际绿灯时间,s;

A——黄灯时间,s;

l——总损失时间(包括起动损失时间和清尾损失时间),s。

例如,实际绿灯时间为80s,黄灯时间为3s,总损失时间为2s,则有效绿灯时间为:$g=80+3-2=81(s)$

(4)饱和度

一个信号相位中的实际流量与通行能力的比值,称为相位(或车道组)饱和度。

(5)周期长度

周期长度是某一方向信号各种灯色轮流显示一次所需时间,即各种灯色显示时间的总和,它等于某一行驶方向信号红灯时间、绿灯时间、黄灯时间的总和。或是从某相位的绿灯启亮开始到该相位下次绿灯再启亮之间的一段时间。周期长度用 T 表示,单位是 s。

为了增加固定周期信号控制方案的灵活性及实用性,可以根据交通量在工作日与非工作日,以及高峰期与非高峰期不同时段的变化规律,设置多个方案应用于不同日期及不同时段,以使得相应时期及时段的交叉口通行能力、车辆总延误及停车次数各指标达到综合最优。

周期长度及红绿灯配时可通过计算获取,其最终取值不宜过短也不宜过长,应控制在40~120s。这是因为,如果周期及某一方向绿灯时间过长,禁行方向驾驶员的忍耐力将受到考验,不仅心急,而且常常有可能怀疑设备有故障,总想起动。与此同时,通行方向在绿灯尾部因流量变小,灯时也会得不到充分利用。当然,周期长度过短,灯色反复切换会导致损失时间增加,所以要寻求最佳周期长度。

一个交叉口所有相位均采用同一信号周期,最佳周期长度是信号控制交叉口使各方向车辆通过路口总延误最小的周期长度。若交叉口每个进口的车辆都能以饱和流量通过交叉口,则延误最小。事实上是很难如此。

韦伯斯特·柯布根据车流随机到达的情况,推导出周期长度,经修正得到韦氏最佳周期长度公式为:

$$T = \frac{1.5L + 5}{1 - Y} \tag{7-2}$$

式中:T——最佳周期长度,s;

Y——周期长度内各相位最大饱和度 y_i 值之和;饱和度,以两相制而言,假定东西向的两个进口车道平均一条车道的饱和度为 y_{EW}^E 和 y_{EW}^W，且 $y_{EW}^E \geqslant y_{EW}^W$，南北向的两个进口车道的平均一条车道饱和度为 y_{SN}^S 和 y_{SN}^N，且 $y_{SN}^S \geqslant y_{SN}^N$，这时路口饱和度 $Y = y_{EW}^E + y_{SN}^S$，即 $Y = \sum \max[y_i, y'_i]$，其中 i 是相位数；

L——每个周期的损失时间，s。

$$L = \sum (l + I - A) \tag{7-3}$$

式中：l——起动损失时间和清尾损失时间，s；

I——绿灯间隔时间，s，即将失去通行权的相位绿灯结束到得到通行权的相位绿灯开始之间的间隔，对于冲突距离大于 9m 的交叉口，一般取 5~12s，约占周期的 1%~2%，这一间隔减去黄灯时间为四面均为红灯的时间；

A——黄灯时间，s，使已进入交叉口的车辆驶过交叉口，一般取 3~4s，取值与车速和路口宽度有关系。

（6）绿灯时间

各相位的绿灯时间是供车辆通过路口的时间，即有权使用道路的时间。因此，由最佳周期长度减去周期内总损失时间，得到各相位总的有效绿灯时间 G_e：

$$G_e = T - L \tag{7-4}$$

然后，再按各相位的最大流量，以饱和度计，按比例分配到各相位，得到各相位总的有效绿灯时间：

$$g_{ei} = G_e \frac{\max(y_i, y'_i)}{Y} = G_e \frac{\max(y_i, y'_i)}{\sum \max(y_i, y'_i)} \tag{7-5}$$

各相位的实际显示绿灯时间 G_i 为：

$$G_i = g_{ei} - A + l \tag{7-6}$$

当然，式(7-1)与式(7-6)意义完全相同，用式(7-6)可分别计算各相位在一个周期中分别分摊的绿灯显示时间。

（7）绿信比

绿信比为各相位有效绿灯时间与周期长度之比（%）。

下面以一个实例介绍信号灯配时的步骤与进一步熟悉指标计算分配方法。

【例 7-1】 某交叉口相交道路均为双向四车道，道路进口交通量已换算为 pcu，见图 7-6。进口道各车道饱和流率为 2000pcu/h。左转交通量不足以设专用左转车道。试用韦氏方法做信号灯配时。

解：（1）分析各进口车流的流量流向，将自然车辆换算成 pcu/h，并找出流量最大的车道，用于计算饱和度。本题各进口总交通量已换算，平分到每条车道上。

（2）设计相位。本题左转交通量小，可设计成两个相位：东西放行，南北停；东西停，南北放行。

（3）计算周期长度。

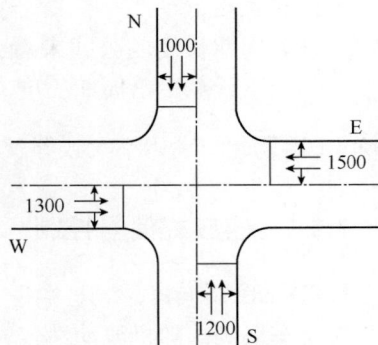

图 7-6 交叉口相交道路交通量

东西相位,东进口 $Y_{EW}^E = \dfrac{750}{2000} = 0.375$

西进口 $Y_{EW}^W = \dfrac{650}{2000} = 0.325$

$$Y_{EW} = \max(Y_{EW}^E, Y_{EW}^W)$$
$$= \max(0.375, 0.325) = 0.375$$

南北相位,南进口 $Y_{SN}^S = \dfrac{600}{2000} = 0.30$

北进口 $Y_{SN}^N = \dfrac{500}{2000} = 0.25$

$$Y_{SN} = \max(Y_{SN}^S, Y_{SN}^N)$$
$$= \max(0.30, 0.25) = 0.30$$

交叉口饱和度 $Y = Y_{EW} + Y_{SN} = 0.375 + 0.30 = 0.675$

取绿灯间隔时间 $I = 5s$,起动及清尾损失时间 $l = 3s$,黄灯时间 $A = 3s$,所以,一个相位损失时间 $L_i = 3 + 5 - 3 = 5(s)$

周期总损失时间 $L = nL_i = 2 \times 5 = 10(s)$

周期长度 $T = \dfrac{1.5L + 5}{1 - Y}$

$$= \dfrac{1.5 \times 10 + 5}{1 - 0.675}$$

$$= 61.5(s)(取 61s)$$

(4)灯时分配

有效绿灯时间 $g_i = T - 2L = 61 - 10 = 51(s)$

东西相位有效绿灯 $g_{EW} = \dfrac{750}{750 + 600} \times 51 = 28(s)$

南北相位有效绿灯 $g_{SN} = \dfrac{600}{750 + 600} \times 51 = 23(s)$

东西相位显示绿灯时长 $G_{EW} = g_{EW} - A + l = 28 - 3 + 3 = 28(s)$

南北相位显示绿灯时长 $G_{SN} = g_{SN} - A + l = 23 - 3 + 3 = 23(s)$

从计算周期长度的公式来看,饱和度 Y 值越大,周期越长。当 $Y \geqslant 1$ 时,周期无限大。实际上已计算不出周期长度。这时应拓宽交叉口进口,增加进口车道数,使 $Y < 1$。

实际上,周期时间利用率大致等于车流通过设施的饱和度,即 $\dfrac{T-L}{T} \approx Y$。

7.2.2 感应式信号控制

1. 感应控制简介

对于车辆到达随机波动性较大的车流,若采用固定周期信号控制设施,车辆在交叉口的停车次数及停车延误明显偏大,单位时间内交叉口总的通行效率也偏低,为了充分利用绿灯时间,进一步提高通行效率,有必要采用感应式信号控制。

感应式信号控制没有固定的周期长度,通过在交叉口入口埋设的检测器检测车流信息,自动驱使信号显示控制状态。对于车辆无很强的规律性的随机到达情况,感应式信号控制可减少车辆到交叉口的停车次数,充分利用绿灯时间高效通过交叉口。

2. 感应式信号灯的基本控制参数

①初始绿灯时间:给每个相位预先设置的最短绿灯时间,在此时间内,不管是否有来车,本相位必须绿灯。初始绿灯时间的长短,取决于本向车流平均到达率、车道数、检测器的位置及检测器到停车线可停放的车辆数,常用 7~13s。

②单位绿灯延长时间:它是初始绿灯时间结束后,在一定时间间隔内测得后续车辆需放行时所延长的绿灯时间。

③最长绿灯时间:它是为了保持交叉路口信号灯具有较佳的绿信比而设置,一般为30~60s。当某相位的初始绿灯时间加上后来增加的多个单位绿灯延长时间达到最长绿灯时间时,信号机会强行改变相位,让另一方向的车辆通行。

④最短绿灯时间:这一绿灯时间是任一信号相位放行车辆的最短时间。为保证初始绿灯时间结束时后续又到达的车辆能够安全通过,需要再预置一个"单位绿灯延长时间",因此,最短绿灯时间实际上是初始绿灯时间与单位绿灯延长时间之和。

3. 控制原理

感应信号控制模式,见图 7-7,要求在某些进口道距路口(如主干道)停车线的距离为 30m 左右埋上线圈检测器。此外,在控制器参数设计中对于主干道通行方案中一般设有一个"初始绿灯时间",到初始绿灯时间结束时,如果在一个预先设置的时间间隔内没有后续车辆到达,则变换相位;如果有车

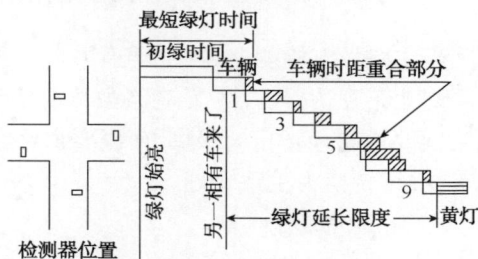

图 7-7 车辆感应式信号机计时示意图

辆到达,则绿灯延长一个预设的"单位绿灯延长时间",只要不断有车到达,绿灯时间可继续延长,主干道方向一直保持绿灯,直到预设的"最长绿灯时间"时变换相位。

4. 感应信号控制类型

感应信号控制有半感应控制与全感应控制两种。在通过交叉口的某一方向道路的两个进口引道不埋设检测器,只在相交的另一垂直方向道路的两个进口引道埋设检测器者谓半感应控制。在交叉口所有四个进口引道上都埋设检测器者,称全感应控制。

(1)半感应控制

半感应控制一般设置在主次相交的道路上,可仅在交叉口的次要道路两个进口引道上埋设检测器,也可仅在主干路道路的两个进口引道埋设检测器,其控制原理及流程见图 7-8、图 7-9。

当次路设有检测器时,主干道方向一般情况下总是保持绿灯。当次要道路检测到有来车时,转换为次要道路开放绿灯,先放行一个"初始绿灯时间"。如果在一个预先设置的时间间隔内没有后续车辆到达,则立刻变换相位,即主要道路继续为绿灯;如果有车辆到达,则绿灯延长一个预设的"单位绿灯延长时间"。如此反复,直至预定绿灯时段结束,又转化为主要道路绿灯开放。

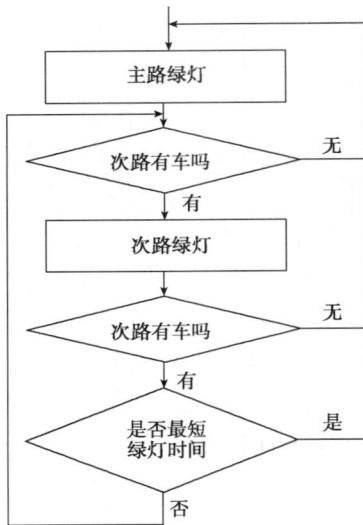

图 7-8　次路检测半感应控制原理及流程图　　图 7-9　主路检测半感应控制原理及流程图

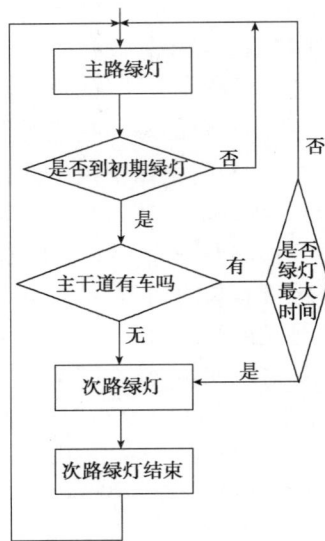

当主路设有检测器时,主干道方向一般情况下也总是保持绿灯。只有当主要道路检测到无车到达,或者主要道路虽然有车到达但该方向绿灯时间已达到"最长绿灯时间",次要道路才转化为绿灯,而次要道路在给定绿灯时段结束后,无论该道路方向是否有车,继续转换为主路绿灯。

（2）全感应控制

对于主主相交或次次相交的各方向道路车流量较为均衡的交叉口,可实施全感应控制,即四个进口引道均设有车辆到达检测器,每次假设不同相位绿灯开放后预测各方向车流量大小、通行能力及延误指标变化情况,综合比较后给出该阶段相位方案及相位绿灯开放时间,然后根据下一时段内预计停留车辆及即将到达车辆,再次实时计算不同相位方案下的通行能力及延误指标,从而制订下一阶段的相位组合及绿灯开放时间。这种控制方式实时性更强,总体优化结果更为理想。

→ 7.3　线控制与面控制

7.3.1　线控制

线控制是干线道路交通信号协调控制系统的简称,多用于干线道路。把干线上若干相邻的交叉口上的信号灯联动起来,进行协调控制,可减少停车次数,提高通行能力。根据道路交叉口所采用的信号灯控制方式的差异,线控制分为干道交通信号定时式协调控制与干道交通信号感应式协调控制两种。定时式协调控制应用广泛,下文仅介绍这种控制系统。

1. 干道信号控制系统的基本参数

（1）周期长度

单个交叉口的信号周期长度是根据交叉口交通量来确定的。由于控制系统中有多个交叉口，为了达到系统协调，各交叉口必须采用相同的周期长度。为此，必须先按单个交叉口的信号配时方法，确定每个交叉口的周期长度，然后取最长的作为本系统的公共周期长度。

（2）绿信比

在干道控制系统中，各交叉口的绿信比可根据交叉口的各方向交通量来确定，不一定统一。

（3）相位差

相位差是干道交通信号控制的关键参数，为两两交叉口信号绿灯起点的时间差。而该时间差可依据于车辆平均运行速度、交叉口之间的距离及设定的公共周期值而计算获得。相位差的值为两交叉口间以平均速度运行的车辆所需运行时分减去 n 个整周期值后，不足一个周期的时间。通常相位差有以下两种：

①绝对相位差：指各个交叉口信号的绿灯起点相对于控制系统中参照交叉口的绿灯起点时间差。

②相对相位差：指相邻两交叉口信号的绿灯起点的时间差。

2. 单向交通干道的信号协调控制"绿波交通"

（1）"绿波交通"设计

所谓"绿波交通"，就是指车辆沿某条主干道行进过程中，连续得到一个接一个的绿灯信号，畅通无阻地驶过沿线各交叉口。这种连续绿灯信号是对沿线各交叉口信号配时精心协调实现的。完全意义的"绿波交通"只有在单向交通干线上才能实现。

实现"绿波交通"的关键是精心设计各个交叉口相对于参照交叉口的相位差，在此基础上方可设计"绿波交通"。

绝对相位差 t_i 是目标交叉口 i 相对于系统参照交叉口 O 绿灯启亮时间的差值（该值不足一个公共信号周期）。若参照交叉口 O 绿灯 t_0 时刻启亮，则目标交叉口 i 的绿灯启亮时间滞后 t_i，在 t_0+t_i 时刻启亮，而 t_i 依赖于两交叉口之间的距离及车流平均行驶速度，即：

$$t_i = \frac{l_i}{V} - nT \tag{7-7}$$

式中：t_i——相对相位差，s；

$\quad l_i$——两交叉口之间的距离，m；

$\quad V$——车流平均行驶速度，m/s；

$\quad T$——公共信号周期，s。

由此可见，相位差依据于两交叉口之间距离及平均行驶速度。所以，联动交叉口之间的距离不宜过长，一般应小于 800m，否则不能保证速度稳定，影响联动效果。

下面以一个实例说明"绿波交通"的配置过程。

【例7-2】 假定某主干道 $A\sim F$ 途经各交叉口如图 7-10 所示，依据该路段各相邻交叉口间的距离和路段平均运行速度,预计各相邻交叉口间车辆平均行驶时间为:$T_1=160s$,$T_2=158s$,$T_3=254s$,$T_4=201s$,$T_5=192s$,并且假定该路段公共信号周期$T=120s$,且各交叉口绿信比均取0.5,试计算各交叉口相对于A交叉口的绝对相位差,设计配置各路段的"绿波交通",并画出"绿波带图"。

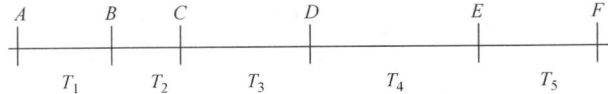

图7-10 干线交叉口及运行时分示意图

解:①计算各交叉口相对于A交叉口的绝对相位差。

B交叉口的绝对相位差 $t_B=T_1-120=40(s)$

C交叉口的绝对相位差 $t_C=T_1+T_2-240=78(s)$

D交叉口的绝对相位差 $t_D=T_1+T_2+T_3-480=92(s)$

E交叉口的绝对相位差 $t_E=T_1+T_2+T_3+T_4-720=53(s)$

F交叉口的绝对相位差 $t_F=T_1+T_2+T_3+T_4+T_5-960=5(s)$

②按照计算绝对相位差,设计绘制该干线信号协调控制"绿波带"时距图(图7-11)是该干线单向交通绿波交通时距图,图中横坐标是时间(s),纵坐标是交叉口间距(m),公共周期120s,绿信比取0.5。

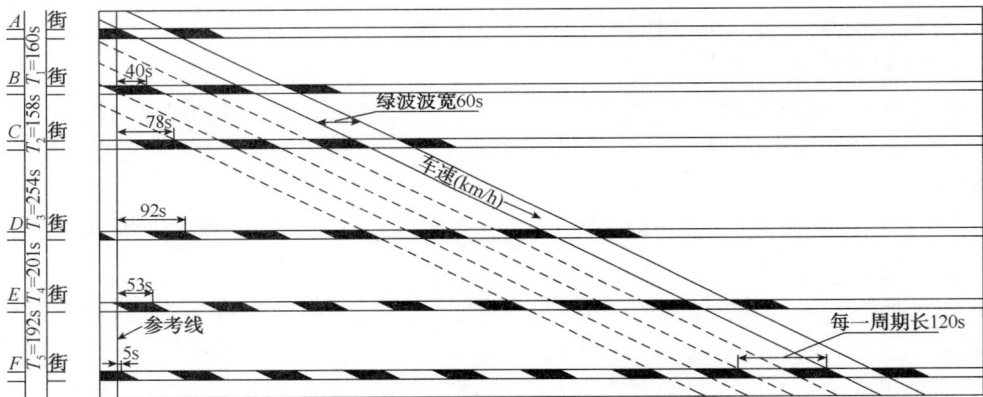

图7-11 单向交通干线信号控制"绿波带"设计示意图

(2)"绿波交通"适宜条件

对于"绿波交通"配时计算,均假定为车辆是在理想的交通条件和稳定的运行速度下运行的,也就是说只有在交通流未达到饱和的道路,车辆实际行驶速度等于设计速度,并且道路运行状况良好并无其他干扰时方可"一路绿灯,一路好心情"到达目的地。但现实中很难满足以上诸多理想条件,当高峰期流量饱和、车辆运行速度与计算平均运行速度偏差较大、发生交通事故、道路临时性施工改造、实施交通管制或出现行人横穿道路等意外事件时均会影响通行效果,也会常常遇到"红灯"。因此,实施线控制是有条件的,并且当各相交道路上的交通量超过一定阈值时,线控制就不适用了,需考虑面控制。

3. 双向交通干道的信号协调控制

对于做了精确设计的"绿波交通",其实仅适宜该方向的交通干线,另一相反方向并不能产生同样理想的效果,这是因为双向交通干道的交通情况远比单向交通复杂,一般较难得到理想的"绿波带"。在各交叉口间距相等,且车辆在交叉口间行驶时间恰好等于周期长度的倍数时,可实现"绿波"。若交叉口间距不等,调整各交叉口信号配时的难度很大,不易实现"绿波"。并且,对于实现了双向"绿波带"的道路,其交通干道绿波带的宽度也远小于单向交通干道绿波带的宽度。尽管如此,线控制仍能提高干道的通行能力。

线控制是保证干道畅通的控制,但为了保证干道畅通,必然使得与干道相交道路上的车辆通行会受到一些影响。因此,实施线控制是有条件的。当各相交道路上的交通量较大时,线控制就不适用了,需考虑面控制。

7.3.2 面控制

面控制就是区域交通信号控制系统,它把某一区域中所有交叉口的交通信号作为协调控制对象,使所有受控信号都受中心控制室集中控制。范围较大的区域,也可以分区分级控制。

区域控制系统按控制策略可分为定时脱机式控制系统及感应式联机控制系统两种。

1. 定时脱机式区域交通控制系统

定时式脱机操作控制系统,是利用交通流的历史及现状统计数据进行脱机优化处理,得出多时段的最优信号配时方案,存入控制器或控制计算机内对整区交通实施多时段定时控制。

定时控制简单、可靠,但不能适应交通流的随机变化。特别是当交通流量数据过时后,控制效果明显下降。所以,在不同时期,应不断根据调查到的交通量变化情况制订适宜的优化配时方案。

交通网络研究工具(Traffic Network Study Tool ,TRANSYT)是英国道路与交通研究所(TRRL)于 1976 年提出的定时脱机式区域网络信号控制系统的代表。TRANSYT 问世以来,不断被改进完善,到 1986 年已修改了 9 次,英国的型号为 TRANSYT-7。美国将英国 TRANSYT-7 改进为 TRANSYT-7F 型。法国也将英国 TRANSYT 改进为 THESEE 型及 THEBES 型。

TRANSYT 主要由两部分组成。

(1)仿真模型

通过用数学方法模拟车流在交通网上的运行状况建立交通仿真模型,研究交通网配时参数的改变对车流运行的影响,以便客观地评价任意一组配时方案的优劣。此外,交通仿真模型能够对不同配时方案控制下的车流运行参数延误时间、停车率、燃油消耗量等作出可靠的估算。

(2)优化

将仿真所得的性能指标送入优化程序部分,作为优化的目标函数,TRANSYT 以网络内的总行车油耗或总延误时间及停车次数的加权之和作为性能指标。用"爬山法"优化,产生较之初始配时更为优越的新的信号配时方案。然后,把新信号配时再送入仿真部分,反复迭代,最后取得性能指标达到最佳的系统最优配时。TRANSYT 优化过程的主要环节包括:绿灯时间的优选、绿灯相位差的优选、控制子区的划分及信号周期时间的选择四个部分。

2. 联机感应式区域交通控制系统

由于定时式脱机操作系统具有不能适应交通流随机变化的不足,随着计算机自动控制技术的发展,交通信号网络的自适应控制系统应运而生,人们进一步研究了能随交通流变化自动优选配时方案的控制系统。英国、美国、澳大利亚、日本等国家作了大量的研究和实践,用不同方式各自建立了各具特色的自适应控制系统。归纳起来有方案选择式与方案形成式两类。方案选择式以 SCATS 为代表,方案形成式以 SCOOT 为代表。

1) SCATS

(1) 系统简介

悉尼自适应交通控制系统(Sydney Coordinated Adaptive Traffic System,SCATS)是由澳大利亚新南威尔士州道路交通局(RTA)研究开发的一种实时自适应控制系统,是目前世界上少有的几个先进的城市信号交通控制系统之一。该系统于 20 世纪 70 年代开始研究,80 年代初投入使用。

SCATS 系统主要通过运用计算机及通信技术解决交通组织及交通信息管理的问题。在某些方面优于英国 SCOOT 系统,而且以其较低的投入受到各国特别是发展中国家的欢迎。经过不断改进,SCATS 系统所提供的功能,也基本上体现了当前交通控制系统研究开发的技术成果。它可以实现对交通的复杂控制,满足人们对交通的各种控制方案的要求,已成为现代交通管理中不可缺少的重要手段之一。

(2) 系统基本功能

SCATS 系统的功能主要有以下几个方面:

①交通信息(数据)的实时采集和统计分析。

②实现对交通流的自适应最佳控制。根据不断变化的交通状况实时提出最佳的控制方案,保证交通的畅通、快速和安全。

③提供"绿波带"及紧急车辆优先通行权。

④提供公交车辆优先通行权。

⑤提供交通信号灯人工操作功能。

⑥提供户外工作终端。可以将便携式个人计算机连接到任何一个路口交通信号机,从而进入整个 SCATS 系统。

⑦进行系统技术监察、故障诊断和记录。

⑧远程维护。可以通过电话拨号方式将计算机连入 SCATS 系统,进行操作维护。

(3) 系统控制结构及特点

①特点。SCATS 系统的特点是控制容量大,而且比较灵活。一台区域控制计算机可以控制 128 个路口,而一个 SCATS 系统中央控制室能够连接 64 台区域交通控制计算机。这使 SCATS 系统能够适应从几个路口到 8000 多个路口的不同城市规模的需要。

②结构。SCATS 的控制结构用的是分层式三级控制,即:中央监控中心—地区控制中心—信号控制机。

中央监控中心,除了对整个控制系统运行状况及各项设备工作状态作集中监视以外,还有专门用于系统数据管理库的计算机,对各地区控制中心的各项数据以及每一台信号控制机的运行参数作动态储存(不断更新的动态数据库形式)。

在地区控制中心对信号控制机实行控制时,通常将每 1~10 个信号控制机组合为一个"子系统",若干子系统组合为一个相对独立的系统。系统之间基本上互不相干,而系统内部各子系统之间存在一定的协调关系。随交通状况的实时变化,子系统既可以合并,也可以重新分开。各项基本配时参数的选择,都以子系统为核算单位。

SCATS 在实行对若干子系统的整体协调控制的同时,也允许每个交叉口"各自为政"地实行车辆感应控制,前者称为"战略控制",后者称为"战术控制"。战略控制与战术控制的有机结合,大大提高了系统本身的控制效率。SCATS 正是利用了设置在停车线附近的车辆检验装置,才能提供这样一种有效的灵活性。所以,SCATS 实际上是一种感应控制对配时方案作局部调整的方案选择系统。

(4)配时参数及配时方案的选择

SCATS 优选配时方案的主要环节为:配时参数优化、信号周期长度选择、绿信比方案选择、绿灯相位差方案选择等。

系统信号周期和绿信比的实时选择是以子系统的整体需要为出发点,即根据子系统内的关键交叉口的需要确定共用周期时长。交叉口的相应绿灯时间,按照各相位饱和度相等或接近的原则,确定每一相位绿灯占信号周期的百分比。随着信号周期的调整,各相位绿灯时间也随之变化。系统为每一交叉口事先都准备了 4 个绿信比方案供实时选择使用,这 4 个方案分别针对交叉口在可能出现的 4 种负荷情况下,各相位绿灯时间占信号周期长度的比例值。此外,系统也事先为内、外部都准备好 5 种不同的相位差方案供选择。

(5)SCATS 系统优缺点

①优点如下:

a.检测器安装在停车线上,不需要建立交通模型,因此其控制方案并非仅仅基于交通模型,而是更加地贴合交通实际状况。

b.周期、绿信比和相位差的优化是预先确定的多个方案中,根据实测的类饱和度值进行选择,因而供需匹配度更佳。

c.系统可根据交通需求改变相序或跳过下一个相位,因而能及时响应每一个周期的交通需求。

d.可以自动划分控制子区,具有局部车辆感应控制功能。

②缺点如下:

a.未使用交通模型,本质上是一种实时方案选择系统,因而限制了配时方案的优化过程,灵活度不够。

b.检测器安装在停车线附近,难以监测车队的行进,因而绿时差的优选可靠性较差。

(6)在世界城市交通管理中的应用

截至 2001 年 5 月,美国、新加坡、马来西亚、菲律宾、新西兰、印度尼西亚和中国香

港等国家和地区的 20 多个城市、7000 多个路口使用了 SCATS 系统。另外,我国上海
(160 个路口)、沈阳(50 个路口)和广州市越秀区(40 个路口)也使用了 SCATS 系统。

从澳大利亚的悉尼、墨尔本、堪培拉和布里斯班等城市的应用情况看,SCATS 系统
对城市交通流的组织发挥了重要作用。以悉尼市为例,全市有机动车 300 多万辆,加上
外来车辆,交通流量非常大,但城市交通基本上畅通无阻,市区平均车速基本保持在每
小时 40 公里左右,做到了畅通、快速、安全。墨尔本、堪培拉等其他城市也是如此。据
澳大利亚研究结果表明,使用 SCATS 系统能够减少交通停顿 40%,节省旅行时间 20%
(在墨尔本市,每延误一分钟损失综合经济效益约 5000 澳元),降低汽油消耗 12%。

2)SCOOT

(1)简介

绿信比、周期、相位差优化技术(Split Cycle Offset Optimizing Technique,SCOOT),是
一种对交通信号网实行实时协调控制的自适应控制系统。由英国运输与道路研究所
(TRRL)研制。SCOOT 的研究始于 1973 年,其后在 1977~1979 年间在哥拉斯格市进行
大规模的现场试验并获得圆满成功,此后在英国进行全面的推广应用。该系统于二十
世纪 80 年代初引入中国,并在成都、大连、北京等也加以推广使用。

SCOOT 的模型基础原自 TRANSYT(Traffic Network Study Tool),采用了同样的周
期流分布图(CFP)的建模方式和相近的目标函数。不过有了显著的改进,TRANSYT
的 CFP 是以历史的平均交通流计算的;而 SCOOT 是联机模型,CFP 是实时测量的。
图 7-12 为 SCOOT 流程图。

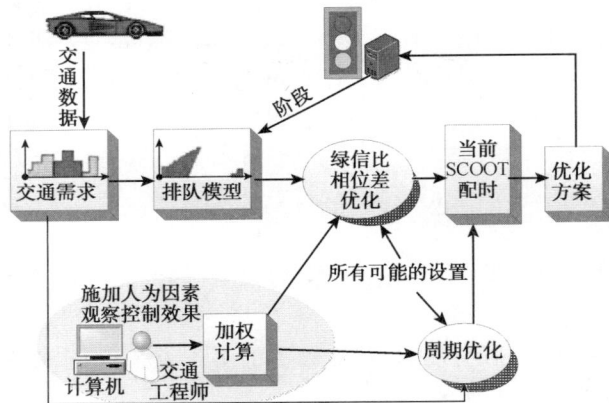

图 7-12　SCOOT 流程

SCOOT 将其所控制的路口或路段人行横道视为道路网中的节点,在每个信号周期
内,根据本周期各方向(即节点上的各连线)到达节点交通需求的变化,从交通均衡、交
通相关和交通连续的角度,对每次绿灯时间的变化进行优化调整,同时,系统的使用者
还可以根据具体情况和控制战略要求,施加带有倾向性的干预,从而在减少延误、缩短
旅行时间以及提高通行能力方面获得了明显的效果。

SCOOT 系统根据检测器得到的实时数据计算交通量、占用时间、占有率及拥挤程
度。同时,它结合检测数据和预先存储的交通参数对各路口进行车队预测,由此利用交

通环境对子区和路网的信号配时进行优化。SCOOT 系统因其在应用中的良好表现得到了普遍认可,应用越来越广泛。

（2）基本原理

SCOOT 通过车辆检测器实时的测量并跟踪交通运动,他利用一个联机的交通模型和相应的控制参数优化程序来优化信号控制器的配时。SCOOT 的检测器在当时创新之处就是集计数检测器和占有率检测器两种功能于一身。它能测量流量和占有率的混合参数;安装在适当的位置可直接测量交通阻塞。

SCOOT 检测器的环形线圈埋设在上游交叉路口的出口,检测的数据上传至"UTC"计算机中,经过处理便生成了 SCOOT 的模型核心——周期流分布图 CFP。

SCOOT 的优化程序的任务就是利用 CFP 和交通模型找出信号配时参数的最佳组合。为了跟踪 CFP 的瞬时变化,SCOOT 的优化程序采用小增量寻优方法,即信号配时参数可随 CFP 的变化作相应的微小变化。采用这种参数微调的好处是,对交通的连续运动妨碍最小,又不以为交通参与者所察觉。

（3）系统结构

SCOOT 系统是一种实时自适应控制系统,其硬件组成包括 3 个主要部分:中心计算机及外围设备,数据传输网络和外设装置(包括交通信号控制机、地感线圈检测器或视频检测器、信号灯)。软件大体由 5 个部分组成:车辆检测数据的采集和分析;交通模型(用于计算延误时间和排队长度等);配时方案参数优化调整;信号控制方案的执行;系统运行状态实时监测。以上 5 个子系统相互配合、协调工作,共同完成交通控制任务。

（4）SCOOT 系统特点

SCOOT 系统是方案形成式控制方式的典型代表,是一种实时自适应交通信号控制系统。SCOOT 系统通过连续检测道路网络中交叉口所有进口道交通需求来优化每个交叉口的配时方案,以实现交叉口的延误和停车次数最少,是一种动态、实时、在线信号控制系统。概括来讲,SCOOT 系统具有以下几个特点:

①实用性强,几乎不受城市交通出行方式、出行起讫点分布、土地使用情况、季节性和临时性交通变化以及天气和气候变化的影响。

②对配时参数的优化是采用连续微量调整的方式,即每个信号周期内,只对绿信比和绿灯起步时距作±(1~4)s 的调整,稳定性强。

③个别交通车辆检测器错误的反馈信息几乎不影响 SCOOT 系统对配时方案参数的优化,而且该系统对这类错误的信息有自动鉴别和淘汰功能。

④对实时交通状况变化趋势反应灵敏。

SCOOT 系统能提供各种反映路网交通状况的信息,为制订综合管理决策创造了有利的条件。但是,SCOOT 系统几乎所有相关控制策略模型都是通过数学模型的仿真中获得,这就要求抽象的数学模型必须准确地反映系统的运行状态,误差范围小。否则,必然会影响控制效果;另一方面,数学模型的精确度越高,结构就越复杂,因而仿真时间就越长,这将会在实时性与可靠性之间产生矛盾,特别要求进一步提高效果时,这一矛盾就会越突出。

习 题

1. 简述道路交通信号控制的目的、类型及内容。

2. 什么叫信号相位方案？二相位、三相位及四相位信号控制方案各适合于怎样的交通流组成条件？

3. 为何要设置绿灯间隔时间？设置时应考虑哪些因素？

4. 实际绿灯时间与有效绿灯时间有何关系？请画图加以说明。

5. 一个两相位控制的交叉口,各进口道每条车道的交通量和饱和流量如表 7-2 所示,设绿灯间隔时间为 6s,黄灯时间为 3s,总损失时间 3s。

交通量和饱和流量(单位:pcu/h)　　　　　　　　表 7-2

进口道 项目	北 进 口	南 进 口	东 进 口	西 进 口
交通量	620	720	390	440
饱和流量	2000	2000	2000	2000

试计算:

(1)各进口道流量比 y 及交叉口饱和度 Y;

(2)一个周期中的损失时间;

(3)最佳周期时长;

(4)显示绿灯时长。

6. 何为"绿波交通"? 单行线道路"绿波交通"设计关键是什么?

7. 对于 A、B、C、D 四个交叉口的某主干道,配制"绿波带"公共周期为 60s,公共绿信比 0.6,AB、BC、CD 交叉口距离 300m、400m 和 550m,速度均为 36km/h。

(1)请计算 B、C、D 交叉口相对于 A 交叉口的绝对相位差为多少?

(2)假定 12 点整 A 交叉口为绿灯起始时间,问此刻 B、C、D 哪个交叉口为绿灯,绿灯能持续多久?

8. TRANSYT 和 SCOOT 系统各有何特点? 各自的工作原理如何?

第8章 交通管理

→ 8.1 概述

当前,我国及许多国家大、中城市道路上产生的交通拥堵和事故多发状况已影响到人们的生产、生活与生命安全,正为人们所瞩目。

道路交通是社会与经济活动的动脉,对城市及区域经济发展和人民生活水平的提高起着极其重要的作用。道路通行能力的大小取决于现有交通结构、数量及其管理水平。从国内外一些城市道路所出现的交通拥堵、停车困难、事故多发和污染严重的情况分析,这些问题并非都由于道路使用面积不够所产生,管理不善也是其中的主要原因之一。相同的道路交通系统,由于管理的良莠而使通行能力出入很大。例如,1971年伦敦会议的一份报告曾指出:"尽管我们花费巨款兴建道路使之改善,但它的交通质量和环境质量却面临着日益衰退的局面……除非采取有效措施加以改善,否则,新建的道路会很快被堵塞"。在20世纪60年代,日本为配合经济发展,实施了大规模的道路兴建计划,但到70年代初,交通事故创历史新高,25%的道路和40%的时间都发生交通拥挤。美国洛杉矶的城市道路用地尽管超过城市面积的1/3,但仍有1/3的时间交通拥挤不堪。据统计,我国近几年很多城市拥堵现象日益普遍,一些城市全天交通平均饱和度已达到0.7以上,高峰时段车辆平均行驶速度许多道路低于15km/h。期间,各城市已投入大量人力物力改善道路状况,增加路网密度,并且在近二十个城市开工修建了地铁,但交通改善之效果并不明显,甚至仍处于日益恶化之中。上述诸例证明,单纯地兴建与改、扩建道路不仅不能完全解决交通拥堵的问题,在有些情况下,反而会刺激、吸引交通流,加剧交通量的增长。交通流重新分配的结果,将产生新的交通拥挤和事故。与此同时,由于交通设施的建设受资源、时间及资金等诸多因素的限制,其建设速度仍然严重滞后于交通需求随着城市规模扩展及经济水平提升带来的持续稳定的增长。加上人们现代交通意识淡薄,法制观念不强,交通秩序较混乱,使得对已有道路通行能力的充分利用也受到了严重影响,许多城市因此常常长时段、大范围陷入拥堵阻塞的困境之中。这更加促使人们尽快从更多维的角度重新认识交通现状,开拓更加有效的方式以缓解交通拥堵及一系列的交通顽症。

与建设道路相比,通过科学的交通管理与控制方式,可协调供需矛盾,缓解道路交通紧张局面,充分发挥路网及其设施的作用,提高道路交通网络的运输效率,而且其投入少,见效快,具有更强的现实意义。

现代交通管理理论在不断地发展与创新之中。通过交通管理理论的应用,可使交通中的人、车、路与环境状况从时间与空间上有效协调、合理分布,从而使得机动车、非机动车、行人在安全、迅速、畅通条件下运行,最终获得最大的安全率、最少的交通延误、最高的运输效率、最大的通行能力、最低的运营费用,最终达到良好的运输经济效益和社会效益。

8.2 道路交通管理的分类与管理策略

8.2.1 道路交通管理分类

现代道路交通管理的目标是维护道路交通运行秩序,优化道路空间利用,提高网络运输效率,缓解交通紧张局面。广义的交通管理内容广泛,包括运输组织管理、道路交通系统运营管理、法律法规管理、人员安全教育培训管理等。狭义的交通管理其核心就是解决城市交通需求与交通供给在总量和结构上均衡的问题,包括交通行政管理(AM-Administrative Management)、需求管理(TDM-Traffic Demand Management)及交通系统管理(TSM-Traffic System Management)三大类。其中,交通行政管理属行业管理,是从行业、行政体系角度实施的一种管理办法。交通需求管理及交通系统管理是从技术角度实施的管理办法。

道路交通行政管理主要包括:交通法规制订与执法、驾驶员的管理(含培训、发执照、考核、审验)、车辆管理(含车辆牌证,车辆转户、报废、年检)、道路管理(含道路通行秩序、路边施工管理、违章占道清除)、交通事故处理(现场勘测、保护,事故认定、处罚),以及对重要交通设施的维护与管理(道路安全与照明等附属设施、电子检测与诱导设施、安全救援设施、收费设施)。

交通需求管理主要是交通需求总量的管理与控制,即通过交通政策的引导与综合管理方法的制定,辅以经济性策略的落实,从而达到优化交通结构,削减道路交通流量,最终缓解交通紧张状态的目的。

交通系统管理主要是交通供给质量的管理,即通过对交通基础设施进行优化设计与配置,并按有关规则与要求,对交通流进行合理地引导与组织,使交通流在时间和空间上分布趋于均匀,从而提高网络系统的运输效率,保持交通安全有序正常进行。

8.2.2 道路交通管理策略

1. 交通需求管理策略
(1)优先发展策略

在城市道路交通的各种出行方式中,不同交通方式的道路空间占用要求、环境污染程度、能源消耗量有较大的差异。在世界各国许多城市,对人均占用道路面积少、人均环境污染低、人均能源消耗小的公共交通方式均实行了规划、建设及政策性优惠等一系列配套的优先发展策略。目前,我国正在开展城市公共交通优先发展保障体系的研究,从政策措施、技术措施等方面保障公交的优先发展。发达国家除了采用公交优先发展的措施外,还采用多占位车辆(High Occupancy Vehicle,HOV)优先,即乘带多名乘客(2 人以上)的小汽车在交叉口、收费口、通道享有优先通行权,有的城市设置了 HOV 专用车道,以此鼓励驾车人员多带乘客,以便减少道路上的小汽车数量。

目前,我国正在借鉴国外发达国家的经验,从政策、技术等方面保障城市公交的优先发展。一些城市逐步建设高效、环保、大容量的轨道交通分流部分交通需求以缓解拥堵,更多城市注重落实常规公共交通的优先发展保障体系,包括除建立公交专线或 BRT 专用道路系统外,在交叉口也实施公交优先通行控制方案,有时采用财政补贴的方法,从时间及经济两个方面增加公交吸引力。此外,我国部分城市也探索实施合乘制,号召、组织、鼓励去同一方向上班的人员合乘一辆车。合乘人可轮流提供车辆,若 2~5 人合乘,则将 2~5 辆车单独乘车出行变为 1 辆车出行。合乘出行在出租车运营管理方面也有诸多的理论研究与部分实践,也得到了社会各阶层的认可。无论哪种形式的合乘,总是既减少了路上交通量,又减少了对环境的污染,同时也减少了出行成本,是一种值得鼓励,并需要从法律法规及技术层面不断完善的出行模式。

(2)禁止与限制策略

当道路交通网络总体交通负荷达到一定水平时,交通拥挤现象就会加重,这时,必须对某一些交通工具实施限制发展或限制使用等策略,在一定程度上可防止交通状况的进一步恶化。通常,许多城市对于交通运输效率低、污染大、能耗高的摩托车实施了限量控制发展策略,对于大城市私家车采用一定的方式干预其过快发展的速度。此外,许多城市在 7:30~18:30 或不同的时段,对市区除有特殊许可证承担生活必需品运送的货车外,均采取限制或禁止通行策略。对于出租车、私家车及公务车在不同日期采用依此限号出行的通行策略。对于部分重点交叉路口,根据流量及交叉干扰程度,实行全天候或时段性的禁左通行策略。这一系列措施的常态化落实使得由于交通需求总量的无限膨胀而引发的交通拥塞状况得到了有效缓解。

(3)经济杠杆策略

经济杠杆策略常常通过某时段对某路段或某停车场收取不同费用促使道路更合理使用的方式来调整出行分布或减少出行需求量的管理措施。如高峰时段对某些过分拥挤重要通道收取通行费(也称拥挤费),市中心停车场实行计时收费或加收额外停车费等方式减少市中心区的交通量。当然,国外也有一些城市在高峰前的某固定时段减少或减免公共交通出行费的方式调节交通流及设施的时空均衡分布性。此外,我国许多城市也对轨道交通或公交车运营采取适当财政补贴的方式诱导大容量公共交通分担更多的交通流量比例。有些城市还采用了财务补贴或车辆集体调配的方式引导及控制公务车的合理使用,从而达到提高车辆利用效率的目的。与此同时,采用征收汽车拥有税、汽车牌照税、年检费等措施也有助于控制汽车总量,缓解城市交通拥堵。

(4)科学规划策略

城市规划和城市开发建设中要充分考虑人口与就业相对平衡,科学布置商业区、工业区、居住区,并尽可能实现各区域功能完善,以减少人流、物流的部分流动,如城市建立多个商业副中心,可基本保证日常购物娱乐在区内实现。此外,综合规划各个区域机动车道路、自行车专用道路,尤其应加强交通枢纽、集疏运中心、生活超市商场等车流与人流集散点设施的布局与衔接。这一系列综合规划措施均有助于从源头上引导交通的有序流动,减少车辆无效空驶或人员的长距离频繁移动。

(5)综合性控制发展及有效引导策略

由于土地资源的有限性,以及交通设施容量的有限性,决定了面对持续增长的交通需求,必须加以引导和限制。在北京、上海等城市采用严格的定额供应方式有效地控制机动车的拥有量,即根据道路现有容量、新建道路增长速度、机动车报废情况、停车位配套登记情况等采用摇号购买及号牌拍卖等措施控制每年发放购车证数量。此外,有条件的城市还可以推行错时上下班制度或采用弹性工作时间,削减工作出行的高峰时段出行量。必要时鼓励 SOHO(Small Office Home Office)工作制,即对于部分文案或设计工作鼓励在家完成,以节约部分社会资源,并提高工作效率。还有,充分利用通信、网络等现代信息技术,加大电子文件传输比例,推广视频会议系统,普及网上购物行为等,也可大大减少人员的流动,为道路交通的畅通、高效和低污染运行提供有力的保障。

2. 交通系统管理策略

交通系统管理是通过交通系统设计并配合交通管制的方式,实现对现存道路系统机能改善,达到均衡交通流时空分布,提高交通网络运输效率的管理模式。根据我国国情及发达国家的经验,可采用节点交通管理策略、干线交通管理策略和区域交通管理策略,简称为点、线、面管理策略。

1)节点交通管理策略

节点交通管理是指以交通节点(往往是交叉口)为管理范围,通过管理规则的制订落实、交通工程设施的合理设计及硬件设备的优化控制,提高交通节点通过能力的交通管理措施。节点交通管理是城市交通系统管理中的最基本形式,也是干线交通管理、区域交通管理的基础。在我国,目前常采用的节点管理方式包括交叉口控制方式的选择,交叉口渠化及信号交叉口优化配时等内容。

(1)交叉口控制方式的合理选择

目前,我国城市道路网络中,常采用的交叉口控制方式有立交与平交。由于立交占地面积较大,仅设置在城市出入口道路与环城公路交叉处,或设在对能力要求极高的城市快速道路(或主干道)与主干道交叉处,其数量较少,通行效率基本与路段接近,在此不做特殊研究,而仅介绍占有相当数量规模,并且严重影响道路通行效率的平面交叉口。平面交叉口又分为信号控制交叉口、无控制交叉口和环形交叉口三种基本形式,各种交叉口设置条件如下:

①信号控制交叉口为大、中、小各类城市主要交叉口形式。其适用于交通量较大的两条主干道相交或主次相交的交叉口。信号控制方式有定周期控制,车辆感应式控制等形式。

②无控制交叉口适用于交通量不太大的次干道与支路相交或支路与支路相交的

交叉口。当相交道路中的一条或两条流量达到一定规模时,应通过仅一条或两条道路均设置停车或让行标志标线,以保证较次要道路车辆停车让行(图8-1)或减速让行(图8-2)较主要道路车辆,或不分主次的相交道路车辆双方相互停车让行或减速让行,从而保证运行的安全可靠性。

图8-1　停车让行标志　　　图8-2　减速让行标志

a.停车标志控制。停车标志控制分单向停车控制和多向停车控制。单向停车控制是指进入交叉口的次路车辆必须在停止线以外停车瞭望,确认安全后,才准许通行。多向停车控制是指各路车辆进入交叉口均需先停车后再通过。停车控制对停车有强制性要求。

b.让路标志控制。让路控制又称减速让行控制,也分单向让行控制和多向让行控制。对于交通量不太大的次支相交的两条道路中,支路路口或路面设置"让"字标志,车辆在进入交叉口时必须放慢车速,让次路车辆优先通行。对于同等级次次相交道路的交叉口,可在四个入口均设有让行减速标志,提醒各路口入口车辆相互减速避让,安全通行。

停车控制与让路控制差别在于前者对停车有强制性。

c.不设任何管制。对于交通量较小的两条支路相交的交叉口,也可不设任何让路或停车标志,但驾驶员依然应谨慎驾驶,警惕行车。

③环形交叉口一般在五路及以上的交叉口或有特殊景观设计要求或标志性较强的某些四路交叉口设置。环形交叉口一般不设置信号灯,通过入口车辆依次进入并逆时针运行的方式保证其安全与通畅,当流量增大拥堵加剧时,也可采用环形加信号的控制方式。

各种交叉口设置形式及其管制方式的选择应参考道路功能、交通流及交通安全性三方面的因素,并考虑今后的发展趋势加以确定。而信号控制及非信号控制交叉口见表8-1及表8-2具体条件和参数合理设置。

按交叉道路类型选择交通管制方式　　　　　表8-1

交通口类型	建议管制方式	交通口类型	建议管制方式
主干路与主干路	信号灯	次干路与次干路	信号灯,多向停车或让路
主干路与次干路	信号灯	次干路与支路	单向停车或让路
主干路与支路	单向停车,单向让路	支路与支路	单向停车或让路,不设管制

按车流量和交通事故次数选择交通管制方式　　　　表 8-2

项　　　目			管理方式				
			不设管制	让路	单向停车	全向停车	信号灯
车流量	主要道路	辆/h	—	—	—	300	600
	次要道路	辆/h	—	—	—	200	200
	合计	辆/h	100	100~300	300	500	800
		辆/d	≤1000	<3000	≥3000	5000	8000
每年直角碰撞事故次数			<3	≤3	≥3	≥5	≥5
行人等其他因素		人/h	—	—	—	—	200

（2）信号控制交叉口管理方式

在城市交通网络中由于信号控制交叉口的某行车方向车流仅仅在绿灯期间通行，因而在交叉口平均通行时间仅仅为路段通行时间的一半左右，从而导致每一个交叉口自然地成了交通网络的"瓶颈口"，也往往成了交通短时间及长时间拥堵的产生点。因此，通过各种管理及技术措施提高信号交叉口的通行能力，可使得交叉口与路段通行能力的协调，网络运输效率大大提升，拥堵也将随之有加以减缓。通常采用的交叉口管理方式有：

①进口渠化。对于面积过大的交叉口，车辆及行人通行距离也大，这使得通行周期加长，通行能力受到影响。同时，行人及自行车通行时间的延长，使得其等待承受压力增大，闯红灯概率也相应增大。对于这样的交叉口，可进行渠化设计，即通过在道路上划导流线或用实体隔离岛分隔车道，或建立某些专门待转区及停留区的形式，优化利用交叉口空间及通行时间，使各种不同方向、不同性质和不同速度的车辆或行人，能像渠道内的水流那样，顺着规定的方向在给定的时间段内互不干扰地通行。这样可使交叉口上冲突点冲突区域大大缩小，安全性和通行效率大大提升。图 8-3 为经过渠化设计的某交叉口。

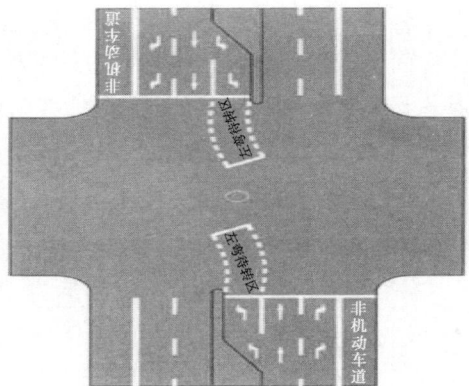

②增加交叉口进口车道数。通过对机非分隔带或中央分隔带改造，使得进口车道数增加，从而使得交叉口在单位时间的通行能力得到提高，以此来弥补通行时间的不足，见图 8-4。

图 8-3　经过渠化设计的交叉口　　　　图 8-4　进口增加交叉口进口车道数

③交叉口转向限制。在交通流量较大的交叉口，可采用单行线、禁止左转等管理措

施,以提高交叉口通行能力。

④信号配时优化。根据交叉口交通量、转向车流量大小等优化信号灯配时,使有限的绿灯时间放行尽可能多的车辆数。对公共交通也可采取优先信号控制的方式减少延误,提高通行效率。必要时可实施多信号联动控制,实现"绿波交通"。

2)干线交通管理策略

干线交通管理是指以某交通干线为管理范围制定管理措施,优化利用交通干线时空资源,提高交通干线运行效率的交通管理方法。干线交通管理不同于节点交通管理,它以道路网络布局为基础,以干线交通运输效率最大为管理目标。在我国,常用的干线交通管理方式有以下几种。

(1)单向交通管理

单向交通又称单行线,是指道路上的车辆只能按一个方向行驶的交通。实施单向交通可明显提高道路行车速度及通行能力,减少延误及道路交通事故。然而单向交通也存在着增加了车辆绕道行驶的距离,增加公共车辆乘客步行距离,易导致不熟悉情况的驾驶员迷路等缺点。对于路网密度大的旧城区狭窄街道、路面较宽的巷道,若便于划出一组对向通行的平行道路,可组织单向交通。为提高公交乘客的便利性,个别单向交通路段车道有富余时,也可划出一条靠边车道专供对向公共汽车行驶,称为逆向公共汽车专用车道,即在此单向交通街道上,只允许公共汽车双向通行。

(2)变向交通管理

变向车道是指在不同的时间内变换某些车道的行车方向的交通。如在"潮汐交通"现象较为明显的城乡连接道路或住宅区与商业区连接的道路上,可将"4+4"车道依据高峰期流量的不均衡性在早高峰和晚高峰分别变为"3+5"与"5+3",以适应不同时间段的"非均衡性交通",变向交通的实施,充分利用了某一方向较为空闲的道路资源减缓另一方向的交通拥堵与排队现象。

(3)专用车道管理

专用车道包括公交车辆专用车道和自行车专用车道。

①公交车辆专用车道。公交车辆载客量大,人均占用道路面积小,可有效地利用道路,故可采用公交车辆专用车道的办法来提高公交车辆的运行效率和服务质量,减少城市交通量,使整个城市的交通服务质量得到改善,带来较大的社会经济效益。

公交车辆专用车道的开辟,避免了公共汽车同其他车辆的相互干扰,提高了公交车运营效率。在公交需求量更大的道路上,还可考虑修建快速公交系统(Bus Rapid Transit,BRT)这种被称作"地面上的地铁系统"设有公交专用道路和新式公交车站,并充分利用现代智能交通与运营管理技术后可进一步提高运行效率。

②自行车专用道。目前,我国许多城市交通是复合型交通系统,市民出行方式包括地铁、公共汽车、小汽车及自行车,而自行车接驳地铁的出行方式更加环保和健康。实现自行车与公共交通的无缝接驳,既是以人为本的城市管理理念的体现,也是缓解交通压力的举措,更顺应了自行车回潮的大趋势。

自行车接驳地铁的出行方式在国外已经流行多年。韩国首尔,大力推广自行车出行作为缓解交通堵塞的重要政策已被写入城市发展纲要,市政部门修建了自行车道和自行车公园,并扩充了自行车存车处和服务中心。法国巴黎、丹麦哥本哈根等地也都建立了自行车专用道,政府还为市民提供免费的自行车。科学发展自行车出行系统,日益成为我国城市交通发展的一个重要命题。

除以上专用车道外,对于过境车辆较多的城市,开辟专门的过境线路,引导过境交通避开市区,对于缓解市区交通压力,方便各类车各行其道、高效通行,也非常必要。

(4)禁行交通管理

为了减轻或均衡道路上的交通负荷,可对机动车和非机动车实行某种限制性管理,称为禁行管理。禁行管理大致有时段禁行、错日禁行、车种禁行、重量与高度禁行及转弯禁行等。当然,这些措施究竟在什么时段,哪些路段,采取其中哪一种或几种,应依据道路、交通及环境状况研究制订。

3)区域交通管理策略

由于交通系统的复杂性,交通问题并不是简单地用某种措施能够解决的,需要用一种系统、战略、前瞻的眼光来制订适合各城市的法律、政策及综合运营方案。

区域交通管理是城市交通系统管理的最高形式,它以全区域所有车辆的运输效率最大(总延误最小、停车次数最少、总体出行时间最短、事故率最小等)为管理目标,按照道路的功能,合理地组织交通,调节疏导交通流量,充分发挥路网的效能,使道路交通量与道路通行能力相协调。区域交通管理是一种现代化的交通管理模式,它不仅需要系统组织管理方法,有时更需要以城市交通信息系统作为基础,以通信技术、控制技术、计算机技术作为核心技术支撑。

区域交通组织管理的方法,首先需要对区域内道路网络的交通运行状况进行系统调查,掌握大量的交通基础资料和信息,并对城市交通路网系统的现状进行分析,根据路网道路功能的分工和交通流分布状况,以安全、畅通为目标,通过交通模拟分析评价的方法对现有交通流进行合理分配,并针对存在的问题及预期达到的交通运行效果,制定出能够对车流运动状态产生控制作用的多种交通管理措施组成的实施方案,有时需要对交通管理措施进行反复的评价,对路网交通流量不断重新分配与方案调整。在此过程中,如果评价结果满足目标要求及满足预期道路服务水平,或比现状有明显改善,则规划调整的交通管理措施是可行的。否则再作调整和重新评价,直到满足要求为止。如果反复调整交通管理措施还得不到满意的结果,则说明交通管理的潜力已挖尽,要改善交通状况,只有通过开辟新路(包括建立轨道交通线路)或改造老路的路段、路口等工程建设措施,以及通过综合治理的办法来解决。

从全局的角度出发,对城市道路加以科学化的组织与利用,具有重要的现实意义。如我国现有的许多城市市中心地区街道,由于修建时交通量较小,许多道路比较狭窄。阻车现象十分严重。所以,需要以全局观念分析道路状况,对已有道路规定其使用方式,对各种车辆的运行进行优化组织。一般除增加一些干道或拓宽现有道路外,在控制区域及全局范围内,经过系统研究和分析,科学规划及组织部分单向交通,规划出部分路段部分时段部分车种的禁行交通,适当设置一些"严管街"禁止占道经营及车辆乱停乱放,以及配合"拥堵收费"策略加强高峰期重点路段的管理,不仅可以有效地提高区域路网的交通效率、减少交通事故、防止环境污染,而且投入少、见效快,效益高。另外,在许多城市轨道交通修建过程及道路改扩建工程中,对原有道路交通的运营影响极大,需要对施工区的交通影响区域、影响状况进行全面分析,并通过现代化的组织与管理方法进行道路及交叉口疏导方案制定、发布及落实,从而实现不同的时间、方向、道路功能上的交通量的控制和调节及公共交通的接驳等。这种区域交通管理方法对于保持良好的运行秩序,如期完成道路工程改造与建设具有非常重要的现实意义。此外,从城市总体(或高速公路网络)需求出发,科学合理地布置事故救援点,加强交通事故快速应急处理能力,并通过建立完善的交通安全教育体系,均有利于进一步完善交通管理保障体系。

8.3 道路交通法规与交通标志标线

8.3.1 道路交通法规

道路交通法规不是固定不变的,而是随着社会的发展、科技的进步、交通建设水平的提升、人文精神的发扬光大以及交通管理的需要而产生与不断发展的。它来源于社会的交通实践,又指导和约束着着社会的交通实践。

道路交通法规是国家在道路交通管理方面制定的文件、章程、条例、法律、规则、规定和技术标准的总称,是国家行政法规的一部分,其目的在于维护交通秩序、保障交通畅通和安全。道路交通法规也是实行交通管理控制,进行交通宣传和安全教育的依据,一切参与道路交通活动的部门、单位和个人都必须切实遵守。违反交通法规、造成交通事故者,应视情节轻重、损失大小依法给予处分,甚至追究刑事责任。

道路交通法规是经调查研究和反复讨论,并由立法机关正式颁布的一种带强制性的行政法规,是人们长期在道路、车辆、驾驶员运营管理的实践中,不断积累的交通安全经验总结。它不仅具有严肃的法律性质,而且具有科学依据。

8.3.2 道路交通标志

1. 道路交通标志的意义

道路交通标志是道路交通法规的重要组成部分,也是交通管理的重要手段。交通标志往往以特定的几何形状、不同颜色的底色与各种文字、符号组合所构成的综合信息,向交通参与者预示前方道路情况,交通管理禁止、警告及提示指令,以及交通设施分布状况。其在公路与城市道路交通管理工作中占有重要的地位,被人们称之为昼夜工作从不下岗的固定"交警"。

交通标志内容的设计应使交通参与者在很短的时间内就能看到、认识并完全明白它的含义,并采取正确的措施。因此,交通标志应清晰易见、易辨易懂。常用的交通标志颜色包括红、黄、蓝、白;形状包括圆形、三角形、菱形、正方形、正五边形;符号包括文字、图案、数字及各种组合等。

2. 道路交通标志种类

道路交通标志按其作用分类可分为主标志和辅助标志两大类。

（1）主标志

主标志就其含义不同分为下列7类：

①警告标志：是警告车辆、行人注意道路交通的标志（图8-5），其形状为顶角朝上的等边三角形，其颜色为黄底、黑边、黑图案。

| 注意行人 | 注意牲畜 | 村庄 | 施工 | 隧道 |

图 8-5　警告标志

②禁令标志：是禁止或限制车辆、行人交通行为的标志（图8-6）。其形状一般为圆形，其颜色除个别标志外，一般为白底、红圈、红杠、黑图案。

| 限制高度 | 禁止掉头 | 禁止超车 | 限制速度 | 解除限制速度 | 停车检查 |

图 8-6　禁令标志

③指示标志：是指示车辆、行人应遵循的标志。其形状分为圆形、长方形和正方形，其颜色为蓝底、白图案。

④指路标志：是传递道路方向、地点、距离信息的标志。其形状，除地点识别标志外，为长方形和正方形；其颜色，除里程碑、百米桩和公路界碑外，一般道路为蓝底、白图案；高速公路为绿底、白图案。

⑤旅游区标志：是提供旅游景点方向、距离的标志。

⑥作业区标志：是告知道路作业区通行的标志。

⑦告示标志：是告知路外设施、安全行驶信息以及其他信息的标志。

（2）辅助标志

辅助标志是附设在主标志下，对其进行辅助说明作用的标志。这种标志不能单独设立和使用。辅助标志按其用途又分为表示时间、表示车辆种类、表示区域距离、表示警告和禁令理由的辅助标志以及组合辅助标志等几种。其形状为长方形，其颜色为白底、黑字、黑边框。

此外还有可变信息标志，它是一种因交通、道路、气候等状况的变化而改变显示内容的标志。一般可用作速度限制、占道施工车道控制、道路流量流向变化状况、交通状况、气象状况及其他内容的显示。主要用于高速公路、城市快速路的信息提示。可变信息标志的显示方式有多种，如高亮度发光二极管、灯泡矩阵、磁翻版、字幕式、光纤式等。可根据标志的功能要求、显示内容、控制方式等进行选择。

3. 道路交通标志的尺寸和视认距离

标志牌的大小尺寸，应保证驾驶员在一定视距内能方便、清晰地识别标志上的符号与文字，故符号、文字的大小必须满足认视距离的要求。

视认距离同行车速度与标志大小有关，根据实际试验，不同行车速度或不同等级的道路所要求的视认距离不同，车速越高则视认距离越短。为了能在较远的距离能视认清标志的内容,就必须相应地加大标志尺寸。同时,因字体的不同、笔画的多少或粗细也会影响视认距离。

在我国,指示、警告、禁令3种标志的外廓尺寸按计算行车速度分两种情况计算。计算行车速度大于或等于80km/h(高速公路、一级公路及平原微丘的二级公路)和计算行车速度小于80km/h的道路(一般性公路、城市道路)的道路,不同形状建议尺寸取值见表8-3。

指示标志尺寸与速度的关系　　　　　　　　　　　　　　　　　表8-3

速度(km/h)	100~120	71~99	40~70	<40
圆形(直径 D)(cm)	120	100	80	60
正方形(边长 A)(cm)	120	100	80	60
长方形(边长 A×B)(cm)	190×140	160×120	140×100	—
单行线标志(长方形边长 A×B)(cm)	120×60	100×50	80×40	60×30
会车先行标志(正方形 A)(cm)	—	—	80	60
衬边宽度 C(cm)	1.0	0.8	0.6	0.4

8.3.3　道路交通标线

道路交通标线是是由施划或安装于道路上的各种线条、箭头、文字、图案及立面标记、实体标记、突起路标和轮廓标等所构成的交通设施,它的作用是向道路使用者传递有关道路交通的规则、警告、指引等信息,可以与标志配合使用,也可以单独使用。

1. 道路交通标线按功能可分为3类

①指示标线:指示车行道、行车方向、路面边缘、人行道、停车位、停靠站及减速丘等的线。

②禁止标线:告示道路交通的遵行、禁止、限制等特殊规定的标线。

③警告标线:促使道路使用者了解道路上的特殊情况,提高警觉准备防范应变措施的标线。

2. 道路交通标线按设置方式可分为3类

①纵向标线指沿道路纵向敷设的各种标线。主要有:

a.黄色双实线。用以分割对向车道,表示严格禁止车辆越线超车或压线行驶。

b.黄色单实线。用以分割对向车道,表示严格禁止车辆越线超车或压线行驶。

c.虚实黄线。用以分割对向车道,是一条实线与一条虚线平行的两条黄线标线,表示实线一侧禁止车辆越线超车或向左转弯;虚线一侧准许车辆越线超车或向左转弯。

d.白色实线。用以分割同向车道,表示不准车辆跨线超车或压线行驶。也用于指示机动车道的边缘,或用来划分机动车与非机动车道的分界线。

e.白色虚线。用来分割同向车道,也用于左转弯导向线,表示在保证安全的情况下,允许车辆在超车、向左转弯时,可以越线行驶。

f.白色双虚线。路口为减速让行线,路段为行车方向随时间改变的可变车行道。

②横向标线:指沿着道路行进方向成垂直、横断面敷设的标线。主要有:

a.停车线。信号交叉口,表示车辆等候信号停车的标线,为白色单实线。

b.减速(或停车)让行线。无信号控制交叉口,确定减速让行的标线,为白色平行双虚线;停车让行的标线,为白色平行双实线。

c.人行横道线。表示准许行人横穿车行道的标线,为白色平行线束组。

③其他标线:包括锥形交通路标、导向标、道口标柱等。

3. 道路交通标线按形态分类

①线条:施划于路面、缘石或立面上的实线或虚线。

②字符:施划于路面上的文字、数字及各种图形、符号。

③突起路标:安装于路面上用于标示车道分界、边缘、分合流、弯道、危险路段、路宽变化、路面障碍物位置等的反光或不反光体。

④轮廓标:安装于道路两侧,用以指示道路的方向、车行道边界轮廓的反光柱(或片)。

习 题

1. 简述交通需求管理的目的、内容。

2. 结合当地交通状况,分析或补充说明其常用的交通管理方法及其成效。

3. 简述平面交叉口交通管理的目的及措施。

4. 某交叉口主要道路高峰小时交通量分别为723辆/h及650辆/h,次要道路两个方向高峰小时交通流量分别为180辆/h及160辆/h,在交叉口平均每年发生碰撞事故6起,不考虑行人过街需求因素,问采用哪种控制为宜?

5. 简述单向交通设置条件和优缺点,分析其交叉口交通组织与双向交通相比有何不同。

6. 简述道路交通标志的分类及作用。

7. 简述道路交通标线的分类及作用。

第9章 停车场规划设计与管理

→ ## 9.1 概述

9.1.1 停车场的作用

汽车出行到达目的地后必然要长时间或临时性停靠,通常将车辆停驶相关的交通称为静态交通。动态交通和静态交通是城市道路交通不可分割且相互依存的两个组成部分。停车场是静态交通的载体,是供车辆停放的场所。停放车辆是道路交通的一个重要问题,是影响城市内部和城市间交通运输的重要因素之一。城市如果没有设置合理的车辆停放场所,必将造成车辆沿路任意停放,占用人行道和车行道,既影响交通运输,又妨碍市容美观,而且容易引发交通事故,给居民工作、生活带来不利影响。正确处理车辆停放,对缓解道路交通拥挤,减少交通事故,提高道路通行能力等具有重要意义。

从世界范围来看,停车问题的解决并不是简单地依靠增加供给来实现的,停车规划不能一味地提高停车配建指标,它是一个需要考虑各种影响因素的系统工程。首先,严重不足的停车设施供给必然带来驾驶员寻找停车位的绕行,从而增加额外的交通流量并可能导致绕行期间驾驶员由于焦虑等因素带来的不安全驾驶。同时,稀少的停车资源也会降低土地的价值,并减少商业机会。一般地,城市有限的土地资源并不允许无限制的停车设施供给,特别是对于 CBD 地区或人口稠密的地区,基于满足需求的停车资源供给策略不仅带来大量的土地资源浪费,并将诱导更多的机动车出行,与大城市大力倡导公共交通出行的战略背道而驰。停车规划相应内容的制定应结合停车管理的政策,两者相互协作、共同作用,使整个交通系统协调发展。

9.1.2 停车场的分类及特性

1. 按停放车辆的类型

(1)机动车停车场

为各类汽车和摩托车停放提供服务的停车场所。

(2)非机动车停车场

为自行车停车场,包括各种类型的自行车停放处。

2. 按停车场服务对象

（1）专用停车场

指供本单位车辆停放的场所和私人停车场所,如公交公司、运输公司、机关部门的停车场和检修保养场等。

（2）公共停车场

指为社会车辆提供服务的停车场所,如城市出入口、外围环路、市中心区等处的为社会公用的停车场以及商场、影剧院、体育场、医院、机场、车站、码头等部门的停车场。

3. 按停车场地使用特性

（1）临时停车场

根据一些临时需要,临近划定一些停车场地,场地的使用性质随时可能发生变化。

（2）固定停车场

根据确定需要而固定设置的停车场地,场地的使用性质一般不易发生变化。

4. 按停车用地性质

（1）路内停车场

路内停车场是在道路用地控制线(红线)以内划定的供车辆停放的场地。这种停车场一般设在街道较宽的路段,或利用高架道路、高架桥下的空间停车。据国外的统计资料,1km 路段上沿路边停放三辆车,在路段上平均车速为 24km/h,路段通行能力损失为 200 辆/h;如道路两边停放车辆达 310 辆,亦即 1km 路段通行能力的损失率比沿道路整齐停放还大。因此,为了使道路在使用中的有效通畅,对于交通量大、道路又狭窄的情况应绝对禁止路边停车,至于交通量不大且道路又有一定富裕宽度的情况,路边停车亦有一定的限制,如多采用按停车时间累计的停车收费办法可进行控制。至于哪些路段允许路上停车,可参考下列条件:

①原则上不宜在主要干道上或道路纵坡大于 4% 的路段上设置路上停车场。

②车行道宽度大于 6m,路上停车不妨碍交通正常通行及保证其基本通行能力,可利用机动车道、非机动车道、路肩、隔离带、广场等设置路上停车场。

③路上停车场可设在需要停放车辆的办公业务区、商业区、繁华街道等,设置时应基本上不妨碍交通,并应与路外地面停车场配合使用。

路上的停车场设置简易、使用方便、用地紧凑、投资少,适宜车辆临时停放。

（2）路外停车场

路外停车场是在道路用地控制线以外专辟的停放车辆的场地,包括地面停车场、停车楼、地下停车库等。其中,地面停车场由出入口通道、停车坪及其他附属设施组成。这些附属设施一般包括服务部、休息室、给排水与防火设备、修理站、电话、报警装置、绿化、厕所、收费设施等。

为节省城市用地,充分利用空间,可修建停车楼,或利用大型建筑物设屋顶停车场。停车楼的形式有坡道式和机械式两类。前者是驾驶员驾驶车辆由坡道进出停车楼,车辆出入便利且迅速,建筑费用与维修费用较少,后者是用升降机和传送带等机械运送车辆到停放位置,占地较少,有效停车面积大。

地下停车库是将停车场建在地下,这是节约城市用地的有效措施。结合城市规划和人防工程建设,在不同的地区修建各种地下停车库,如公园、绿地、道路、广场及建筑物下面。修建地下停车库的费用大,但容量也大。

另外,复合式停车架也是立体机械式停车楼的一种应用(图9-1),它采用半固定的多层钢结构,采用机械动作实现车辆在立体空间的存取。复合式停车架可以安装在地面停车场或者地下停车库,在相同用地面积条件下增加了停车泊位的数量。

图9-1　立体停车楼及复合式停车架图例

不同的路外停车场建造形式有不同的优缺点,在具体规划选择时如何扬长避短,达到最优效果,取决于对各类建造形式的深入认识。各种停车场主要特性见表9-1。

停车场建造形式特点　　　　表9-1

建造类型	平面停车场	地下停车库	立体停车楼
形式特点	➤建造成本低 ➤停车存取方便 ➤平均每车位占地面积25~30m² ➤可供各类型车辆停放	➤用地面积不受约束 ➤平均每车位占地面积30~40m² ➤建造成本高于平面停车场 ➤可配合大楼地下室设置	➤每车位占地面积少,平均每车位占地面积15~25m² ➤适合中小型车辆停放 ➤建造成本最高 ➤对周围环境影响最小
适用范围	➤地价低廉的地区 ➤可建停车场面积足够大 ➤停车需求量不高	➤可作为公寓住宅停车场 ➤作为一般大楼附设的停车设施 ➤可建造大型停车场	➤市中心地价昂贵地区 ➤可用地形狭窄的位置 ➤对环境要求较高场所

停车场的规划设计除包括停车场的内容外,还应特别重视周围道路的疏解能力和进出通道、上下通道、安全紧急通道及驾驶员通道,以及通风、照明、机械设备、防灾及管理设施等问题。

⬆9.2　车辆停放特性与停车调查

车辆停放是交通过程不可分割的组成部分。20世纪50年代后的建筑高层化、汽车保有量急剧增加曾使发达国家的交通因停车问题陷于困境。以美国为代表的北美、欧、日等国大城市对停车吸引最密集的中心商业区作过长期的调查研究,提出了很多对策,并取得了显著的成效。

我国许多大城市的市区(包括中心商业区、交通枢纽中心和大型公共建筑),也出现了"停车难"的问题,加之停车车位不足、违章占路,管理混乱,最终影响到动态交通,导致车速下降、堵塞严重。而我国开展系统的停放车辆相关研究起步较晚,加上自行车比重大的交通结构特点,对停车调查与相关研究显得十分重要与迫切。

9.2.1　车辆停放特性

为了描述车辆停放的主要特性,对停车调查的基本概念和术语参数做以下定义。

(1)法定停放、容许停放和违章占路停放

①法定停放是指公安交通管理部门来用停车标志、标线等物理、法制隔离设施指示容许停放的设施。

②容许停放则是道路内(路边)的法定容许停放部分和因历史沿袭的可以停车部分设施之和,后者包括在市区内一些支路、街巷尚未安排警力或标志标线潜在可停放的地点。

③违章占路停放是指在凡有禁停标志、标线指示的地点停放车辆。

(2)停车供应

指路内、路外停放场地可能提供的最大停放车位数(或面积)。停放供应的计量在调查中用实际可停数表示。

(3)停放吸引量

在指定小区或停放点上一定时间内(一天、高峰、小时等)的停车数量。

(4)停放车指数(停放饱和度)

指某一时刻实际停放量与停车供应设施容量之比,它反映了停放场地的拥挤(饱和)程度。

①高峰饱和度:指停车高峰时刻的实际停放量与停车供应设施容量之比;

②平均饱和度:指某一个相当大的时段(一日或若干小时)内各个时刻停放饱和度的平均值。

(5)平均延停时间

表示全部实际停放车辆的平均停放时间。对于间隔观测调查,平均延停时间即为总延停时间(总延停数乘以间隔时间)除以实际停放车辆数。

(6)停放周转率

$$停放周转率 = 停车场日均总停车数/停车场总泊位数 \qquad (9-1)$$

它是反映停车场服务能力的指标,周转率越高,停车场服务的车辆数就越多,但单纯地依靠停放周转率调节可能会导致高峰时段的拥堵,必须配合停车场面积来调节。

(7)高峰停放比率

指停车数量在时间分布上的相对变化特征。用某小区或停车场高峰实际停放量与平均停放量的比值来表示。

(8)停车密度

停车密度是停车负荷的基本度量单位。它可以做两种定义:一是指停车吸引量(存放量)大小随时间段变化的程度,一般高峰时段停放密度最高;另一定义指空间分布而言,表示在不同吸引点(停车场)停车吸引量的大小程度。

(9)步行距离

指停车存放后至出行目的地的实际步行距离。

9.2.2　车辆停放调查的目的和意义

车辆停放调查的重要意义是毋庸置疑的,因为车辆停放占用了交通过程 90% 以上的时间。假定每辆车一年行驶里程为 2 万 km,车速为 40km/h,则全年动态行驶时间也只有 500h,而停放时间高达 8000h 以上。国外资料表明,多达 1/5 的市内交通事故直接或间接地与路边停车有关;无论是机动车或自行车,每次出行的起点或讫点,都有车辆停放问题,所以,进行停放车辆调查研究具有重要的现实意义。

一项完全的车辆停放调查应包含有近期改善措施和从长远考虑的动态与静态结合的供需关系的研究目标。车辆停放调查的目的具体如下:

①了解车辆停放设施供应状况,包括路边和路外的各类停放场地及其车位容量、位置、设施、管理、收费情况;

②了解各类停放场地上停放车辆的停放数量的时间、空间分布等基本特征;

③了解车主停放的目的,停放处至出行目的地步行时间(距离)、对停放点设施与管理收费的意见和要求;

④通过调查,调整与增减现有停车供应的实际需要,提出近期改善停车问题的对策措施;

⑤调查停车吸引与土地利用,交通量以及管理措施的相互关系。

9.2.3　停车设施供应调查

停车设施包括路内和路外停车场地[规划专业停车场(库)、大型公建的停车场(库)、社会公用停车场等]的位置、容量和其他相应的特征资料。

1. 停车场地的现状基本信息调查

(1)停车场位置分布

路外设施应具体编号和用示意图表示停车车位的分布区域、数量;路内部分应注明道路的具体分段名(路段地名)、部位(车行道、人行道)和路侧(东、南、西、北、中)。

(2)主要停车场基本状况

它包括停车车位、营业时间、收费标准、归属、管理情况。

2. 调查范围

中心商业区调查,应包括周围的次级商业、零售点和业务办公楼以及边缘区。由现场勘查确定停车设施实际上可能扩大范围(机动车一般以 150m 为界,自行车以 50m 为界)。

交通集散中心可选择自然边界划定在河流、铁路或主要干线(沿线土地利用出现变化)。

典型停放吸引点包括路外社会停车场、专业停车场和大型公共建筑、文体场馆配建停车场,其调查界限由现场实际情况决定。

一条主要路线停车设施应包括沿横向街道 100~150m 距离内。当干线上限停、禁停时,这些区域内正是路边停车者的潜在停放点。

3. 人工调查方法

(1)对停放设施建立一个编码系统

每个街区和主要停放集散点给一个识别编码。如果已有出行起讫调查小区编码,可以统一使用。必要时再按更详细的街坊编出二级编号;对每个街区(或调查小区)内的各个停放设施再依次单独编号。在调查前应有一张 1∶2000 左右的地形图,使街区与路边路外停车设施有一个清楚的编码系统。

图 9-2 为美国停车设施编号系统示意图。

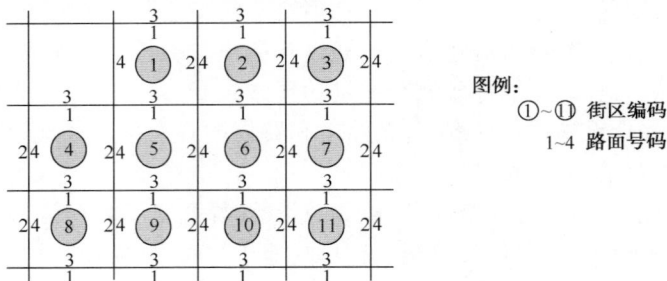

图 9-2 美国停车设施编号示意图(街区和路面号码系统)

(2)调查实施

①路边调查包括停车车位数的位置、数量、停放方式以及临时停车、禁止停车(或限停时间)的位置。所有数据均以实地勘测丈量为准。在估计路边给定距离内提供的停车车位数时,美国采用标准:平行停放,7m/车;斜角停放,4m/车;垂直停放,3m/车。而我国上海机动车采用小汽车(路内停放)$A_0 = 15.7m^2$。

②路外一般查点单位停车车位数或直接丈量计算,若发生高峰多排停放情况,应以单排停放为准。国家试行标准按机动车取 25~30m^2。自行车一般取 1.0~1.2m^2。其他资料主要通过访问与观测得到。

9.2.4 车辆停放实况调查方法

1. 航测照片法

空中摄影的总称,即从飞机上(或是气球、卫星上)对调查范围实况进行拍照。这是一种效率较高的大面积范围的停放车辆调查技术。例如,1969 年 10 月 28 日日本东京市中心区曾对路侧延长 119km 的路上停车和中心区 5.1km×2.1km 的中央区进行空中摄影调查。

(1)航测照片方法的优点

①摄影瞬间交通状况真实、直观,且可多次再现摄影现场;

②可以掌握较大范围的道路设施状况和同一瞬时交通资料(动态与静态),同一精度进行测定;

③省时、省力,避免了人工调查组织实施的种种困难。

(2)航测照片方法的缺点

①与实地现场调查比较,航测拍照易受气候条件影响,对于高层建筑密集区域,容

易失去停车的许多细节,无法掌握停车楼、库内的情况;

②由于反射和阴影反差,容易把不同类车辆与地面的地物等产生判读上的错误。

2. 人工实地调查法

人工实地调查法即直接派人在停车场地对停车情况进行观测记录和征询意见调查。实地观测调查主要分两类:一类是间断式调查,另一类是连续式调查。简介如下。

(1)间断式调查

调查员在调查区间内边巡回行走,边记录停放车辆的数量和停放方式、车型分类特征,巡回观测的周期时间可以是5min、10min、15min、30min、1h以上等。

间断式调查再分为记车号与不记车号两种:记车号式调查是在间断巡回时间内,登记车号,且将每次间隔停放时刻用"0"填入表中。当原来停放车辆开走,则把观测时刻栏作为空栏,如遇新的停放车辆,则按上述同样顺序填入下一栏。不记车号的间断式调查只观测记录调查区间内的各种停车数量,从了解信息看,不如记车号调查丰富。从适应性看,前者适合机动车,后者适合自行车。

间断调查的巡回观测时间间隔的选定与调查精度有一定的关系。一般从是否能测到的角度将各种停放车分为5种形态(图9-3)。

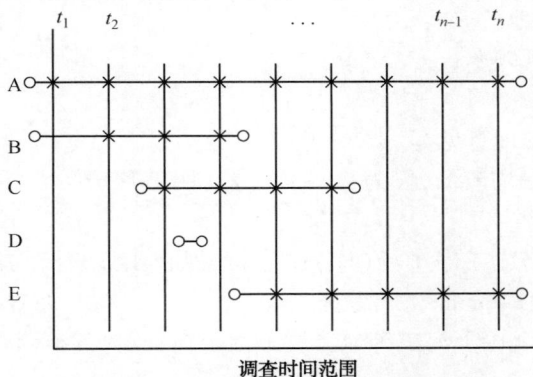

图9-3 调查时间范围和调查时间间隔划分停放方式
①○——○表示停车时间过程;②t_1,t_2…t_{n-1},t_n表示
巡回观测记录时间;③×表示停放车记录到的符号

A:从调查开始前到调查结束后,一直停放着的车辆。

B:调查开始前停放着,在调查的某一时间段后开出。

C:在调查时间范围内停放后不久又开出的车辆,在巡回观测中记录一次以上的情况。

D:在调查某一时间间隔内停放后很快又开出的车辆,在巡回观测中记录不到的情况。

E:在调查时间范围内停车,至调查结束后车辆仍然停放的情况。

不同调查地段从A到E所形成的车辆形态比例是不同的,一般说来,巡回观测间隔时间愈长,漏测的车辆数可能增加(特别是停放时间短的D类车),调查精度下降。为此,通过试调查的办法,用延停车数作为控制指标,计算拟定调查时间范围下的不同间段时段调查所产生的漏测概率。

（2）连续式调查

调查员在调查区间对停放车辆的车型、牌照和开始停放时刻及终止停放时刻记录下来。这是一种精度比间断式调查更高的调查。停放时间可由开始停放时刻与终止停放时刻之差得到。

可以分为记车号和记车号加询问调查两种，记车号连续调查与询问并用时，一般简化访问内容，重点是到达前出发地点、离开去向地点、停放后至出行目的地步行距离、停放目的等几项。询问一般宜选在离开时进行，拒绝率较低；步行距离往往通过询问步行时间按 1min 行 60m 换算。

这项调查很适合于大型公共建筑、专业停车场(库)的机动车停放调查；如果将该项调查与征询意见调查结合起来，就可以获得包括停放目的、步行距离、管理意见在内的丰富的停放信息。

（3）征询意见调查

采用发明信片和直接与车主对话方式，较详细地调查以下内容：

①停放车辆目的；

②从停放车辆地点至出行目的地的距离；

③出发地点、目的地；

④在该地停放车辆频率；

⑤违章停放理由；

⑥对停车收费与管理意见等。

明信片回收率一般均较低，仅为 30%~50%。明信片访问需要积极的宣传，以得到公众最大限度合作。

直接访问可以在路边或停车场(库)内进行，或在出入口。访问内容应该简明、准确，访问项目应控制在 1~3min 完成为宜。

根据美国、日本和我国上海市等地停放车辆调查资料，各类调查方法对不同调查项目的适应性大致见表 9-2。

调查方法比较一览表   表 9-2

调查方法 / 调查项目	航测照片判读	间断调查		连续调查		征询意见调查	
		记车号	不记车号	记车号	并用	明信片	面谈
不同时刻停放车辆数	△	△	△	○	○	×	×
最大停放车辆数	△	△	△	○	○	×	×
车辆平均停放时间	△	△	×	○	○	×	×
平均周转率	△	△	×	○	○	×	×
停放点至出行目的地距离	×	×	×	×	○	△	○
停放车辆起讫点	×	×	×	×	○	△	○
停放车目的	×	×	×	×	○	△	○

注：○——所得数据能满足要求。

    △——所得数据精度不高。

    ×——所需数据几乎不能获得。

以上各种方法中,很难用一种调查方法就满足全部的调查目标要求。实际调查中,都是采用几种方法组合,使调查项目与调查目的相适应。

9.2.5 车辆停放资料应用

通过停车调查获得的停车设施供应(包括路边、路外场、库)和停车使用状况,包括停车数量的时空分布、停放时间、步行时间、停放目的等特征资料,对治理与改善日常的交通活动过程无疑是十分有用的,同时对于采取正确的管理措施疏导交通,以及为提出合理的收费办法与收费标准将提供科学依据。这一点已被世界许多大城市的实践所证实。另外,由于停放车辆与土地利用密切相关,停车供需调查也为城市规划和交通规划提供了必要和丰富的资料。

①评价调查区域内的停放车辆供需短缺。通过停车设施调查和高峰时刻的实际停放数量调查,可以定量地确定停车紧张程度。

②通过调查绘出的各个停放点(区)内停车数量的时间变化曲线和整个调查范围的日累计和高峰停放量的空间分布图,可以分析停车密度和饱和程度,并进行分级评价,为改善局部停车难和提高车位周转率指明方向。

③运用停车目的和停放时间调查资料,可以找出不同出行目的停放时间的基本规律。

④制定科学的停车收费政策。由停放时间分布规律、步行距离和停车密度(吸引量分布)分析,可以为调整收费政策、控制停车需求,提供依据。

⑤根据调查建立起累计停放量(或吸引量率)与土地利用的现状关系模型。

9.3 停车需求预测与停车场规划

9.3.1 停车需求预测

车辆驾驶者因活动需要产生出行而有空间上的移动,并在出行终点需要空间和时间停放交通工具,此所需的时间与空间即成为停车需求。

停车需求预测的目的是为了确定合理的停车泊位供给规模,停车需求量预测准确与否,对停车规划的影响很大。

停车需求预测既有以区域或基地为研究对象来考虑的集计停车需求研究,又有将停车需求行为假设为一选择行为来进行研究的非集计停车需求研究。表9-3列出并比较了较为常用的8种集计停车需求预测模型。

停车需求预测模型比较 表9-3

模　型	输　入　资　料	优　点	缺　点
小汽车增长模型	➤各分区未来小汽车数量 ➤各分区基年小汽车数量 ➤各分区基年停车需求数	模型建立容易,所需资料不难收集	考虑的变量太少,模型的精确度不高

模　型	输　入　资　料	优　点	缺　点
出行吸引模型	➤各分区未来小汽车吸引量 ➤各分区小汽车承载率 ➤各分区停车高峰系数	模型的理论性强、精确度高	各分区的出行吸引量、交通方式分担率、小汽车承载率等资料获取不易
产生率模型	➤各地区各类土地使用的停车需求产生率 ➤各地区未来各类土地使用的发展状况 ➤停车需求产生率与土地使用、建筑物形态等变量彼此独立	由停车需求产生率推算停车需求较为精确、直接	各地区未来的土地使用资料获取不易,需从事大量调查
多元回归模型	➤各地区未来的社会经济发展情况 ➤各地区未来的土地使用情况	模型使用简便,有统计分析,可了解模型的精确性	模型的精确性较差
交通量—停车需求模型	➤各地区未来的交通流量	当应用于小区域时,模型简便实用	当预测区域扩大时,交通流量与停车需求关系将随之改变,其准确性也相应降低
土地使用—停车需求模型	➤各分区就业机会人数 ➤中心商业区就业总人数 ➤各区的商业及零售业楼地板面积	模型的建立简单且具有合理性	➤各区的就业机会人数不易获取 ➤长短时间不易划分 ➤模型中的分配数值在长时间内不一致
多元增长率几何平均数模型	➤各区的人口增长率、车辆增长率、楼地板面积增长率 ➤各区的区域特性加权值	模型综合考虑多个合理因素,又不失简便	➤各区各个成长关系间并非独立 ➤反映各区的加权值不易确定
分配模型	➤各区的社会经济资料,如人口数、就业人口数、零售及服务业楼地板面积	理论基础完备精确度高	➤建立模型所需资料多 ➤资料收集困难

对停车需求现状进行分析和对未来的停车需求进行预测,应该根据分析预测的要求和掌握的资料综合考虑,从上面的模型中选择合适的方法。

下面介绍几种最常用的停车需求预测模型。

1. 基于类型分析法的产生率模型

本模型的基本原理是建立土地利用与停车产生率的关系模式。例如:对一个办公大楼,其停车需求可以用每100m²所需若干停车位表示,也可以用每个就业岗位(雇员)需配备若干停车位来表示。其数学表达式如下:

$$P_{di} = \sum_{j=1}^{n} R_{dij} \cdot L_{dij} \qquad (j = 1, 2, \cdots, n) \qquad (9\text{-}2)$$

式中:P_{di}——第 d 年 i 区基本日停车需求量(车位数);

R_{dij}——第 d 年 i 区第 j 类土地使用单位停车需求产生率;

L_{dij}——第 d 年 i 区第 j 类土地使用量(面积或雇员数)。

有关停车需求产生率的标定,各国都进行了许多研究工作。美国从 20 世纪 60 年代中期开始,就有详细的需求产生率和规划标准等研究成果,1987 年美国运输工程师协会(Institute of Transportation Engineers,ITE)出版的《停车产生》(第 2 版),提出了按土地使用详细分类的高峰停车位曲线图和计算公式。日本和我国香港、台湾地区的需求产生率指标远低于美国标准。我国公安部与建设部于 1988 年联合发布的《停车场规划设计规则(试用)》中提出的停车需求发生率指标如表 9-4 所示。

我国停车需求发生率指标 表 9-4

建 筑 类 型			停车需求车位指标(标准小汽车)	
			机动车	自行车
①商业、办公 (100m² 建筑面积泊位数)	旅馆	大城市	0.08~0.20	—
		中等城市	0.06~0.18	—
	商业场所		0.3	7.5
	办公楼	一类(中央、涉外)	0.4	0.4
		二类(一般)	0.25	2.0
②饮食业(每 100m² 营业面积泊位数)			1.7	3.6
③展览馆、医院(每 100m² 建筑面积泊位数)			0.2	1.5
④游览场所(每 100m² 游览面积泊位数)	古典园林、风景名胜		0.08(市区)	0.5(市区)
			0.12(郊区)	0.2(郊区)
	一般性城市公园		0.05	0.2
⑤文体场所(每 100 座位泊位数)	大型体育馆(大于 4000 座位)		2.5	20.0
	体育场(大于 1.5 万座位)		2.5	20.0
	一般体育馆(小于 4000 座位)		2.5	20.0
	体育场(小于 1.5 万座位)		1.0	20.0
	省市级影剧院		3.0	15.0
	一般影剧院		0.8	15.0
⑥大车站(泊位数/高峰日每千名旅客)			2.0	4.0
⑦码头(泊位/高峰日每百名旅客)			2.0	2.0
⑧住宅(每户泊位数)	涉外及高级住宅		0.5	—
	普通住宅		—	1.0

2. 基于相关分析法的多元回归模型

从城市停车需求的本质及其因果关系中可以发现,停车需求与城市经济活动、土地使用等多因素相关。美国道路研究委员会(HRB)提出数学模型如下:

$$P_{di} = K_0 + K_1(EP_{di}) + K_2(PO_{di}) + K_3(FA_{di}) + K_4(DV_{di}) + K_5(RS_{di}) + K_6(AD_{di}) + \cdots \quad (9\text{-}3)$$

式中:P_{di}——第 d 年第 i 区高峰停车需求量(车位);

EP_{di}——第 d 年第 i 区就业岗位数;

PO_{di}——第 d 年第 i 区人口数;

FA_{di}——第 d 年第 i 区房屋地板面积;

DV_{di}——第 d 年第 i 区单位(企业)数;

RS_{di}——第 d 年第 i 区的零售服务业数;

AD_{di}——第 d 年第 i 区的小汽车拥有数;

K_i——回归系数($i=0,1,2,3,\cdots$)。

上述模型是根据若干年所有变量的资料,用回归分析法计算出其回归系数值,并要经过统计检验。值得注意的是,在对未来进行预测时,须将模型中的参数 k_i 作适时的修正,才能符合未来情况的变化。

3. 基于停车与车辆出行关系的出行吸引模型

停车需求产生与地区的社会经济活动强度有关,而社会经济活动强度又与该地区吸引的出行车次密切相关。建立出行吸引模型的基础是开展城市综合交通调查。根据各交通小区的车辆出行分布和各小区的停车吸引量建立模型,推算小区停车车次。在此基础上,根据城市人口规模和每一停车车次所需停车泊位数(高峰时刻)的关系,计算各交通分区高峰时间的停车泊位需求量。

9.3.2 停车场规划

在得到停车需求分析和预测的数值后,可以进行停车设施的规划。停车设施规划所要解决的问题有:在城市的各个区域,在未来的不同时期,需要供应多少停车泊位;在这些泊位中,社会停车泊位、配建停车泊位和路内停车泊位各占多少比例比较合适;在未来各时期,应该兴建多少社会停车场来满足社会停车需求。

1. 停车设施布置原则

①无论是路外公共停车场或路边停车场地布局,都要尽可能与这些设施的停车需求相适应。在商业、文化娱乐、交通集散中心地段,停车需求大,必须配置足够的停车设施,否则对交通将产生十分不利的影响。

②停车步行距离要适当。一般机动车停放点至目的地步行距离以 $200\sim400$m 为限;自行车则以 $50\sim100$m 为限。

③大城市的停车场分散布置比集中布置要好。对于过境交通车辆,则应在市外环路附近(易于换乘地段)设置停车场。各种专用停车场,应根据建筑类型按国家或地区规定的停车车位标准,采用停车楼或地下停车库等形式解决。

④路外停车设施容量所占比重,应满足车辆拥有和车辆使用过程大部分停车需求。

2. 停车设施容量的估算

(1)停车泊位

它是一种典型的时空资源,其使用与服务能力大小可以用"泊位·h"单位来度量。车辆在停放时要占用一定的泊位面积,每次有目的的出行停放过程要占用一定的时间,每个泊位在规定时间内又可以连续提供其他车辆周转使用。显然一定区域一定时间内的泊位容量与停放周转特征(平均停放时间)有密切联系。

（2）理论停车设施容量（Cap）

$$\mathrm{Cap} = TP_\mathrm{r}/TP_\mathrm{c} \qquad (9\text{-}4)$$
$$TP_\mathrm{r} = S \cdot T \qquad (9\text{-}5)$$
$$TP_\mathrm{c} = A \cdot t = A/c \qquad (9\text{-}6)$$

式中：Cap——停车设施容量，pcu/h 或 pcu/d；

TP_r——停车设施时空资源，泊位·h 或泊位·d 或 m²·h；

TP_c——停放标准车时空消耗，m²·h /pcu；

S——各类停车设施总泊位数，标准车，或总面积，m²；

T——单位服务时间，h 或 d；

A——标准车停放面积，m²/pcu；

t——平均停放时间，h；

c——周转率，单位时间（h 或 d）每车位停放次数。

（3）停车设施高峰实际容量（$\mathrm{Cap_r}$）

影响停车设施容量的因素很多，主要有设施区位分布的影响、各类停车设施使用周转率、收费及政策性管理因素等。可以概括为以下三个基本影响系数：

①有效泊位系数 η_1。一般情况下，路外停车设施的泊位量比较可靠有效，而路边停车由于通道出入口辅助面积较难保证，特别我国大城市道边停车比重较高的情况下，有效泊位面积应按实际调查进行折减，η_1 一般取 0.7~0.9。

②周转利用系数 η_2。周转率与不同区位的停车设施、停车目的有密切联系，相差变化较大，取平均值有一定误差，η_2 大致为 0.8~0.9。

③政策性系数 η_3。收费与管理措施不仅会影响停车需求，还会随动态交通的变化直接影响到停车设施的使用功能，η_3 宜取 0.9 左右。

$$\mathrm{Cap_r} = \mathrm{Cap}\eta_1\eta_2\eta_3 \qquad (\mathrm{pcu/h}\ 或\ \mathrm{pcu/d}) \qquad (9\text{-}7)$$

3. 停车设施供需平衡

停车设施的规划是在一定的供应政策指导下制订的。传统的供应理念是供应必须满足需求，即所谓的供需平衡。然而国内外众多城市的发展经验表明，一味地增加供应满足需求，最终仍是供不应求，而在停车需求管理的基础上，针对不同区域应采取供应限制和供需平衡的策略，才有可能解决停车问题。因此，停车设施规划不能简单以满足停车需求为目的，还要考虑到供应对需求的调节作用。采取何种供应政策，要根据区域的性质、交通状况和未来的发展前景决定。

停车泊位供应不仅在区域空间上采取不同策略，在规划期限上也应该采取不同的供需协调策略，以实现控制需求增长和需求管理的目标。

中心区的外围区域近期应该增加停车泊位的供给，以满足区域停车需求。在远期，随着中心区控制供给政策的开展，以及换乘系统的完善，中心区外围区域除了要满足自身的需求外，还要满足停车换乘带来的停车需求。

对于城市的新开发地区，随着开发力度的加大，对停车的需求也会迅速增长，所以这些区域除满足当前需求外，还要考虑到未来的发展趋势。

城市出入口地区的停车泊位主要是满足过境车辆的停放，停车泊位的控制不太可能对需求产生影响,所以该地区停车泊位的供应应该采取供需平衡的政策。

9.4 停车场设计

9.4.1 拟定设计车型

一般选用停车使用比重最大的车型作为设计标准。我国目前有几百种车型,根据公安部、建设部制定的《停车场规划设计规则(试行)》,设计车型定为小型汽车,其他各类车型按几何尺寸归并成微型、小型、中型、大型、铰接车共 5 类,可换算为标准小型汽车,具体尺寸和换算关系见表 9-5。

停车场(库)设计车型外廓尺寸和换算系数　　　　表 9-5

车辆类型		各类车型外廓尺寸(m)			车辆换算系数
		总长	总宽	总高	
机动车	微型汽车	3.20	1.60	1.80	0.70
	小型汽车	5.00	2.00	2.20	1.00
	中型汽车	8.70	2.50	4.00	2.00
	大型汽车	12.00	2.50	4.00	2.50
	铰接车	18.00	2.50	4.00	3.50
自行车		1.93	0.60		1.15

注:1.三轮摩托车可按微型汽车尺寸计算;
　　2.两轮摩托车可按自行车尺寸计算;
　　3.车辆换算系数是按面积换算。

9.4.2 停放方式与停发方式

1. 停放方式

①平行式停车:这种方式占用的停车带较窄,车辆驶出方便、迅速,但单位长度内停放的车辆较少,见图 9-4a)。

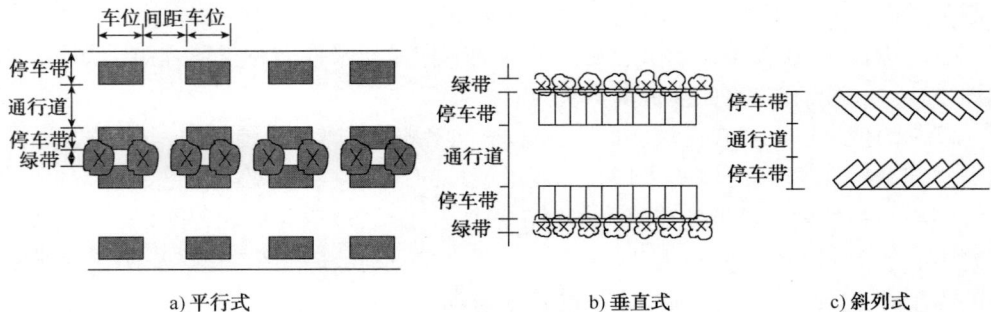

图 9-4 车辆停放方式示意图

②垂直式停车:车辆垂直于通道方向停放。这种方式的特点是单位长度内停放的车辆数较多,用地比较紧凑,见图 9-4b)。

③斜列式停车：车辆一般与通道呈 30°、45°、60° 三种角度停放。其特点是停车带宽度随车身长度和停放角度而异，车辆进出、停放方便。美国交通工程中心研究表明，当停车角度为 70° 时，可获得最大停车容量（单行通道），见图9-4c）。

2. 停发方式

通常停发方式有三种：

①前进式停车，后退式发车，见图9-5a）；
②后退式停车，前进式发车，见图9-5b）；
③前进式停车，前进式发车，见图9-5c）。

后退式停车，前进式发车，发车迅速方便，占地也不多，多被采用。

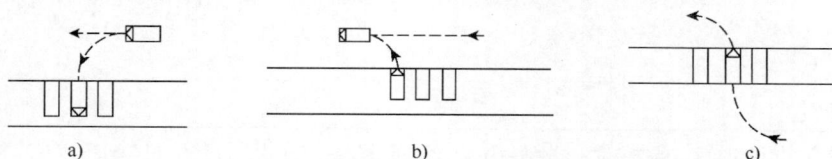

图9-5 车辆停车、发车方式示意图

9.4.3 单位停车面积(A_0)

单位停车面积是指设计车型一般所占用地面积，它应包括停车车位面积和均摊的通道面积，以及其他辅助设施面积之和。

单位停车面积 A_0 应根据车型、停车方式以及车辆停发所需的纵向与横向跨距要求确定。

许多国家已有停车法规，设计时可查相应规范。

我国拟定的机动车停车场有关设计参数见表9-6。

机动车停车场设计参数　　表9-6

停车方式		垂直通道方向的停车带宽(m)					平行通道方向的停车带长(m)					通道宽(m)					单位停车面积(m²)				
		I	II	III	IV	V	I	II	III	IV	V	I	II	III	IV	V	I	II	III	IV	V
平行式	前进停车	2.6	2.8	3.5	3.5	3.5	5.2	7.0	12.7	16.0	22.0	3.0	4.0	4.5	4.5	5.0	21.3	33.6	73.0	92.0	132.0
斜列式 30°	前进停车	3.2	4.2	6.4	8.0	11.0	5.2	5.6	7.0	7.0	7.0	3.0	4.0	5.0	5.8	6.0	24.4	34.7	62.3	76.1	78.0
斜列式 45°	前进停车	3.9	5.2	8.1	10.4	14.7	3.7	4.0	4.9	4.9	4.9	3.0	4.0	6.0	6.8	7.0	20.0	28.8	54.4	67.5	89.2
斜列式 60°	前进停车	4.3	5.9	9.3	12.1	17.3	3.0	3.2	4.0	4.0	4.0	4.0	5.0	6.0	9.5	10.0	18.9	26.9	53.2	67.4	89.2
斜列式 60°	后退停车	4.3	5.9	9.3	12.1	17.3	3.0	3.2	4.0	4.0	4.0	3.5	4.5	6.5	7.3	8.0	18.2	26.1	50.2	62.9	85.2
垂直式	前进停车	4.2	6.0	9.7	13.0	19.0	2.6	2.8	3.5	3.5	3.5	6.0	9.5	10.0	13.0	19.0	18.7	30.1	51.5	68.3	99.8
垂直式	后退停车	4.2	6.0	9.7	13.0	19.0	2.6	2.8	3.5	3.5	3.5	4.2	6.0	9.7	13.0	19.0	16.4	25.2	50.8	68.3	99.8

9.4.4　通道、出入口设计

1. 通道

通道是停车场平面设计的重要内容,其形式和有关参数(宽度、最长纵坡、最小转弯半径等)宜结合实际情况正确选用。

我国目前设计采用的通道宽度垂直式取 10～12m,平行式取 4.5m 左右。作为内部主要通道,车辆双向行驶,最小宽度不宜小于 6m。公安部、建设部拟定的标准见表 9-7。

路边停车单位停放面积　　　　　　　　　　　　　　表 9-7

车型 单位停车面积	小型车	中型车	大型车	摩托车（三轮）	自行车
$A_g(m^2)$	15.7	34.4	53.4	3.8	1.2

通道有直坡道式、螺旋式、错位式、曲线匝道等。美国、日本对通道宽度、纵坡和最小转弯半径的设计数据见表 9-8。

国外通道设计主要数据　　　　　　　　　　　　　　表 9-8

国　　名	通道宽度（m）		最大纵坡（%）		最小转弯半径 （m）
	单车道	双车道	宜小于	不超过	
美国	3.7	6.7	15	20	约11（货车）
日本	3.5	5.5	15	20	6～7（客车）

注:进出口宽度应大于6.0m。

我国公安部、建设部拟定的停车场(库)最大纵坡和最小转弯半径见表 9-9。

停车场(库)最大纵坡与最小转弯半径　　　　　　　　　　　表 9-9

车　　型	直线纵坡（%）	曲线纵坡（%）	最小转弯半径(m)
铰接车	8	6	13.0
大型车	10	8	13.0
中型车	12	10	10.5
小型车	15	12	7.0
微型车	15	12	7.0

2. 出入口

①停车场(库)出入口设置,应按国家标准《汽车库、修车库、停车场设计防火规范》(GB 50067—97)执行。停车车位数大于 50 辆时,应设置两个出口;大于 500 辆时,应设置 3～4 个出口。出口之间净距必须大于 10m。

②车辆双向行驶出入口宽度不得小于 7m,单向出入口宽度不得小于 5m,且有良好的通视条件。停车库的出入口还应退后道路红线 10m 以外。

9.5 停车设施管理

9.5.1 停车设施供需平衡管理

1. 城市不同用地功能片区停车泊位供需差异化管理

城市不同区域土地利用的多样性带来交通需求的差异,不同片区停车泊位供需差异化管理的目的,就是从城市交通的全局出发,针对各地区的不同特点,从空间上进行不同停车供应指标的控制,以最少的资源实现停车效率最大化,保障城市综合交通体系和谐发展。

2. 城市不同类型停车泊位供需差异化管理

不同类型停车泊位供需差异化管理的目的,是合理确定不同停车片区的路外公共停车设施、路内公共停车设施、建筑物配建停车设施的比例和规模,通过停车设施不同类型的供应来达到调控优化分区土地利用、交通流分布、交通方式结构等效果。在停车设施规划与管理中,应该贯彻"以建筑物配建停车为主、路外公共停车设施为辅、路内公共停车设施为补充"的分类供应原则。针对不同城市以及城市的不同区域,根据实际情况合理确定各类型停车设施的供应结构比例。

3. 城市停车泊位供需的分时管理

城市停车泊位供需的分时管理措施,是根据不同出行目的的停车需求时间分布特征,针对停车设施利用率时间差异较大的特点,明确不同时段的停车设施供应对策,以调控道路交通流的峰谷值,并提高停车设施利用率。

4. 城市停车泊位供需的分价管理

停车收费,是指采用经济手段对进入某些停车区域(或停放点)的车辆收取停车费用,以增加车主的出行成本,达到调节交通需求和缓解交通拥挤的目的。

9.5.2 停车诱导管理

1. 停车诱导系统的概念

停车诱导系统,又称为停车引导系统,是通过交通信息显示板、无线通信设备等方式向驾驶员提供停车场的位置、使用状况、诱导线路、停车场周边交通管制和交通拥堵状况的服务系统。

城市中常常存在着停车泊位供应不足与部分停车泊位未充分使用两种现象并存的状况,这也是停车诱导管理系统产生的直接动因,停车诱导系统对于提高停车设施使用率以及提高交通系统的效率具有非常重要的作用。

2. 停车诱导系统的功能

(1)提高停车者的使用方便性

通过全面的停车场信息提供,使得驾驶员容易找到停车位,容易了解停车场周边的交通状况,方便使用停车场。

（2）促进交通畅通、确保交通安全

通过提高现有停车场的使用效率,减少停车等待排队和迂回行驶,减少路侧违法停车,从而达到减少道路交通阻碍,最终实现确保交通安全并使得交通畅通的目的。

（3）提高停车场使用效率

通过向驾驶员提供及时、准确的停车场使用状况信息,化解由于停车需求和停车场在时空上分布不均所产生的问题,提高停车场的使用效率,同时提高停车场的经营效率。

（4）增加商业区域的经济活力

通过建立停车场诱导系统,树立商业区域"安全、便利、舒适"的形象,从而达到诱增更多到访者、提高商业区域经济活力的目的。

3. 停车诱导系统组成

停车诱导系统由信息采集、信息处理、信息传输、信息发布等部分组成。其大致的工作原理是,通过一定的设备采集停车场内所剩余空车位数、周边道路交通状况信息,经由控制中心计算、处理后,形成便于驾驶员使用的信息,通过数据传输设备发布到路边动态显示板或互联网数据库,供使用者接收或是查询。

9.5.3 停车管理案例

1. 伦敦停车管理策略

伦敦的停车费非常高,尤其是在市中心地段,但繁忙地区和居民区的停车费不同。该市的居民车主在住所附近可以购买长期专用车位,全年只需 100 英镑。这些有车的伦敦居民平时上班上学,主要还是以使用公交车、地铁和火车为主,周末或节假日全家出游才开车,所以他们个人停车场通常利用率很高。

伦敦将停车政策作为城市的重要课题。它的做法是在交通量不断增加的城市中心区域,通过管制停车场达到抑制机动车交通量,促进使用公共交通方式的目的。主要采取的停车管理措施包括:

（1）限制路侧停车

在相当于北京市中心区的内伦敦地区采取了路侧停车管制。为此,伦敦市于 1966 年在交通最为拥挤的内伦敦指定了大约 40 平方英里(约 $100km^2$)的内伦敦停车区(The Inner London Parking Area,ILPA),采取了控制该区域内路侧停车的政策。在约占 ILPA 一半面积以上的控制停车区(Controlled Parking Zone,CPZ)范围内,全面禁止路侧停车。同时,在居民聚集的地区,特别为居民设置了路侧特别停车区域,以非常低的使用费提供给当地居民。

（2）加强对各种停车场的管理

伦敦市中心的公共停车场大多采用以日为单位的均一费率制。由于通勤目的的车辆较多,这种收费制度在一定程度上助长了早高峰时段的交通拥堵现象。采用时间累进制不仅可以减少整日停车的数量,还能使以购物、公务等目的的停车在高峰时段也可以使用停车场。为此,大伦敦会议(Greater London Council,GLC)在指定的区域采取了停车场经营许可证制度。在伦敦特别区管理下的许多停车场都采取了时间累进制费率政策,对长时间停车者征收比短时间停车更高的费用。同时,为了增加抑制停车场的效果,限制在建筑物内的专用停车场,为此,GLC 规定,1969 年后凡是用于新建办公楼的专用停车场应当设置限度,不同区域有不同的上限标准。

此外,GLC 还运用设置配建停车场规模的上限限制一定规模的停车场建设,动员私有停车场的所有者将其停车场向公共开放,对于现有的私用停车场征税,以促使其转向公共停车场等手段加强对非公共停车场进行管理。

2. 东京停车管理策略

（1）路侧停车

尽管日本是世界上唯一规定买车必须自备停车位的国家,然而停车位依然严重不足。为了实际需要,东京警察厅还是在部分路段画上了路侧的停车带,并装有计时收费器,允许短时间停放车辆,一般不超过 2h。

（2）建筑规范

建筑物附属停车场的设置准则是,原则上建筑面积超过 3000m² 的建筑必须配备停车场,在市区每增加 300m² 的建筑面积就需增设 1 个停车位;而在郊区则每增加 400m² 建筑面积需增设 1 个停车位,且停车场的净高至少为 2.1m。

（3）停车收费管理

对民间建设经营停车场的停车收费不进行控制,政府也不加干涉,由经营企业自己管理、自行定价;只对政府投资建设的停车场及占用道路的停车收费标准进行控制。由于停车收费价格的放开,民间停车场可以获得合理的经营利润,加上停车产业风险不大,使得民间建设、经营停车场的积极性非常高。

随着东京政府近年为缓解交通拥堵推出限制路面停车的措施,停车需求较大,在一些繁华地段,即使是只有三四个车位的"迷你停车场",价格也相当昂贵,停车收费水平按照停车区域的不同而有所差异。在东京很多繁华区停车场,白天连续停泊 14h 的价格为 2400 日元;夜间 10h 为 500 日元。关于停车场的所有信息,比如地点、收费以及容量,会通过手机、网络以及卫星导航定位系统传递至车主。足以令车主心疼的高昂停车费用是东京政府治理交通拥堵的一大法宝。通过停车收费,控制东京私人小汽车的出行次数,以此来减少交通量,解决交通拥挤。虽然东京私人小汽车的拥有量很高,但小汽车并不是平时人们出行的首选方式。

（4）执法措施

交通管理执法属警察部门职权范围,由警察派出所负责查证购车者是否具有自备停车位。日本东京对违章停车的处罚是较重的,违章者若不按期接受处罚,警察当局可将其提送法院执行。对违章停放的车辆,警察可随时将其拖吊走,拖吊费和保管费由车主负担。对违反停放法规,且没有牌照的无人认领车辆,有关当局则发出公告让车主来认领,如果 3 个月后仍无人认领,当车辆的价值低于保险费后,这辆车就会被卖掉。

3. 我国香港停车管理策略

目前香港停车管理的策略可以归纳为以下 6 个方面:

①大力发展公共交通,提高偏远地区乘公共交通的方便程度。公共交通的可靠性、安全性及有效性的提高将增加对市民的吸引而同时减少私家车的使用,减少停车需

求量。

②保持低水平的停车设施供需平衡。繁忙地区不充分提供停车设施,通过停车位数量的限制来控制汽车的增长,控制市中心的交通拥挤。

③发展地下停车库。在充分利用宝贵土地资源的同时解决停车需求问题。

④按照"用者自负"的原则制定实施各种政策措施(包括停车收费政策)来控制停车需求。

⑤对路内停车进行管理。根据地点实际情况(包括交通情况),对路内停车做出相应的限制或规定。

⑥实施停车换乘计划,大力兴建停车换乘设施。

事实证明,这些策略对香港停车管理以及对整个交通管理策略的实施都起到了非常重要的作用。《香港交通政策白皮书》中指出了寻找停车设施供应平衡的重要性:如果停车设施过多,在交通繁忙地区有可能无形中鼓励了私人汽车的使用,最终会使交通拥堵更加恶化;反之,过少的停车设施量会引起由于机动车在路上寻找停车空间而产生交通堵塞并增加非法停车。

停车问题并不是简单地依靠增加供给来实现的,停车规划不能一味地提高停车配建指标,它是一个需要考虑各种影响因素的系统工程。

习 题

1. 为什么说停车问题是大城市交通中最棘手的问题之一?我国大城市的停车特征与工业化发达国家有何异同?

2. 车辆停放场地有哪几种类型?在规划布置中应注意哪几点原则?

3. 什么是停放周转率?什么是停放饱和度(停放车指数)?

4. 停车需求量与哪些因素有关?您认为应如何预测市中心区停车需求总量?

5. 单位停车面积如何确定?试述拟定停车场容量的基本步骤。

6. 什么是停车诱导系统?有什么作用?

第 10 章　道路交通安全

10.1　概述

10.1.1　交通事故的定义

1. 定义

自人类进入汽车社会以来,道路交通事故就如影随形,道路交通安全问题已经成为当今世界一个严重的社会问题。《中华人民共和国道路交通安全法》中给出的交通事故定义为:车辆在道路上因过错或者意外造成的人身伤亡或者财产损失的事件。

2. 构成要素

构成道路交通事故应具备以下 7 个要素。

(1)车辆

交通事故各方当事人中,必须至少有一方使用车辆,包括机动车和非机动车。车辆是构成交通事故的前提条件,无车辆参与则不认为是交通事故。

(2)在道路上

这里的道路是指公路、城市道路和虽在单位管辖范围但允许社会机动车通行的地方,也包括广场、公共停车场的用于公众通行的场所。

(3)在运动中

在运动中是指在行驶或停放的过程中。停放过程应理解为交通单元的停车过程,而交通单元处于静止状态时所发生的交通事故(如停车后卸载货物时发生的伤亡事故),不属于交通事故。

(4)发生事态

发生事态是指发生碰撞、碾压、刮擦、翻车、坠车、爆炸、失火等其中的一种或几种现象。若没有发生上述事态,而是行人或旅客因其他原因(如疾病)造成死亡的,不属于交通事故。

(5)违章

当事人有违反《中华人民共和国道路交通安全法》和其他道路交通管理法规、规章的行为,这是依法追究其肇事责任,以责论处,予以处罚的必要条件。没有违章行为而出现损害后果的事故不属于交通事故;有违章行为,但违章与损害后果无因果关系的也不属于交通事故。

（6）过失

过失是当事人因疏忽大意没有预见到应该预见的结果或已经预见而轻率地自信可以避免,以致发生的损害后果,即造成事态的原因是人为的,而不是因为人力无法抗拒的自然原因。

（7）有后果

交通事故必定有损害后果,即人、畜伤亡或车、物损坏,这是构成交通事故的本质特征。因当事人违规行为造成了损害后果,才属于交通事故。如果只有违章而没有损害后果,则不属于交通事故。

10.1.2　交通事故的分类

1. 按事故责任分类

根据交通事故的主要责任方所涉及的车种和人员,在统计工作中可将交通事故分为机动车事故、非机动车事故和行人事故三种。

2. 按事故后果分类

根据人身伤亡或者财产损失的程度或数额,交通事故可分为轻微事故、一般事故、重大事故和特大事故。

3. 按事故原因分类

根据原因不同,可以把交通事故分为主观原因造成的事故和客观原因造成的事故两类。

4. 按事故的对象分类

按事故的对象可将交通事故分为五种类型,即车辆间的交通事故、车辆与行人的交通事故、机动车对非机动车的交通事故、车辆自身事故、车辆对固定物的事故。

10.2　交通事故的调查与处理

事故调查主要是指对交通事故现场的调查。事故调查是分析与处理事故的起点,由现场勘查获得的事故原始资料是开展后续工作的基础。

事故处理是指对一起具体交通事故的结案过程。正确处理交通事故可以保护国家利益和公民的正当权益。此外,正确处理交通事故也是维护法律尊严、整顿交通秩序、促进交通安全的重要手段。

10.2.1　交通事故调查的内容和方法

1. 调查内容

道路交通事故调查按照调查的先后顺序可分为事故现场勘查和事后调查。事故调查首先应确定事故发生的地点、时间,其次还要详细调查以下主要内容。

①事故相关人员调查:包括事故当事人的年龄、性别、家庭、工作、驾驶证、驾龄、心

理生理状况等。

②事故相关车辆调查:包括车辆的类型、出厂日期、荷载、车辆的技术参数、车身碰撞点位置、车身破损变形。

③事故发生道路调查:包括道路的线形、几何尺寸、路面状况(沥青、水泥、土、沙石等材料状况,雨雪等湿滑状况)。

④事故发生的环境调查:包括天气(风、雪、雨、雾、阴、晴等对视线的影响)、交通流、现场周围建筑、交通管理和控制方式等。

⑤事故现场痕迹调查:路面痕迹(拖印、凿印、挫印、划痕)、散落物位置、人车损伤痕迹等。

⑥事故发生过程调查:主要对车辆和行人在整个事故过程中的运动状态进行调查,包括速度大小,速度方向,加速度及在路面上的行驶轨迹、路面碰撞点。

⑦事故发生原因调查:包括主观原因(人的违法行为或故意行为)和客观原因(道路原因、车辆原因、自然原因等)调查。

⑧事故后果调查:包括人员伤亡和财产损失调查。

⑨其他调查:当地民俗以及事故目击者、证人等的调查。

2. 调查方法

道路交通事故的调查涉及很多内容,不同内容的调查方法也多种多样,总体来说可以分为以下几类:

①调查推理判别法。借助仪器及时对事故相关人员进行询问、讯问、人工测量等。

②试验方法。多在事故现场进行,如现场制动试验就可以在相同的车辆、道路和环境下进行,测试车辆的制动性能或者案发前的车速。

③录像方法。某些交通事故的交叉口或者路段安装有摄像机,因而能够拍摄下事故发生的全过程,这也是一种非常有效的事故调查手段。

10.2.2 事故的处理

道路交通事故处理,是指公安机关交通管理部门依据《中华人民共和国道路交通安全法》及有关行政法规、规章,对发生的事故勘查现场、搜集证据、认定事故责任、处罚责任人、对损害赔偿进行调解的过程。

1. 事故处理程序

交通事故处理程序,是指公安交通管理机关在处理交通事故中必须遵守的法定程序和制度,即处理交通事故的操作规程。交通事故处理程序一般包括从立案、事故调查到善后处理的各个主要环节。具体如下:立案—事故调查—事故认定—处罚执行—损害赔偿—调解—执行。事故当事人对认定结果不满意时,可在规定期限内向法院提起民事诉讼。此外,针对人员伤亡和财产损失很小的交通事故,公安部提出了应用"简易程序"的处理方法,可以提高事故处理效率、减少交通拥堵、减小公安交管人员的工作量。

交通事故处理流程如图 10-1 所示。

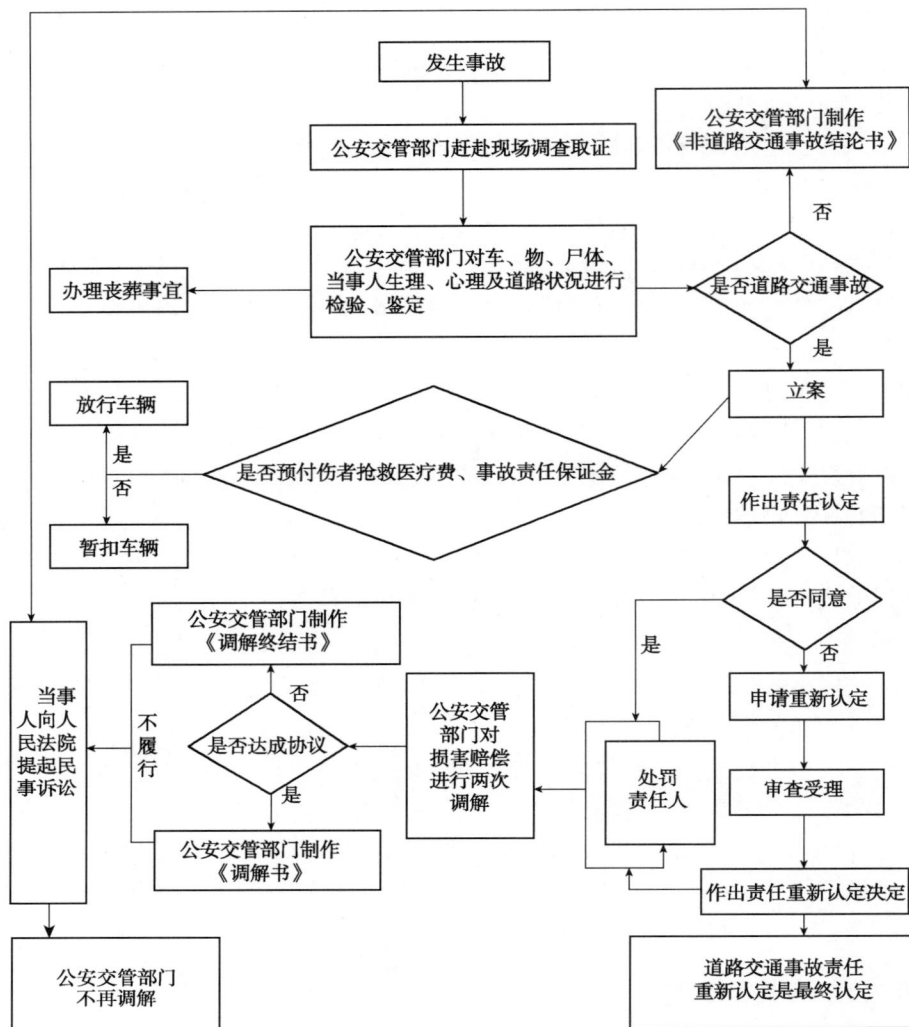

图 10-1 交通事故处理流程图

2. 事故责任认定

交通事故责任认定就是对当事人有无违法行为,违法行为与事故后果之间有无因果关系,以及违法行为在事故中的作用所进行的一种定性、定量的描述。责任认定是否准确,直接关系到整个事故处理工作的成败。

1)交通事故责任认定的原则

在查清了事故发生的真实情况后,便可运用交通法规去衡量当事人的行为,进而确定其是否应承担事故责任以及责任的大小。

(1)交通事故责任认定定性的原则

①当事人无交通违法行为,不应负事故责任。

②当事人有交通违法行为但与事故发生无因果关系,不应负事故责任。

③当事人有违法行为且与事故发生有因果关系,应负事故责任。

（2）交通事故责任认定定量的原则

①违法行为扰乱了正常道路交通秩序，破坏了交通法规中有关各行其道和让行的原则，在引发事故方面起着主导的作用，即违法行为是交通事故最主要的、直接的原因时，这个当事人的责任相对要大于对方当事人。

②违法行为在事故的发生中只是促成因素并且起着被动的，或只起到加重后果的作用，即违法行为是交通事故次要的、间接的原因时，这个当事人的责任就要小于对方当事人。

2）交通事故责任分类

根据我国《道路交通事故处理方法》规定，交通事故责任分为全部责任、主要责任、同等责任和次要责任四种。

①全部责任：交通事故完全是由一方当事人的违章行为所造成，另一方当事人无任何违章行为，或者也有违章行为，但和事故没有因果关系，则应由导致事故发生的一方当事人承担起事故的全部责任，另一方当事人不负责任事故。

②主要责任和次要责任：在交通事故中，双方当事人都有违反交通法规的行为存在，违章行为和交通事故的发生都有因果关系，但程度有区别、情节有轻重，有的违章是造成事故的主要原因，有的违章是造成事故的次要原因。那么，应由违章情节较重、造成交通事故发生主要原因的一方当事人负该起事故的主要责任，另一方当事人负事故的次要责任。

③同等责任：交通事故的双方当事人都有违反交通法规的行为存在，这些违章行为和交通事故的发生都有直接的因果关系，且违章情节轻重一样，很难分清主次，则由双方当事人负该起交通事故的同等责任。

在交通事故中，如当事人有三方及三方以上的，则可根据各方当事人的行为与交通事故的关系，参照上述责任种类认定各方应分担的事故责任。

10.3 交通事故分析

10.3.1 交通事故统计分析

1. 交通事故统计调查

交通事故统计调查是收集事故及相关资料的过程，对整个统计分析具有重要意义。如果调查获得的资料不准确、不全面，即使后面的工作做得再好，也不可能得出正确的结论。因此，在进行事故统计调查时，一定要确保资料的准确、全面和及时。

交通事故统计资料的汇总，广泛应用的是分类统计法，有四种常见的分类形式。

（1）按地区分类

按地区分类即按交通事故发生的地区进行分组统计和汇总，全国性的统计资料多按省、市分组；省一级按市（地）、县分组。

（2）按时间分类

按时间分类即按交通事故发生的时间进行分组统计和汇总，从按时间分类的统计结果中可明显看到交通事故随时间而变化的情况,所以统计结果具有动态性质。

(3)按质别分类

按质别分类即按交通事故统计对象的属性不同进行分组统计和汇总,如按车辆类型、事故原因、伤亡人员类型、道路状况、天气条件、事故形态等分组统计和汇总。

(4)按量别分类

按量别分类即按统计对象的数值大小进行分组统计和汇总,如按事故直接经济损失的数额、肇事驾驶员的年龄、车速、道路坡度等分组统计和汇总。

2. 交通事故统计分析指标

(1)绝对指标

绝对指标是用来反映事故总体规模和水平的绝对数量。我国目前在交通安全管理上常采用的绝对指标有交通事故次数、受伤人数、死亡人数和直接经济损失4项指标,即交通安全4项指标。

(2)相对指标

相对指标是通过事故总体中的有关指标进行对比而得到的。

①万车事故率(次/万车):

$$A = \frac{B}{M} \times 10^4 \tag{10-1}$$

式中:A——1万辆登记汽车的事故率,次/万车;

B——1年内该地区事故件数(或死亡、受伤人数),次;

M——该地区的机动车保有量,辆。

②万人事故率(次/万人):

$$A_1 = \frac{B}{P} \times 10^4 \tag{10-2}$$

式中:A_1——万人事故率,次/万人;

P——该地区的人口数,人。

③亿车公里事故率(次/亿车公里):

$$A_2 = \frac{C}{V} \times 10^8 \tag{10-3}$$

式中:A_2——亿车公里事故率,次/亿车公里;

C——该地区1年内事故次数(或死亡、受伤人数),次;

V——该地区1年内运行的车公里数,车公里。

④交叉口事故率(次/百万辆):按百万辆车或百万流入交通量,计算交叉口的交通事故率,即以汽车进入交叉口的流量为基数,除交通事故数,就是交通事故率。

$$交叉口的事故率 = \frac{1年间交通事故件数 \times 10^6}{24h\,流入交通量 \times 365} \tag{10-4}$$

3. 统计分析方法

交通事故统计分析的方法主要有统计表法和统计图法。

(1)统计表法

根据不同的分析目的,将统计分析的结果编成各种表格,即为统计表。其内容包括各种必要的绝对指标和相对指标,是交通事故统计中常用的一种方式。统计表可分为静态统计表和动态统计表。

仅列出同一时期事故统计相对数或绝对数的表格称为静态统计表。从时间状态上看,表中的统计数是静止的,从而便于不同地区或不同性质条件的事故现象进行相互对比。

将不同时间事故统计数字列成表格,就成为动态统计表,可用于反映交通事故随时间变化或分布的情况。

（2）统计图法

统计图法是利用一些几何图形或象形图形等,将统计数字或计算出的统计指标形象化,从而反映事故现象的数量关系和发展变化趋势。

统计图法的主要作用是:表明现象之间的对比关系;反映事故现象的发展变化趋势;表明事故总体的内部结构;表明事故的分布情况;揭示事故现象之间的相互依存关系等。作为数字的语言,统计图比统计表更鲜明、更直观、更生动有力。但图形只能起示意作用,数量之间的差距,往往又被抽象化了。因此,在实际工作中,统计图常常与统计表、文字分析综合应用。常用的统计图有条形图(直方图)、圆形图、散布图、排列图和统计地图等。

10.3.2　交通事故成因分析

交通事故是在特定的交通环境下,由于人、车、路及环境诸要素配合失调而发生的,因此,分析交通事故的成因分布特点最主要的就是分析人、车、路及环境因素对交通事故形成的影响程度。

1. 人的因素

人既是交通事故的制造者,又是交通事故的受害者。同时,人是交通安全中的一个能动因素,所以人是交通安全的主体。人对交通事故形成的影响,主要表现在以下几个方面:

①自身的生理、心理状况等不符合交通安全的要求;

②自身违章行走、违章操作、违章装载、违章行驶等酿成事故;

③对他人的交通动态及道路变化、气候变化、车况变化疏于观察或措施不当等引起交通事故的发生。

2. 车辆因素

车辆作为现代道路交通的主要运载工具,其性能的好坏,是影响道路交通安全的重要因素。虽然因车辆技术性能不良引起的交通事故比例并不大,但这类事故一旦发生,其后果一般是比较严重的。

由车辆原因造成的交通事故通常是制动失灵、灯光失效、零件损坏、车辆装载超高、超宽、超重以及货物绑扎不牢等原因所致。另外,由于车辆在行驶过程中,各种零件承受着反复交变荷载,当超过一定数量后,也会突然发生疲劳而酿成交通事故。除此以外,一些单位维修制度不完善、不落实,车辆检验方法落后,致使一些车辆常常因带病行驶而肇事,这也是车辆本身造成事故的原因之一。上述因车辆原因引发的交通事故,在排除责任事故后,其他的可统称为车辆机械事故。

3. 道路因素

道路交通的安全取决于交通过程中人、车、路、环境之间是否保持协调。因此,除了上述两个因素外,道路本身的技术等级、设施条件及交通环境作为构成道路交通的基本要素,它们对交通安全的影响是不容忽视的,在某些情况下,它们可能成为导致交通事故发生的主要原因。

4. 环境因素

道路周围的环境对交通事故有较大影响。一般来说,城市交通干道两侧商业化程度高的路段和公路通过村镇、街道化程度高的路段的事故率高于其他路段。据美国加利福尼亚州交通事故死亡率调查发现,不同地区道路交通事故率的分布有较大差别,市区和郊外的高速公路亿车公里事故率分别为 2.43 人/亿车公里和 1.35 人/亿车公里。城市不同区域内道路上的事故率也有较大差异,一般市区商业中心道路上的事故率最高,因此应加强交通复杂地区的交通管理和事故预防工作。

风、雨、雾、冰雪等恶劣天气,严重影响了驾驶员正常驾驶的条件,导致事故多发。尽管不良天气在一年当中所占比例不大,但在此期间的事故率却明显高于正常天气。

10.4 交通事故预测

10.4.1 事故预测的目的和作用

1. 预测的含义

交通事故预测是对未来有可能发生的事故进行估计和推测,它是通过对交通事故的过去和现在状态的系统探讨,并考虑其相关因素的变化,分析未来事故的危险程度和发展趋势,对交通事故未来状态作出描述的过程,以便能及早采取措施进行防治。

2. 交通事故预测的分类

交通事故预测按预测范围可分为宏观预测和微观预测。宏观预测是指对时间较长或区域较大的总体性能和趋势性的交通事故的预测。微观预测是对时间较短或某一地点、路段交通事故变化情况的预测。

3. 预测的目的

交通事故预测的目的是为了掌握交通事故的未来状况,以便及时采取相应的对策,避免工作中的盲目性和被动性,有效地控制各影响因素,达到减少交通事故的目的。

4. 预测的作用

交通事故预测的作用主要有以下几点:

①预测交通事故的发展趋势,为制订预防交通事故对策和交通安全宣传教育提供依据。

②预测交通事故的变化特点,为制订针对性防范措施和交通法规提供依据。

③预测交通事故的近期状态特征,为制订合理的交通安全管理目标提供依据。

④预测控制条件下的交通事故状态,对交通安全措施的可行性和实施效果进行合理评价。

10.4.2 事故预测程序

交通事故预测一般分为以下三个阶段:

第一阶段是设计过程,从确定预计目标开始,经过收集、分析有关信息,到初步选定预测技术。

第二阶段是建模过程,建立预测模型并验证模型的合理性。

第三阶段是评价过程,进行预测并对预测值进行检验、评价。在此过程中,要综合分析各种因素的影响,采用多种方法研究和修正,通过科学的判断后,得到最后的预测结果。此后,要对预测结果继续跟踪检测,并在必要时建议修正预测值。

10.4.3 交通事故预测技术

道路交通事故预测技术可分为定性预测和定量预测两大类。

1. 定性预测

定性预测是在数据库资料掌握不多,或需要在短时间内作出预测的情况下,由专家结合已知数据和经验,运用逻辑思维方法对交通事故的发展趋势和特点作出定性的描述。常用的定性预测技术有专家会议法、德尔菲法(专家调查法)、主观概率法、趋势判断法、类推法和相互影响分析法等。

2. 定量预测

定量预测是在历史数据和统计资料的基础上,运用数学或其他分析技术,建立可以表现的数量关系模型,并利用它来预测交通事故在未来可能出现的数量。常用的定量预测技术有时间序列趋势外推法、回归分析法、灰色预测法和组合预测法等。

⇒ 10.5 交通事故预防

10.5.1 健全交通法制

加强道路交通安全法规体系建设是改善道路交通安全整体水平直接、有效的措施。我国目前的道路交通安全法规体系的内容已涵盖在若干不同的法律、法规以及其他交通管理的规范性文件之中,并且在我国目前的道路交通运营实践体系中发挥着积极和重要的作用。随着时代的发展,法律体系也要相应的加以修正和调整。

10.5.2 加强交通安全教育

1. 开展交通安全宣传

交通安全宣传活动是宣传群众、教育群众的重要方法。进行宣传活动应重视取得实际的效果,要把交通安全和每个人的切身利益联系起来,引起人们对交通安全的关注。要采用群众喜闻乐见的宣传形式,寓教与人们日常工作生活和文化娱乐之中。同时,宣传活动必须尽最大可能调动社会的力量,力求宣传的深度和广度,保证宣传质量。

2. 加强交通安全教育

交通安全教育应像其他文化知识一样,从幼儿开始就进行系统的教育。在高中以前的各个教育阶段都列为必修课,使学生从接受教育开始就不断地树立交通法制的观念、交通安全的观念、交通道德的观念和安全通行的观念。对社会面上的教育,要针对不同的对象,采取不同的方式、方法,有的放矢地进行。

10.5.3 提高车辆安全性能,保持良好车况

1. 主动安全措施

①改善侧面和前部的视野,安装倒车灯和倒车警报器,以预防因盲区而引起的交通事故。

②提高风窗玻璃的透视性能,以预防因雨雪和结霜而引起的交通事故。

③采取防炫目的措施,提高前照灯的亮度,以预防因炫目和前照灯照度不足而引起的交通事故。

④在动力性方面,提高超车加速能力,安装驱动防滑系统。

⑤在操稳性方面,提高操作稳定性和轻便性。

⑥在制动性方面,安装辅助制动系统、ABS 防抱死系统和缓速器、制动系统故障的报警系统,提高轮胎的防滑性能等措施,借以保障安全。

⑦在车辆本身预防事故措施方面,还要提高车辆的被视认性能,包括后部、标志、行驶方向的被视认性,以预防事故的发生。

2. 被动安全措施

①车内措施。车内措施主要包括尽可能提高乘员空间,即车身的强度,以减小碰撞时的变形,采用钢化玻璃或隔层玻璃,以减轻发生事故时玻璃对乘员的伤害;加大转向盘的面积,是指具有一定的弹性;车内的开关、旋钮、把手等要尽量圆滑并柔软;车门和棚顶具有足够的强度,以保护乘员的安全和便于抢救。此外,预防火灾的性能和安全带、安全气囊对乘员安全的防护,均有重要的作用。

②车外措施。车外措施主要是指碰撞自行车和行人时尽可能地减轻伤害,如保险杠应尽可能地圆滑并有弹性,活动式的后视镜和挡泥板,与挂车连接部分的防护网等,对保护交通弱者都会收到一定的效果。

10.5.4 加强道路及其交通安全设施建设

1. 改善道路条件

从道路线形设计方面考虑,应严格按照设计道路的平曲线和竖曲线,使弯道、坡道符合公路工程技术标准。各种线形组合要充分考虑安全性。

2. 完善道路安全设施

道路安全设施主要包括分隔带、安全护栏、交通标志、标线、视线诱导设施和防眩设施等,对于城市交通还包括行人过街天桥、地下通道、交通安全岛等。

3. 实施交通控制

交通控制可以分为交通信号控制和交通法规控制。交通信号控制是指在道路入口和交叉口处设立交通信号灯,合理控制车辆的行驶。交通法规控制包括设立单向交通路段、变向车道、公交车专用车道等。

4. 建立交通信息系统

交通信息又称交通情报,公安与管理部门为保证行驶于汽车专用道或城市主干道上的车辆的安全、迅速,应及时向驾驶员通报道路交通拥塞情况、天气情况、前方道路或临时交通管制的情况,以便驾驶员及时改变对策。

5. 建立事故紧急救援系统

监视预报体系,根据异常气象等条件估计可能出现事故区域,采取信息收集和联络体制,同时派专人负责监视与做好各项准备工作。事故发生时,应用先进的通信设备与手段,快速可靠地联系有关部门,及时有效地处理事故,确保道路安全畅通。

6. 改善道路交通环境

道路交通环境的改善主要从两方面入手:一方面改善道路环境,使驾驶员具有良好的行车视距和不断变化的视觉效果,改善使驾驶员产生疲劳、烦躁的单调环境;另一方面改善交通流环境,尽量保持良好的稠密程度,且尽量避免混合型交通流。

习 题

1. 分析交通事故的构成要素。
2. 交通事故统计分析指标有哪些?
3. 简述交通事故预测的目的及作用。
4. 试论述交通事故发生的原因及交通事故预防对策。

第11章　交通环境影响与可持续发展

→ 11.1　概述

1. 当前人类面临的环境问题

人类活动对环境的影响表现在两个方面：一是对环境质量的影响，即环境污染；二是自然资源超额利用。所以，环境问题可分为两类：污染型环境问题和资源破坏型环境问题。发展到今天，环境问题已从区域性演化为全球性的问题。当前人类面临的全球性环境问题包括：

（1）全球气候变暖

由于人口的增加和人类活动规模的扩大，向大气释放的二氧化碳（CO_2）、甲烷（CH_4）、一氧化二氮（N_2O）、氟氯碳化合物（CFC_S）、四氯化碳（CCL_4）和一氧化碳（CO）等温室气体导致大气组成发生变化，气候有逐渐变暖的趋势。

（2）臭氧层的耗损与破坏

臭氧层能吸收太阳的紫外线，以保护地球上的生命免遭过量紫外线的侵害。一些破坏臭氧的气体（如氟氯碳化合物）会和臭氧发生化学作用，使臭氧层遭到破坏。

（3）生物多样性减少

由于人口急剧增加和对资源的不合理开发，加上环境污染，地球上的各种生物及其生态系统受到了极大的冲击，生物多样性也受到了极大损害。据统计，地球上每年至少有5万种生物物种灭绝，平均每天灭绝的物种达140个，保护和拯救生物多样性以及这些生物赖以生存的环境，是我们义不容辞的义务。

（4）酸雨蔓延

酸雨是指大气降水中酸碱度（pH值）低于5.6的雨、雪或其他形式的降水，这是大气污染的表现。酸雨对环境的影响很大，酸雨降落到河流中会妨碍水中鱼虾的生长，酸雨会导致土壤酸化，破坏土壤的营养危害植物生长，酸雨还会腐蚀建筑物和名胜古迹。

（5）森林锐减

森林的减少使其涵养水源的功能受到破坏，造成了物种的减少和水土流失，同时对二氧化碳的吸收减少，加剧了温室效应。目前地球上的森林正以平均每年$4000km^2$的速度减少。

(6)土地荒漠化

全球陆地面积占 60%,其中沙漠和沙漠化面积占约 29%。每年有 600 万公顷的土地变成沙漠。

(7)大气污染

大气污染的主要因子为悬浮颗粒物、一氧化碳、臭氧、二氧化碳、氮氧化物和铅。大气污染将导致人类因烟尘患慢性疾病和死亡。

(8)淡水资源枯竭和污染

水资源短缺已成为许多国家和地区经济发展的障碍。引起水资源短缺的原因除了自然因素外,一个重要的原因是由水体污染引起的水资源破坏。

(9)海洋污染

人类活动使近海区的氮和磷增加了 50%~200%,过量营养导致沿海藻类大量生长,导致一些海域发生赤潮。赤潮的频繁发生,破坏了红树林、珊瑚礁和海草,使近海鱼虾锐减,渔业损失惨重。

(10)危险性废物

危险性废物是指除放射性废物以外,具有化学活性或毒性、爆炸性、腐蚀性和其他对人类生存环境存在有害特性的废物。生产生活中有毒化学品的生产、贸易、运输及使用都是危险性废物的产生源。

总观以上环境问题可以看出,道路交通几乎与所有的环境问题都有关联。道路交通事故、车辆排放的废气和噪声、道路建设过程中对资源及自然生态系统的破坏等都是构成上述环境问题的直接因素。

2. 道路交通环境问题

道路交通环境是指与道路交通活动相关的影响人类生存和发展的各种天然的和经过人工改造的自然因素的总和。道路交通环境问题包括环境污染和资源破坏两方面。

(1)道路交通环境污染

道路交通环境污染指与道路交通有关的人为活动向环境排放的某种物质或能量,使环境质量恶化的现象。如汽车排放的一氧化碳、二氧化碳等有害气体对大气环境的污染;交通噪声对声环境的污染;公路沿线服务设施的固体垃圾、污水及路面径流对地表水环境及土壤环境的污染等。

(2)道路交通资源破坏

道路交通资源破坏是指与道路交通相关的人为活动使自然资源遭受损失,包括:土地占用、植被破坏、水土流失和动植物植被影响。

道路交通排放的汽车废气、交通噪声,以及危险品运输的交通事故给道路两侧环境质量带来严重的影响,不仅使人类活动区域的环境质量下降,而且使道路两侧的自然生态环境受到影响,进而影响生态系统的稳定。

→ 11.2 道路交通噪声污染与控制

道路交通噪声主要来源于行驶车辆发动机产生的声音、排气管产生的声音、车辆各零部件产生的声音以及车胎与路面的摩擦产生的声音等,道路交通噪声是一种典型的随机非稳噪声,交通噪声与车辆自身的性能、负荷、车型、车速、交通量的大小、道路的纵坡、路面的类型以及路面的平整度等均有密切的关系,并在传播过程中衰减。一般,大城市噪声比小城市的大,城市中心比城市边缘的大,交叉口由于车辆的加速、减速、按喇叭,其噪声要比一般路段大,甚至相差达 10dB(A)以上。

11.2.1 交通噪声的危害

正常的环境声音是 40db,当声强超过 40db 时便会产生一定的危害,主要表现为:

1. 损伤听力

当噪声大于 80db 则可以造成暂时性或持久性的听力损伤,后者即为耳聋。

2. 干扰睡眠

40db 的连续噪声可使 10%的人受影响;70db 的连续噪声可使 50%的人受影响。

3. 干扰交谈

噪声对交谈的影响很大,如表 11-1 所示。

噪声对交谈的影响   表 11-1

噪声(db)	主 观 反 映	保证正常讲话距离(m)	通 信 质 量
45	安静	10	很好
55	稍吵	3.5	好
65	吵	1.2	较困难
75	很吵	0.3	困难
85	太吵	0.1	不可能

4. 对人体生理影响

噪声对心理的影响主要表现在令人烦恼、易激动,甚至失去理智。吵闹环境中儿童智力发育比安静环境中低 20%,噪声还可能导致胎儿畸形,极强的噪声还会致人死亡。

5. 对动物的影响

强噪声会使鸟类羽毛脱落、不产卵,甚至内出血,最终导致死亡。

11.2.2 减少道路交通噪声污染的措施

1. 制定切实可行的环境噪声法令条例

制定切实可行的环境噪声法令条例,并使之得到实施,是保护环境免遭声公害影响的重要措施。国外已有较成熟的经验。我国已经建立了如《中华人民共和国环境保护法》等管理法规,并建立了相应的管理体系。

2. 道路两侧建筑合理布局

道路两侧建筑合理的布局对减少交通噪声具有很好的效果。目前一些国家在高速公路进入市区的地段,采用路旁屏障来降低交通噪声干扰。日本高架公路新干线穿过本市区时,采用屏障来减少噪声。有些国家还特别设计路面呈凹形的道路,使马路两侧形成屏障,使用屏障最理想的效果一般不超过 24dB(A)。

在通过居住区地段,利用临街商亭手工艺工厂作为屏障,也是一种可行的办法。在沿道路快车线外沿建筑商亭,使商亭背面作为广告墙面朝向道路一侧,而商亭营业门面朝向居住建筑物一侧,这样的设施不仅是理想的声障板,对美化市容、保证交通安全也有好处。

道路两侧建筑物布局方法,应考虑使噪声的影响降至最小,例如利用地形或隔声屏障,使噪声不断降低。

3. 声屏障及绿化隔离降噪

(1)声屏障

合理设计声屏障位置、高度、长度,可使噪声衰减 7~24dB(A),声屏障的使用在日本、法国等国家较多。在我国广深铁路、贵黄高速公路通过居民区也使用了声屏障。目前在城市高架路和穿过城市的铁路也还在考虑应用。

声屏障应用的原理如光照射一样(图 11-1),当声波遇到一个阻拦的障板时,会发生反射,并从屏障上端绕射,于是在障板另一面形成一定范围的声影区,声影区的噪声相对小些,从而达到利用声屏障降噪的目的。

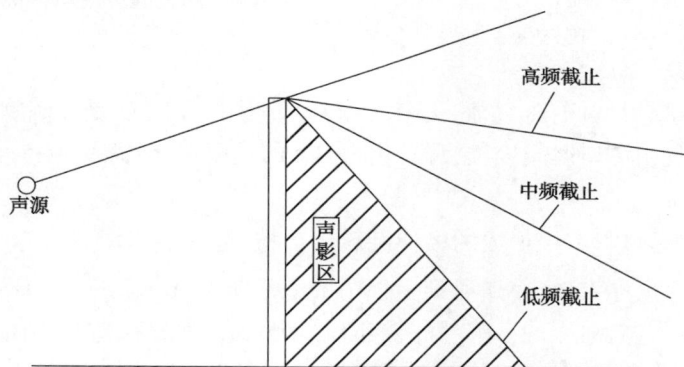

图 11-1 声屏障隔声原理示意图

(2)绿化隔离降噪

城市绿化,利用树林的散射、吸声作用以及地面吸声,也是达到降低噪声目的的一种办法。一般来说,城市街道经常遇到的观赏遮阴绿林,并不形成密实的绿林实体,降噪效果不大,只有采用种植灌木丛或者多层林带才能构成绿林实体。大多数绿化实体的衰减量平均每米衰减 0.15~0.17dB(A)。如松林(树冠)全频带噪声级降低量平均值 0.15dB(A)/m,冷杉(树冠)为 0.18dB(A)/m,茂密的阔叶林为 0.12~0.17dB(A)/m,浓密的绿篱为 0.25~0.35dB(A)/m,草地为 0.07~0.10dB(A)/m。在林带设计中,除考虑树木种类外,还需考虑它的结构,如不同高度和密度树冠的组合、地面高度的变化、整片树林还是分段等因素。目前许多国家对绿化降噪都比较重视,因为在市区到处立屏障,使人难以接受,而绿化却不然。

从现实考虑,利用浓密的绿篱将快、慢车道和人行道分离,将产生一定的效果。据国内的研究资料,常见的松柏、侧柏绿篱、配以乔灌木和草皮的混合结构,也有一定的减噪效果。在高层建筑群的街道两旁种树,由于吸声作用可以减少混响声,也能使噪声有所改善。

11.3 道路交通大气污染与控制

11.3.1 道路交通大气污染

道路交通是人为因素造成大气污染的主要来源之一。道路交通的大气污染主要有两部分组成:一是道路施工期间施工机械等产生的尾气,砂、土、灰等建筑材料的运输、堆放产生的扬尘,施工人员生活排放的烟气等大气污染物;二是道路运营期间车辆交通排放的大气污染物。汽车排放的碳氢化合物主要有三个方面来源:汽车排气(尾气约占60%)、曲轴箱窜气(约占20%)、燃料系统的蒸发(油箱和化油器,约占20%)。

11.3.2 汽车排放污染物的危害

汽车排放的污染物有一氧化碳、二氧化碳、碳氢化合物、氮氧化物和微粒等,他们会对人体健康造成直接危害,或造成温室效应,影响人类的生存环境。

1. 一氧化碳(CO)

CO 是一种窒息性的有毒气体,无色无味,比重稍小于空气,是含碳物质不完全燃烧的产物,它在大气中滞留时间较长,月转化为 CO_2 的速度很慢,需要 2~5 个月。

2. 氮氧化物

氮氧化物是燃烧过程中形成的多种氮氧化合物,是 NO、NO_2、N_2O_3、N_2O_5 等的总称,其中以 NO 为主,约占95%。NO 遇到空气中的氧后被氧化成 NO_2。NO_2 是一种棕红色强刺激性的有毒气体,对人的心脏、肝、肾都有影响,还会使植物枯黄。在大气中,NO_2 可能参与一系列的化学反应形成光化学烟雾,减低能见度。易与大气中的水分发生化学反应产生硝酸烟雾,这是产生酸雨的根源之一。在对流层与碳氢化合物反应形成臭氧;在较高的大气中,与一氧化氯反应生成硝酸氯,硝酸氯与氯化氢反应后释放出氯原子,能破坏臭氧层。

3. 碳氢化合物(HC)

通常认为的碳氢化合物包括未燃烧和未完全燃烧的燃油、润滑油及其裂解产物和部分氧化物,如苯醛、酮、烯、多环芳香族碳氢化合物等 200 多种复杂成分。其中毒性碳氢化合物可影响遗传物质导致癌变,大气中的碳氢化合物发生化学反应后可形成臭氧,光化学烟雾,还会造成温室效应。

4. 光化学烟雾

光化学烟雾是指 HC 和 NO_x 在强阳光照射下生成含有臭氧、甲醛、丙烯醛和过氧酰基硝酸盐等的一种浅蓝色、具有刺激性的有害气体。可刺激人的眼睛,危害人体健康,使植物变黑直至枯死,损害有机物质。

5. 二氧化硫(SO₂)

燃料中硫在燃烧过程中的产物主要是二氧化硫,排放到大气中与氧反应形成三氧化硫,二氧化硫和三氧化硫与湿空气反应后,以酸雨的形式降落地表,对地表造成腐蚀和危害。

6. 颗粒物

燃料燃烧后经发动机排放后,会排出化合物的颗粒,较大颗粒会散落到地面,细微颗粒会悬浮在空气中被吸入人体,造成致命伤害。

7. 二氧化碳(CO₂)

CO_2 不仅对人体无害,还可增强植物的光合作用,但大气中 CO_2 的浓度过高,就会产生温室效应,使全球变暖,加重自然灾害,使冰川融化,海平面上升,破坏森林,物种加速灭绝,严重威胁人类生存环境。

11.3.3 道路交通大气污染控制

1. 使用清洁燃料

使用无铅汽油,开发研究替代能源(天然气、液化石油气、电能、醇类、氢气等)。

2. 机内净化

机内净化的主要途径是控制空燃比,即发动机中可燃混合物中空气和燃料的比例。可通过改革汽车发动机的构造和性能,提高燃料在内燃机内的燃烧水平。比如改进化油器促进空燃比,使燃料燃烧更加完全;使用电子点火装置取代传统触点式点火装置,可减少约2%的碳氢化合物的排放;使用燃料直喷技术使气缸中以贫油混合气体代替富油混合气体,使燃料燃烧更加完全。

3. 机外净化

汽车机外净化技术包括:热反应器,即在发动机外在增加一个燃烧室,使未燃烧完全的物质再进一步氧化成无害物质。催化转化器,即将汽车废气中有害成分进行无害化处理。废气再循环装置,可把汽车排出废气的一部分送回到进气管,然后导入燃烧室重新燃烧。微粒捕集器,在发动机排气管中设立一个颗粒物过滤器,并设法燃烧或氧化过滤器中收集的颗粒物。

4. 改善道路交通条件

恶劣的道路环境使汽车损坏严重,车速降低,油耗增加,尾气排放加剧,弯曲窄长的道路使汽车滞留时间延长,污染加重。改善道路质量,发展高等级道路,建造立交桥和公路自动收费系统,改进交叉口信号控制系统等,均可提高车速,有效减轻环境污染。

5. 道路交通防污绿化

树木和草坪对颗粒物具有吸滞和阻挡作用,因而能使空气中大部分颗粒物沉降下来。不同类型的树木还能与空气中一些污染物发生一定的反应,使空气得到净化,使道路邻近区域的污染程度得到减轻。

6. 公路隧道通风

公路隧道内的空气污染主要包括车辆行驶卷起的尘土和车辆排放的污染物,如一氧化碳、烟雾和氮氧化物等,由于污染物不易扩散,因而浓度很高,如不加控制,会对驾乘人员和维护检修人员造成严重危害。此外,还会严重影响能见度,对行车安全造成较大影响。因此,必须对其加以干涉和控制。我国《公路隧道通风照明设计规范》中规定:对隧道长度与设计交通量乘积大于或等于 6×10^5 m·辆/h 的双向隧道和大于或等于 2×10^6 m·辆/h 的单向隧道应设置机械通风设施。

11.4 道路交通水土污染与控制

11.4.1 道路交通水污染源

1. 生活污水

道路服务区、收费站、管理区和车站排水主要以生活污水为主,其特征是水质比较稳定,浑浊,呈碱性,一般不含有毒物质,但有大量的细菌、病毒和寄生虫卵。

2. 洗车废水

道路附属设施中的洗车场和车辆维修站排水可归属为工业废水类,主要以泥沙颗粒物、石油类为主。

3. 地表径流

地表径流是指经过地表漫流的雨水或融雪水。道路交通方面的地表径流包括道路施工场地地表径流和路面径流,道路施工场地地表径流所含污染物以泥沙颗粒物为主;路面径流所含污染物与车辆运输及周围环境状况有关,主要来源于车辆排气、车辆部件磨损、路面磨损、运输物洒落及大气尘降,主要成分为固体物质、重金属和无机盐。

11.4.2 道路建设项目对土壤的侵蚀

道路建设项目对土壤环境的影响主要是建设期施工开挖致使土壤裸露造成的侵蚀,以及运营初期土壤植被条件的变化改变了地面径流条件而造成的侵蚀。随着水土保持的生态措施的逐渐恢复和改善,使其达到新的稳定状态,所以道路建设项目对土壤的侵蚀主要表现在施工建设期。

道路建设期引起土壤侵蚀的主要因素有:山体开挖造成土壤裸露;填筑路堤增加裸露面;取、弃土场产生裸露面;施工过程损坏原有的地表植被及水保设施;干扰不良地质增加其不稳定性等引起的水土流失。

11.4.3 道路建设水土保持措施

《中华人民共和国水土保持法》及《中华人民共和国水土保持法实施条例》中规定,在山区、丘陵区、风沙区修建铁路、公路、水工程、开办矿山企业、电力企业和其他大中型工业企业,其建设项目环境影响报告书中必须有水土保持方案。道路建设中常用的水土保持措施包括:

1. 坡面防护措施

①植被防护。在边坡上种草或铺草皮，既可以组织地表水对坡面的冲刷和风对坡面的吹蚀，又可绿化路线增加美观。

②边坡防护网。在道路挖方路段或半挖半填路段的边坡采用防护网可以起到紧固土壤、防止边坡的落石或滑塌，保护边坡稳定。

③砌石护坡。对于较陡的土质边坡和易风化或破碎的岩石边坡可采用砌石护坡。砌石有干砌和浆砌片石两种。前者适用于边坡坡度较缓或经常有地下水渗出坡面的情况；后者适用于坡面较陡的情况。

④抹面。在夹有易于风化的软质岩层的路堑坡面上，由于软质岩层风化较快，常常剥蚀而成凹坑，并引起上部具有节理的硬质岩石的崩塌和落石等病害，对此可采用抹面措施，防止开挖后的软质岩层继续风化。

⑤护墙。由浆砌片石组成，用于防护坡度较陡的土质边坡或易风化剥落和节理发达的岩石路堑边坡，避免进一步风化而出现崩塌和剥落等病害。

2. 常用的冲刷防护措施

①植物防护。铺草皮或种植树木，适用于水流方向与路线平行且不受洪水主流冲刷的季节性浸水的路堤边坡。

②砌石护坡。可按流速大小分别采用单层或双层铺砌。这种措施适用于水流方向较平顺的河岸滩地边缘或不受主流冲刷的路堤边坡。

③抛石。适用于水流方向较平顺，无严重局部冲刷而已被水浸的路堤边坡和河岸。

④浸水挡土墙。在峡谷急流和水流冲刷严重地段，可采用挡土墙防护。

3. 公路排水措施

①在坡顶和坡地开设截水沟。利用排水沟和溢洪道来控制坡地的下冲水流。

②开挖排水沟，以阻止水流进入敏感区域。可采用多条排水沟分流的方法，使水流不至于汇聚得太大。

③在排水沟中修建混凝土消能构筑物，使急速流动的雨水得以减速，以减少对下游产生的潜在的侵蚀力。

④在排水沟中设置各种消耗水流能量的天然材料，如木桩、草和石块等。

⑤在公路两侧构筑沉淀池，使水流在进入下游排水沟之前，沉淀去除其中的淤泥、污染物以及路面垃圾。

→ 11.5 可持续发展与绿色交通

11.5.1 可持续发展

可持续发展一词最早出现在 1987 年的世界环境与发展委员会的报告中，该组织提出了长篇报告《我们共同的未来》。报告中对"可持续发展"的定义是：可持续发展是指既满足当代人的需要，又不损害后代人满足需要的能力的发展。1989 年 5 月举行的第 15 届联合国环境规划署理事会期间，通过了《关于可持续发展的声明》，文中进一步指出："可持续发展意味着维护、合理利用并且提高自然资源基础,这种基础支撑着对生态平衡的压力及经济的增长。同时,可持续发展还意味着在计划和政策中纳入对环境的关注与考虑"。1992 年里约热内卢环发首脑会议重申联合国《人类环境宣言》,将可持续发展的概念扩展到"涉及人类活动的所有部门的可持续发展"。它所追求的目标是既要使人类的各种需要得到满足,又要保护资源和生态环境,不对后世人的生存和发展构成威胁。可持续发展的核心是发展,内容涉及三个方面:经济可持续性、环境的可持续性和社会可持续性。

1. 城市交通可持续发展

(1)城市交通可持续发展的内容

经济合作发展组织(OECD)对交通系统可持续发展界定了 4 项内容:

①以安全、经济、实用和可被社会接受的方式向人员、地点和货物提供交通服务;

②达到公认的卫生和环境质量目标,如世界卫生组织制订的控制大气污染物和噪声方面的目标;

③避免超过生态系统完整性的临界负荷和水准,如联合国界定的酸化、负影响化和对流层臭氧方面的负荷和水准,从而保护生态系统;

④不加剧气候变化和平流层臭氧耗竭等全球性消极现象。

该定义突出反映了交通运输和运输基础设施发展产生的影响,不仅会涉及交通生活的各个领域(如土地利用和相关的人类活动、空气质量、事故、安全和公众健康),也将影响区域或全球范围的许多方面。

(2)城市交通可持续发展的原则

根据我国交通系统可持续发展中存在的问题,应确立以下原则:

首先,正确处理发展与可持续发展的关系,坚持并重原则。即在保证经济发展的需要和不对环境、资源造成不可挽回破坏的前提下,确定城市交通在一定时期内应该保持的发展速度,以及各种交通方式的协调和质量。

其次,城市交通设施的建设、交通设备的应用,应从整个社会发展角度来评价,大力发展有良好可持续发展的交通方式。通过发展地铁、轻轨等大容量公共交通来解决城市、市郊及城际客运问题。

再次,加强交通需求管理工作,充分利用智能交通技术,有效控制交通出行发生的数量。

2. 公路交通可持续发展的内容

①公路交通的供给能力与经济发展对公路交通的运输需求应相互平衡,即可持续运输与可持续发展相一致。

②公路交通的环境与生态可持续性。即公路交通活动对环境及生态所造成的损害能够完全纳入公共或私人的运输决策框架中,使公路交通受益者承担公路交通所产生的全部费用。

③公路交通的社会可持续性。即运输改善和运输发展的利益应在全社会成员间公平分配。

11.5.2　绿色交通

为促进交通和环境的可持续发展,保证居民的生活质量,绿色交通应运而生。Chris Bradshaw(克里斯托弗·约翰)于 1994 年提出绿色交通体系,并将绿色交通工具进行优先排级,依次为步行、自行车、公共交通、共乘车,最末为单人驾驶的自用车。依据 Bradshaw 的论点,如果能应用上述绿色交通体系,则可获致下列好处:

①自然环境:减少空气污染与酸雨;减少公共空间的噪声;减少农业区与敏感地区的都市化;减少街道二次扬尘。

②社会方面:增进个人运动与健身;较少交通肇事,生命损失;减少交通拥挤损失时间。

③经济方面:减少城市道路、停车场等交通设施的需求、建设和维护费用;减少直接交通费和油耗,降低城市运营成本和节约能源。

绿色交通是为了减低交通拥挤、降低污染、促进社会公平、节省建设维护费用而发展低污染的有利于城市环境的多元化交通工具来完成社会经济活动的协和交通运输系统。绿色交通作为一个理念,同时也是一个实践目标。其发展目标包括三方面的统一,即通达和有序统一,安全和舒适统一,低能耗和低污染统一,以及交通系统的高效性和效率的持久性。更深层次是构建和谐交通,包括交通与环境的和谐,交通与未来的和谐,交通与社会的和谐,交通与资源的和谐。

1. 发展城市绿色交通的策略

①公众思想意识转变,实现绿色交通。引导公众优先采用步行、自行车、公共交通方式出行,用符合绿色交通的模式来改变人们的行为。

②在城市规划中应重视绿色交通。进行城市基础设施建设的政策要向步行、自行车、公交等优质绿色交通方式或工具倾斜,给行人和自行车出行留出足够空间,建立高效的公共交通专用通道,不断扩大公共交通的容量,设置公交换乘枢纽,使城市公交网络布局与城市规划协调,完善相关配套设施,为城市绿色交通发展创造最佳条件。

③鼓励购买小排量车种的车辆;推广使用燃气等无污染或污染较小的替代燃料;优先发展使用电力等无污染能源的交通工具,从源头治理实现绿色交通。

④经济手段实现绿色交通。经济合理的收费在一定范围内对污染控制有积极的影响,对城市交通污染收费,尤其征收车辆通行费,能缓解拥挤和减少污染排放。

⑤智能交通管理的方法实现绿色交通。即建立一个基于现代电子信息技术面向交通运输的服务系统。

⑥建立一套严格的 I/M(检查/维护)制度实现绿色交通。即对所有的在用车辆实施定期的检测和强制维护,以使中国的交通排放污染得到有效的控制。

2. 绿色交通系统相关研究领域

绿色交通系统的主要研究内容包括:更新规划思想、城市空间结构布局调整;交通车辆、技术研究;交通方式、交通管理等内容。

①规划思想。从空间结构布局上,着重实现城市交通绿色化,分层次建立绿色交通系统。一般来说,城市中心区以公交电车、地铁交通和步行交通、自行车交通为主;城市

外围以常规公交、地铁、轻轨交通和自行车交通为主。

②交通车辆。绿色交通工具包括:低污染的双能源车、天然气汽车、电动汽车、氢气动力车、太阳能汽车、电气化交通工具(如无轨电车、有轨电车、轻轨、地铁等)、磁悬浮等。

③交通方式。绿色交通体系包括步行交通、自行车交通、常规公共交通、轨道交通等方式。

④交通管理。发展绿色交通体系的相关技术(如 ITS,电子收费、导航系统等),以实现环境、未来、社会、资源的协调发展。

除此之外,绿色交通的实践,还需要各级政府制定合理的政策体系,并需要全社会的共同参与和配合。

11.5.3　绿色交通与可持续发展的关系

绿色交通是可持续发展的运输模式,实施绿色交通战略,是实施城市交通可持续发展的基本保障,是建设城市文明的标志,是维护城市生态平衡的重要举措。

绿色交通是基于交通可持续发展的观念所发展的协和式交通运输系统。它是实现交通可持续发展的一种有效的手段,而交通可持续发展是可持续发展在交通领域中的具体体现。交通可持续发展是交通发展的宏观方向,绿色交通是可以实施的具体的交通理念,绿色交通只有符合可持续发展才会具有生命力,可持续发展通过绿色交通的实施得以实现。

习　题

1. 简述道路交通方面的主要环境问题。
2. 简述道路交通噪声污染与治理方法。
3. 简述道路交通对大气污染的影响及治理方法。
4. 简述道路交通对水土污染与防治方法。

第12章　智能交通系统

→ 12.1　概述

　　智能交通系统(Intelligent Transportation System, ITS)是将先进的信息技术、通信技术、传感技术、控制技术以及计算机技术等有效地集成运用于整个交通运输管理体系而建立起的一种在大范围内、全方位发挥作用的实时、准确、高效的综合运输和管理系统。通过使汽车与道路功能的智能化,可提高运输效率,保障交通安全,缓解交通拥挤,减少环境污染。

12.1.1　智能交通系统发展过程

　　解决交通问题的传统办法是修建道路,美国、英国、日本等发达国家曾大力开发建设交通基础设施,但在大量土地、燃油等资源被占用和消耗的同时,不但交通需求没有完全得到满足,而且由于道路拥挤而造成汽车尾气排放量剧增。不仅造成了巨大的经济损失,还带来了恶劣的环境影响。

　　和其他任何一项新的科学技术一样,智能交通系统的出现绝非偶然。它是一定的社会经济发展条件下的必然产物,其发展可以追溯到1939年,美国在纽约世界博览会上展出新泽西与曼哈顿之间的乔治·华盛顿大桥上设置的基于路车间通信的交通情报系统以及最早期的汽车自动驾驶系统在这个博览会上展出。这是智能交通系统的萌芽,该研究成果对以后大规模有组织的进行ITS项目研究产生了很大的影响。

　　20世纪80~90年代中期为智能交通系统的发展阶段。西欧、北欧和日本竞相发展智能运输系统,成立了许多机构,制订并实施了开发计划,如美国的智能运输系统协会ITS America、欧洲共同体的交通信息与控制组织ERTICO、日本的路车交通智能协会以及智能运输系统国际标准化机构ISO/TC204等。

　　20世纪末,ITS研究进入了一个新的阶段。1994年第一次ITS世界大会在法国巴黎召开,以后每年举行一次,讨论ITS的研究进展和技术间的交流。目前,已经有难以计数的大小项目在开展,从理论规划到实际实施,从现场试验到形成产业,其发展规模和发展速度极其迅猛。

　　21世纪是道路交通智能化的世纪,ITS已成为世界各国解决交通问题的热门技术,成为21世纪新的经济增长点。人们日益认识到ITS的潜在价值,智能交通系统已经发展成为一个综合系统,得到国际上的普遍承认,甚至渗透到整个信息技术领域。

12.1.2 智能交通系统研究内容

按服务领域,ITS系统包括以下方面:先进的交通管理系统、先进的出行者信息系统、先进的公共交通系统、先进的车辆控制系统、商用车辆运营系统、电子收费系统、高速公路交通事件管理系统等。

1. 先进的交通管理系统(Advanced Traffic Management System,ATMS)

ATMS是智能运输系统的重要组成部分,它是依靠先进的交通监测技术、计算机信息处理技术和通信技术,对城市道路和市际高速公路综合网络的交通运营和设施进行一体化的控制和管理,通过监视车辆运行来控制交通流量,快速准确地处理辖区内发生的各种事件,以便使得客货运输达到最佳状态。

ATMS主要研究方向分为以下几个方面:
①城市道路交通信号控制技术;
②高速公路管理系统;
③事故管理系统;
④车辆排放监测系统。

ATMS由以下几部分组成:
①交通管理控制中心;
②交通流量检测系统;
③城市交通信号控制系统;
④交通电视监控系统;
⑤交通信息服务系统;
⑥紧急求援与事故管理系统。

2. 先进的交通信息服务系统(Advanced Traveler Information System,ATIS)

ATIS的应用是建立在完善的信息网络基础上,通过设置在道路、车辆上的各种检测器采集交通信息,通过传输设备将采集的交通信息传导至信息中心,由交通信息中心对信息进行对接和整合,再将有关的各类交通信息反馈至交通参与者,出行者按照系统提供的信息来选择出行路线及方式。对于ATIS的定义和功能,目前世界各国在认识上还存在差异,ATIS主要是为交通出行者服务,但是随着交通信息系统概念的泛化,ATIS所服务的对象已经不局限于出行者,交通管理部门、交通工程研究人员也成为ATIS的服务对象。

它包含以下几个子系统:
①出行者信息系统;
②车载路径诱导系统;
③停车场停车引导系统;
④数字地图数据库。

3. 先进公共运输系统(Advanced Public Transportation System,APTS)

由于公共运输系统的效率、舒适性和吸引力等方面的显著发展和提高,它被认为是缓解城市交通阻塞的有效方法。APTS 是通过将先进的电子技术应用到高使用率的地铁、公共汽车、有轨电车的运行中。从广义上来讲,就是使一些出行者从公路交通和城市道路交通转入城际列车和城市轨道交通,公共交通系统的完善使得公路和城市道路有了更多的容量,交通运行效率得以很大提升。

APTS 的研究集中于公共运输系统的高效和可靠,它包括以下子系统:

①车队管理系统;

②乘客出行信息系统;

③电子支付系统;

④交通需求管理系统;

⑤公交优先集成管理系统。

4. 商用车辆运营系统(Commercial Vehicle Operation,CVO)

CVO 是专为运输企业提高盈利而开发的智能型运营管理技术,其目的是利用 ITS 技术,如车辆自动识别技术、车辆自动定位技术、车辆自动分类技术等,提高企业内部劳动生产率,增加安全度,改进对突发事件的反应能力,改善车队管理和交通状况。

该系统由以下几个子系统组成:

①商业车辆的电子通关系统;

②车载安全监控系统;

③路边安全监察的自动化系统;

④商业车队管理系统及行政管理程序;

⑤危险品的应急响应系统。

5. 先进车辆控制和安全系统(Advanced Vehicle Control and Safety Systems,AVCSS)

AVCSS 系统包括事故规避系统和监测调控系统等,它使车辆具有道路障碍自动识别、自动报警、自动转向、自动制动以及自动保持安全车距、车速和巡航控制等功能。在易发生危险的情况下,随时以声、光形式向驾驶员提供车体周围的必要信息,并可自动采取措施,从而有效地防止事故的发生。

6. 电子收费系统(Electronic Toll Collection,ETC)

ETC 车辆在通过收费站时,通过车载设备实现车辆识别、信息写入并自动从预先绑定的 IC 卡或银行账户上扣除相应资金,同时能够将收取的费用经后台处理环节清分至收益业主,是国际上正在努力开发并推广普及的一种用于道路、大桥、隧道和车场管理的电子收费系统,该系统是目前世界上最先进的路桥收费方式。

该系统主要由后台系统、车道控制器、车载单元和路侧单元等组成。应用到的关键技术主要有车辆自动识别技术、车型自动分类技术、短程通信技术、逃费抓拍系统技术和红外技术等。与传统的人工收费系统相比,ETC 系统对车主以及交通监管部门都提供了很大的便利。

7. 高速公路交通事件管理系统

事件管理系统是高速公路监控系统的一个重要子系统,主要是用来减少事件所造成的影响。该系统主要由高速公路系统监视、偶发事件紧急服务和驾驶员信息系统三部分组成。该系统所能提供的服务可分为四种基本类型:警察服务、救护车服务、消防服务、车辆修理服务。

12.2 智能交通系统基础技术

12.2.1 智能交通系统应用的主要技术简介

ITS 汇集了众多高科技与知识体系,包括传感器技术、电子视野技术、测量技术、判断处理技术、数据库技术、计算机技术、通信网络以及移动通信技术、人—机联系技术、人体机理学、交通规划理论以及交通工程学。其中 ITS 最主要的应用技术如下:

1. 车辆传感器

包括:车辆运动传感器、驾驶员操作状态传感器、车辆控制用传感器、运动环境用传感器、异常状态监控显示器用传感器。

2. 外界传感器

利用超声波、电波、光波来检测车辆周围的其他车辆、行人、障碍物、路面形状和路面湿润状况、气象、外来光。

3. 图像识别技术

图像识别技术是人工智能的一个重要领域,是自动驾驶的基础。图像识别技术是以图像的主要特征为基础的。就目前而言,由于人们对人眼的图像处理机理还没有完全掌握,加上完成图像数据处理的成本很高,而且技术上难以实现实用化,所以今后图像识别技术的开发重点仍然是实用对象的处理和识别。图像识别技术包括车辆自动识别技术、交通状况的监控、对人的识别以及对周围环境的识别。

4. 位置测量技术

利用车载传感器、数字化地图、GPS、无线电信标以及激光、超声波、红外线来进行绝对位置和相对位置的测量。

5. 通信网络技术

通信网是一种由通信端点、节点和传输链路相互有机地连接起来,以实现在两个或更多的规定通信端点之间提供连接或非连接传输的通信体系。通信网络技术在 ITS 应用中以汽车和汽车交通情报为主的地区、全国以及全球网络,具有使用频率高,要求实时、准确可靠的特点。

6. 车辆控制技术

分为动力传动系统控制、地盘控制、驾驶环境控制以及辅助驾驶系统和自动驾驶、自动跟踪系统等。

7. 移动通信技术

该技术是 ITS 掌握车辆以及车辆交通状况所必需的技术,包括车—车移动通信、路—车移动通信以及复合通信。

8. 人体机能学

ITS 研究主要集中在人—机联系技术,该技术包括驾驶操作、信息输入装置操作、信息指示、声音识别与合成、显示技术等。在人—车—环境的交通系统中,人的因素很重要。相比汽车本身的性能和特性研究来说,目前 ITS 对人的研究稍显不足。今后的 ITS 研究过程中,不仅应从工程学方面,也要从心理学、社会学、经济学等方面进行研究。

12.2.2 ITS 应用的基础技术

1. 现代交通通信技术

现代通信技术主要包括固定通信(微波通信、光纤通信和卫星通信)、移动通信两种通信技术。任何交通工具都是运动的,因此移动通信在交通领域中得到广泛的应用,移动通信的发展是信息社会和交通运输高度发展的必然结果。大范围、大容量、高速的无线通信是 ITS 中通信系统的发展趋势,所以现有的通信设施和容量是否能满足这些新的要求是一个关键问题。目前来看,可供选择的通信手段有:低轨卫星服务、FM 副载波、个人通信服务、无线数据服务、商用流动无线电和组合通信系统等。

2. 地理信息系统(Geographic Information System,GIS)

地理信息系统是一种特定的十分重要的空间信息系统。它可以对整个或部分地球表层(包括大气层)空间中的有关地理分布数据进行采集、储存、管理、运算、分析、显示和描述。GIS 作为公路信息系统的基础,能够根据公路管理所涉及的大量空间数据,建立大地测量参照系统与各地地理位置信息和公路定位参照系统之间的对应关系,同时可以对车辆、人员、道路、加油站等通过位置坐标相互关联和查询,用户也可以通过地理讯息和特定的值对数据库进行查询。在 ITS 中,GIS 最广泛地应用于公共汽车服务计划编排,行车路线展示及检查路线的服务质量、线路的规划等。

3. 定位系统

车辆定位技术是智能交通系统的关键技术之一,作为智能交通系统的主要功能之一,车载诱导要实现自动跟踪车辆的当前位置,并为出行者提供当前位置到达目的地的最优路径,只有实时准确地对当前位置进行跟踪显示,才能实现真正意义上的交通诱导。因此,准确定位是实现智能交通主要功能的前提条件。在 ITS 的 28 种服务中有 11 项需要确定车辆实时位置,所以,对路面车辆进行定位是 ITS 系统的一项关键技术。目前用于移动车辆定位的主要方法有:美国的 GPS 单独定位、欧洲的伽利略卫星定位系统、我国的北斗卫星导航系统、俄国的 GLONASS 系统。

4. 车辆自动导航监控系统(Automatic Vehicle Location Systems,AVLS)

车辆自动导航监控系统是基于计算机、通信、导航定位技术的车辆跟踪系统。AVLS 系统通过实时测量车辆的位置,然后将信息传送到监控中心。这一系统在军用和民用领域有着广泛的应用,可用于交通、货运车辆、警车和救护车等。

➡ 12.3 国外智能交通系统的研究内容与发展

早在 20 世纪 60 年代,一些专家就萌生了通过对道路交通系统应用信息、通信技术使交通更加系统化,使人车路更加和谐,并有助于减少交通堵塞和减少交通公害,提高交通安全的构想。到 20 世纪 80 年代,发达国家的交通运输领域的研究进入了一个崭新的阶段,智能交通系统的研究已得到普遍开展,日本、美国、加拿大、德国、法国、澳大利亚等国家投入大量人力、资金和政策支持 ITS 的研究。其他一些地区和国家,如韩国、新加坡等也相继开展了对 ITS 的研究。

ITS 系统的规划和建设一直是世界各国缓解交通拥挤问题的关键措施,是规范 ITS 发展的重要手段。国外智能交通系统(ITS)先行的国家和地区都非常重视 ITS 系统的总体发展规划。目前,世界上已基本形成了以日本、美国和欧盟为主的三大研究开发阵营。

1. 日本的 ITS 研究发展

日本是最早进行 ITS 研究的国家。20 世纪 70 年代日本开始开展 ITS 的研究,1973 年,日本国际贸易和工业省发起了全面的车辆交通控制系统的研究,至此国际上掀起了 ITS 的研究热潮。

20 世纪 70 年代初期,日本最先正式投入的系统为汽车综合控制系统,通过该系统实验研究过程,积累了汽车在城市公路网的动态路线引导方法及相关技术方面的经验。20 世纪 80 年代初,继汽车综合控制系统之后的各项工作取得了丰硕的成果。先后开展了汽车交通信息化系统研究、车辆自动识别系统研究、汽车行驶电子技术研究、以建设省为主导的路车间通信系统研究和以警察厅为主导的新汽车交通信息通信系统等的研究等。

1996 年日本制订了综合计划,由建设部、国际贸易与工业部、运输部、邮电通信部及国家警察署共同着手开发智能化运输系统。这一举动对交通界的变革起到积极的推动作用。随着 ITS 技术研究的不断深入,其社会效益和经济效益日益显著。交通拥堵现象减轻、事故数明显降低、环境污染问题得到遏制、国民生活质量有所提高。

2004 年 10 月,十一届 ITS 世界会议在日本举行。这次会议是日本第二次举办 ITS 世界大会,该会议的主题是"ITS——让生活更加美好",强调智能交通技术的实际应用对人们日常生活的影响,应更加注重交通安全性、便捷性和环保性。同时,日本推进会议指出今后的 ITS 研究将沿着技术研发、技术应用、商业推广的方针,努力实现安心、安全、高效、快速、舒适。

2013 年 10 月 14 日至 18 日第二十届智能交通世界大会在日本举行。这次大会主题为"面向下一代的智能交通系统"。本届大会七大议题:安全和交通管理、下一代可持续性出行、大型城市/地区的高效运输系统、人与货物的联运和多通道系统、个性化出行服务、紧急情况下的弹性运输系统、国际协调与制度问题。下一代的智能交通系统从交通安全和交通管理出发,主要在以能源管理、基于大数据的个性化的交通服务和交通系统的恢复能力三个方面进行应用。前两方面主要是考虑电动汽车的出现和信息通信技术的不断发展,智能交通系统的恢复能力作为大会的议题之一源于 2011 年日本大地震的爆发。同时,世界各地特别是亚洲地区随着经济的发展,大城市交通问题面临越来越多的问题,亟待解决。

2. 欧洲 ITS 的研究发展

欧洲对 ITS 的研究也比较早,欧洲的 ITS 研究开发是由官方与民间并行进行的,由于欧洲的国家大部分很小,因此欧洲的 ITS 主要是从洲际的角度进行的。

20 世纪 80 年代中期,欧洲 10 多个国家投资 50 多亿美元,联合执行 DRIVE(Dedicated Road Infrastructure for Vehicle Safety in Europe)计划。该计划旨在以汽车为主题,利用先进的信息、通信自动化技术来改善运输系统,提高服务水平。该计划主要涉及欧洲用于车辆安全的道路基础设施,主要研究内容有:交通需求管理、交通和旅行信息系统、城市综合交通管理、城市间综合交通管理、辅助驾驶等,该计划于 1994 年已完成。之后进行交通通信系统的全面应用开发工作,计划在全欧洲范围内建立以道路交通为主的无线数据通信网,ITS 的主要功能如交通管理、汽车导航驾驶和电子收费等都围绕交通通信系统和全欧无线数据通信网来实现。

由于欧盟国家众多,且各自有着不同的文化背景、法律制度和技术标准,因此作为 ITS 的发展,有许多日本、美国不曾遇到的问题。为了实施统一的 ITS,标准化就成为欧洲的首要任务。标准化可以保障 ITS 在大范围内的兼容性,有助于拓展 ITS 相关产品的供应渠道,创造更大的市场空间。欧洲 ITS 研究的一个很重要的特点是:必须要有可适应各种环境的技术及发展新技术的可能性。所以,欧洲 ITS 发展的重点是要将道路、车辆、卫星和计算机利用通信系统进行集成,将各国独立的系统逐步转变为车与车、车与路、车与人的合作系统,实现整个欧洲人和物的移动信息互操作和一票式移动。

3. 美国 ITS 的研究发展

20 世纪 60 年代后期,美国开始了智能运输系统方面的第一个项目——电子路线引导系统(Electronic Route Guidance System,ERGS)的研究。而后的 20 年期间,美国在道路交通的信息化和智能化方面几乎没有任何进展。但是受到日本和欧洲 ITS 进展的触动,美国于 1987 年成立了 Mobility 2000 组织,该组织后来演变成现在的 ITS America。由此,美国智能交通系统迅速发展,在 1990 年 8 月,成立了智能化车辆道路系统组织。1991 年美国国会通过了"综合地面运输效率方案",旨在利用高新技术和合理的交通分配提高整个交通网络的运行效率,根据计算机仿真结果,尽可能地提高整个路网的通行能力。该方案的主要内容是实施智能交通系统,并确定了美国运输部门负责全美的 ITS 发展工作。1995 年 3 月,美国运输部首次正式出台了"国家智能交通系统项目规划",明确规定了美国智能交通系统的 7 个基本系统和 29 个用户服务功能。为了加强 ITS 研究,美国政府加大了力度,由美国联邦政府公路局在全美建立了 3 个 ITS 研究中心,中心的经费由联邦政府和地方共同提供。同时为了调动公路建设的积极性,美国大力开展了电子收费系统和不停车收费系统的实验研究,目前美国已有 12 个运输管理机构在进行智能交通方面的工作。

美国国家 ITS 体系内容包括以下 7 个基本系统:

①先进的交通管理系统;
②先进的出行者信息系统;
③先进的公共交通运营系统;
④先进的乡村运输系统;
⑤商业车辆运营系统;
⑥先进的车辆控制和安全系统;
⑦自动公路系统。

美国先进的智能交通系统具备智能地、自适应地管理各种地面交通的能力,能实时监视、检测区域性交通流运行状况,快速收集各种交通流数据,及时地分析交通运行特征、预测交通运行变化,制订最佳的应变措施和方案。这方面的研究包括"车辆—道路自动化协作系统"和"设施—车辆运输自动化系统"等。同时,区域性交通网络在超越地区界限和运输方式的前提下,能够无间隙整合起来,实现一体化运行目的。目前,美国已经在 ITS 的整体组织及规划和网络化运行等方面的研究和开发中处于国际领先地位。

→ 12.4 我国智能交通系统的研究与发展

12.4.1 我国智能交通系统研究现状

我国在 ITS 领域的研究起步较晚,但随着科学技术的发展、社会的进步和全球范围智能交通系统研究的兴起,进入 20 世纪 90 年代,我国明显加快了对智能交通技术研究的步伐,交通运输界和国家政府部门认识到开展 ITS 研究的重要性。1999 年 11 月,经国家科技部批准成立了国家智能交通系统工程技术研究中心,目的在于推动我国智能交通系统的规划和建设。2005 年,由国家智能交通系统工程技术研究中心领导下的全国智能交通系统协调指导小组成功举办了第一届中国智能交通年会,之后又分别在上海、北京、南京、青岛、深圳、合肥等地成功举办。期间,为了更好地适应智能交通发展趋势,推动相关技术标准的研究和指定,加强国际交流与合作,国家科技部于 2007 年 3 月,向民政部正式提出申请成立"中国智能交通协会"。2007 年 11 月,国家民政部批复同意科技部正式开展协会筹备工作。2008 年 5 月 14 日,中国智能交通协会在北京正式成立。中国智能交通协会的成立不仅是中国智能交通发展的里程碑,更是中国智能交通事业在依靠创新机制更好更快发展的新起点。近年来,中国智能交通协会组织了多次国内外重要交流活动,不断扩大影响,得到国内外同行的认可。智能交通在许多城市和交通运输的各个行业得到了广泛的应用,取得了显著的成就,已经步入快速发展的轨道,主要体现在以下几个方面。

1. 我国智能交通系统的建设和发展的基础已经基本形成

智能交通管理系统是国家中长期科技发展规划纲要关于交通业的优先主题之一。2000~2005 年,我国率先在北京、上海和广州等大城市开展了智能交通系统的关键技术攻关、关键产品开发和示范应用,促进以智能化交通管理为主的智能交通体系建设。随后,全国许多城市进行了智能交通系统的规划和建设。公路、公交和城市交通等领域相继实施了大批的智能交通系统建设项目。智能交通研究和实践的发展同时也引领了交通运输电子信息通信等领域的发展和建设。培育形成了我国智能交通系统发展研究和产业化推进的一支基本队伍,使我国智能交通系统的建设和发展形成了一个基础。

2. 我国智能交通系统的技术支撑体系已经初步建立起来

科技引领,是我国发展智能交通的一个重要特点。为了突破交通管控及安全的瓶颈技术,保障交通运力的高效安全,国家科技部在"863 计划"中,围绕着智能交通管理系统发展的要求,对大城市区域的交通协同联动控制系统、车路状态的感知和交互系统,智能车路协同系统,综合交通枢纽智能管控系统等关键技术进行了立项和布局,研发成效显著。

①开发出行路径电视,数据时空云图分析技术,研制出了区域交通拥堵预测和延展系统,并且在北京、杭州等地获得了实际应用;研制出了网络化诱导设施布设自动生成与评估系统,交通需求调控、智能诱导和信号动态控制,三者协同联动集成平台的原型系统。

②研究了空中和地面协同交通状态感知和应急指挥技术,形成了空地协同,地面移动应急指挥平台,研制出了城市、干线及公交站间分段滤波信号控制系统。

③建立了我国车路协同技术框架体系,并在车辆动态组网,状态实时获取,环境智能感知和交互系统的前沿技术中取得了突破。初步搭建了车路系统研制、仿真的平台,同时开发汽车安全辅助驾驶系统,并完成核心产品和系统的集成。目前,我国智能交通系统的技术正在向人车路的一体化、协同化和网络化方向发展。

3. 智能交通应用发展非常显著,集成应用跻身世界先进水平

我国的智能交通系统建设,已经发展成为世界智能交通发展格局的一个重要构成。在对智能交通关键技术进行系统开发和研究的同时,结合重大应用的需求,对智能交通关键技术进行了大范围的集成应用,效果显著。特别是结合 2008 年北京奥运会、2010 年上海世博会及 2010 年广州亚运会等重大活动的举办需求,实施了国家综合智能交通技术应用示范项目,并且围绕着国家高速公路电网不停车收费和服务系统、北京奥运智能交通集成系统、上海世博智能交通技术综合集成系统、广州亚运智能交通综合信息平台系统和远洋船舶与战略物资运送在线监测系统 5 个方面,开展 ITS 研究并取得了显著的成果。

目前,北京、上海、广州及深圳等城市已经建成了具有国际先进水平的智能化交通管理系统,有效地缓解了这些城市越来越严重的交通拥堵,同时也有力地保障了大型活动的交通服务。特别是 ETC 的成功开发和推广,是我国目前唯一在全国范围内应用、具有自主知识产权、也有统一标准且形成了产业的智能交通系统。到 2013 年为止,已经在全国 26 个省市自治区开通了 ETC,建成了 ETC 专用车道 3700 多条,用户超过 600 万。针对严峻的道路安全形势,国家科技部、公安部和交通运输部 3 个部联合开展国家道路交通安全专项科技行动计划,组织重大交通事故预防、处置、集成、开发与示范应用等科技支撑计划,技术集成应用和示范工程建设,将会对我国道路交通安全保障和服务水平的提高起到积极的促进作用。

4. 综合交通运输领域智能化管理和服务得到了重视和发展

我国 ETC 的建设发展,紧密结合中国交通运输特点和发展的需求,在道路交通智能化发展的同时,重视智能化系统在综合交通运输领域里的应用和发展,有效地改善和提升了公众出行的服务水平。

5. 智能交通体系不断完善

智能交通产业化发展已具备一定规模,标准化是智能交通发展的一项重要内容,我国较早成立了全国智能交通系统的标准化组织,发布了近百项智能交通的技术标准,初步布局完成了国家智能交通系统的标准体系,为智能交通的规范化发展提供了保障。

经过多年发展,我国智能交通产业逐步形成了一批行业骨干企业,产业发展受到世界关注,公路、铁路、城市交通和民航等行业性市场稳步发展,智能交通产业格局正在逐步完善之中。

12.4.2 我国智能交通系统发展趋势

当然,我国智能交通系统的发展还存在着一些问题,主要表现在:智能交通发展的理念还有待转变和提升,对于公众出行、货物运输服务及交通安全这样一些民生需求的关注需要进一步加强,自主创新能力相对薄弱,适合国情的技术和模式还有待进一步突破,特别是市场化推进的机制比较缺乏,智能交通的产业链、价值链还没有真正形成,这是我国目前遇到的一些问题和存在的不足。

我国经济社会发展正处在城市化的进程加快,机动化程度迅速提高的阶段,交通运输的效率、交通服务的水平、交通的安全、交通的环境以及交通的拥堵等诸多问题集中出现,成为制约我国经济社会发展一个重要因素。智能交通系统对于缓解和解决上述问题具有直接的作用和意义,大力地发展ITS,实现更加安全、顺畅的交通环境,应是我国交通运输领域的一项重要战略任务。应进一步完善智能交通系统建设相关的技术规范,重视基于物联网技术的智能交通标准,以及重点领域相关标准的制定。

未来10年将会是中国智能交通进一步快速提升的阶段。跟随世界智能交通系统的发展,使我们进入到一个创造新一代移动社会的崭新阶段。加快建设智慧城市,不断地提升交通感知的智能化水平,推动政府关于交通信息资源的有序开发,形成公益服务和市场化增值服务两者相结合的交通信息资源开发利用机制,提高交通信息资源的综合应用能力。同时要大力发展公交智能化管理和服务技术,持续改善和提高公众出行的智能化服务水平,满足公众出行的多样化、个性化和动态化交通服务的需求,以综合交通枢纽的智能化管理和服务作为突破口,提升交通系统整体运行的效果。关注智能车辆技术的研发,发展智能车路协同技术,提高交通安全的水平。

推动和发展低碳和绿色交通,促进城市交通的可持续发展。在发展新能源汽车的同时,通过城市交通运行管理,智能化监测和智能化信号控制等智能交通技术来减少交通污染是我国ITS今后发展的重要方向。

智能交通覆盖的领域范围很广,新技术的发展为道路运行管理创造了条件。物联网采集传输技术通过RFID、传感器、MSN自组网等传感设备获取要素信息,结合互联网进行信息传送与交互,提高感知能力,可应用于车辆定位感知、停车场感知、道路桥梁状态感知等方面。同时大数据应用也为数据存储和处理带来商机,以Map Reduce和Hadoop为代表的数据分析技术已成为大数据分析主流技术,可用于对交通工具GPS地理位置、路网、基础设施等结构化与非结构化海量数据的存储与处理。另外,新一代无线通信技术包括ZigBee等近距离通信技术与3G等远距离通信技术具有容量大、成本低、传输速度快等特点,基于多节点交互功能可实现快速、海量的图像及视频流等多媒体信息传输,为公众提供交通信息服务。将物联网概念与智能交通相融合,形成智能交通新的应用领域—车联网。从车联网切入打造交通的智能化、信息化成为智能交通发展的新动向。

　　总之,智能交通是交通、信息和计算机控制技术在交通领域集成应用的产物。新技术的发展会极大地推动智能交通技术的发展。同时,智能交通开拓了个性化的移动服务,也将为大数据、云计算、新一代宽带技术及泛在网络等新一代技术提供应用环境,并提供广阔的市场空间,创造新型商业机会。未来中国智能交通系统,将在自主创新的同时,积极借鉴国际智能交通领域里的成功经验,开展广泛地国际合作交流。相信通过不懈地努力,我国的智能交通将会更加快速地发展,并为公众提供更加便捷、高效、绿色和安全的出行环境,创造更加美好的生活。

习　题

1. 简述智能交通系统的定义及发展历程。
2. 简述智能交通系统的研究内容。
3. 简述我国智能交通系统现状及未来发展趋势。

第13章　交通工程软件

13.1　概述

目前,运用先进的交通软件来模拟道路交通系统的复杂现象,揭示交通变化规律并进行交通规划、交通设计及交通控制与管理等,已成为国内外交通工程界的研究热点之一。据不完全统计,目前国内外已有百余种专业软件应用于交通工程的各个领域。本章将介绍一些在国内使用比较广泛的交通软件。

13.2　宏观交通模拟分析软件

宏观交通模拟分析软件主要用于交通规划与管理,通常具有数据管理、可视化输入输出、需求预测、网络分析、OD 矩阵推算、公共交通分析及交通管理方案评价等功能。20 世纪 50 年代,美国成功地开发了第一套交通规划软件,定名为 UTPS (Urban Transportation Planning System),并且在芝加哥交通规划中得到了成功的应用。UTPS 奠定了如今几乎所有同类软件的基础,UTPS 的框架即著名的"四阶段"方法,仍然是现在主流交通规划与管理软件的框架。UTPS 之后,随着计算机技术的发展,涌现出许多宏观交通模拟软件。其中,国外的 TransCAD、TRIPS、EMME、PTV Vision 软件包在国际上都有广泛的应用,而国内同类软件则以"交运之星——TranStar"为代表。

13.2.1　TransCAD

TransCAD 是由美国 Caliper 公司开发的第一个完全基于 GIS 的宏观交通模拟软件,它集成了四阶段交通需求预测模型,并具有 GIS 的图形分析功能。由于采用先进的 Windows 环境及一系列最新的开发方法,使得该软件具有较好的风格:先进的菜单界面、强大的图形功能、方便的工具栏、良好的开放性、多文档、多用户操作等。它最突出的功能是界面的友好以及数据的可视化,支持多种需求模型,可以用于城市内或城市间的客货运交通预测分析和交通管理,也可以用于省际、国际间的交通规划。TransCAD 在国内外已被广泛采用,并成功地应用于交通规划、设计和管理等工作中。

TransCAD 主要包括 5 大功能：

①Windows 下的功能强大的地理信息系统；

②扩展数据模型，提供显示和处理交通数据的基本工具；

③汇集了极其丰富的交通分析过程，包括需求预测、网络分析、车辆路径与物流分析等；

④各式各样、数量巨大的交通、地理、人口统计分析；

⑤可以生成宏、嵌入、服务器应用及其他用户程序。

13.2.2 TRIPS

TRIPS 是英国 MVA 交通咨询公司开发的基于传统的四阶段模型的交通规划软件包。MVA 的系统开发部与美国加利福尼亚州的都市分析中心合作成立交通软件开发实验室（Citilabs），该实验室推出了交通规划与管理软件包 CUBE，它集成了许多优秀的交通分析软件，如 TRIPS、TP+等，在欧洲有广泛的应用。

TRIPS 软件主要由三大模块，即 TRIPS 管理器、TRIPS 图形和 TRIPS 帮助构成。其中，TRIPS 管理器用流程图的形式来组织建模过程，其输入、输出数据及数据的流动在流程图中得到表述；TRIPS 图形用来建立道路和公交网络，探求模拟结果；TRIPS 帮助则向用户提供模型运作各层次所需的文档介绍。

TRIPS 软件内置的主要交通模型有：

①需求模型，包括 Logit 模型、重力模型、矩阵分析与计算；

②道路网模型，包括多种分配技术；

③公共交通模型，含多方式、多路径交通分配功能，并带有票价和拥挤模型；

④矩阵估算模型，更新过时的道路和公交出行的 OD 矩阵。

13.2.3 EMME

EMME 最初是由加拿大 Montreal 大学开发的，后由 INRO 咨询公司继承，该系统为用户提供了一套内容丰富、可进行多种选择的需求分析及网络分析与评价模型。目前最新版本 EMME/3 是由 EMME/2 衍生而来，其功能得到了进一步的拓展。EMME/3 有以下强大的功能：

①矩阵运算工具支持广泛的需求模型；

②整体化的数据库保证了数据的一致性和整体性；

③在多方式路网中，考虑小汽车和公交车的相互影响；

④交通平衡分配算法给予可靠的结果；

⑤内置多方案比较、强大的可视性和交互计算，向用户提供决策、评价和分析；

⑥强大的宏指令语言使得重复过程自动化；

⑦提供地理信息系统，高质量图形和数值输出。

EMME/3 提供了灵活多变且开放式的模块工具，用户能方便地选择已有的模型或根据需要来建立特殊的模块，用来精确地处理复杂的交通系统，以适应当今多元技术和社会经济的挑战。EMME/3 系统涵盖了现代的数据输入、模型计算、结果显示以及报告分析等功能。

13.2.4　VISUM

VISUM 是德国 PTV 公司研发的交通软件,适用于交通规划、交通需求建模及数据管理。在多模式分析的基础上设计的 VISUM 把各种交通方式(如小汽车、货车、公共汽车、轨道交通、自行车、行人等)都融入一个统一的网络模型中。VISUM 可以提供各种交通分配运算程序以及四阶段模型要素,包括基于出行链和活动链的分析方法。VISUM 软件采用的是开放的、面向目标的编程概念,因而它允许用户运用 Visual Basic 或其他编程语言在 VISUM 的平台上编写特定的模块。另外,VISUM 还提供了与 PTV 的微观仿真软件 VISSIM 交互的界面,可以方便地将 VISUM 路网模型导入 VISSIM 中。

13.2.5　TranStar

交通网络系统交通分析基础软件"交运之星——TranStar"是进行交通运输网络系统规划、建设及管理的系统软件。该软件是东南大学交通学院以王炜教授为主的交通研究者在交通运输领域内逾 20 年的科学研究成果的基础上开发而成的,是用户最多的国产交通分析软件。

迄今为止,"交运之星——TranStar"已有 4 个版本:公路交通版、城市交通版、交通管理版和公共交通版。4 个版本的侧重点有所不同,但软件结构是基本相同的,均由以下 4 部分所组成。

(1)交通网络基础数据库的建立。通过 GIS 网络编辑平台或者直接输入节点类型表、几何要素表、邻接目录表等数据文件,建立起交通网络结构,若有必要则建立公共交通信息数据库和交通管理信息数据库。

(2)交通需求分析及预测。提供了双约束重力模型、Fratar 模型等交通分布预测模型,OD 矩阵合并和 OD 矩阵图形分析等工具。

(3)网络交通分析与评价。提供了最短路、容量限制、多路径、多路径容量限制等交通分配模型,网络运行状况集成分析、交叉口流向分析、网络交通运行指标统计分析等工具。

(4)交通网络信息图形分析。提供基于 GIS 的图形输出系统,对交通信息图形的加工和利用更为简单方便:以色彩、符号等形式,显示有关交通网络结构、交通流量信息、交通质量信息和交通管理信息等图形。

➲ 13.3　微观交通模拟分析软件

目前,国际上比较著名的微观交通模拟分析软件集中在欧美、日本等国家,包括 VISSIM、S-Paramics、TSIS 和 TransModeler 等,以服务于城市交通管理优化为主,部分软件面向高速公路设计。

13.3.1　VISSIM

VISSIM 是由德国 PTV 公司开发的微观交通仿真系统,用以建模和分析各种交通条件下(车道设置、交通构成、交通信号、公交站点等)城市交通和公共交通的运行状况,是评价交通工程设计方案的有效工具。该系统是一个离散的、随机的、以 0.1s 为时间步长的微观仿真系统,车辆的纵向运动采用了心理－生理跟车模型,横向运动(车道变换)采用了基于规则的算法,不同驾驶员行为的模拟分为保守型和冒险型。

VISSIM 由交通仿真器和信号状态产生器两部分组成,它们之间通过接口交换检测器数据和信号状态信息。VISSIM 既可以在线生成可视化的交通运行状况,也可以连线输出各种统计数据,如行程时间、排队长度等。交通仿真器是一个微观交通仿真模型,它包括跟车模型和车道变换模型。信号状态产生器是一个信号控制软件,基于一个微小时间间隔(0.1s)从交通仿真器中提取检测器数据,用以确定下一仿真时间的信号状态。同时,将信号状态信息回传给交通仿真器。

VISSIM 主要有以下交通分析功能:

①可进行固定式信号灯配时方法以及感应信号控制方案的评价和优化、公交优先信号控制逻辑的设计、评价和调整。

②可以对各种类型的信号控制进行模拟,如定时控制方法、车辆感应信号控制方法、SCATS 和 SCOOT 控制系统中的信号控制等。对用户设计的交通信号配时策略还可以通过外部信号状态发生器(VAP)来进行模拟。

③可分析慢速交通交织区域车流分流和合流情况。

④可对信号灯控制、停车控制交叉口、环形交叉口以及立交等设计方案进行对比分析。

⑤可评价公交港湾停靠站和公交专用车道的运行效果,分析公交系统复杂站台设施的通行能力和运行情况,评价公交系统的综合站点布局的容量和管理效果。

⑥可运用内置的动态分配模型分析和评价有关路径选择的问题。例如,各种信息牌对交通带来的影响、交通流分向路网邻近区域的可达性等。

⑦可进行城市轨道交通建设项目的可行性及其影响评价。

13.3.2 S-Paramics

S-Paramics 软件是由英国 SIAS 公司研发的交通仿真软件,可用于模拟多种交通问题,适用于各种交通网络的仿真需要,如单个交叉口、拥挤的高速公路以及整个城市交通系统。S-Paramics 软件系统主要组件包括以下 10 个方面。

(1)S-Paramics 浏览器(S-Paramics Explorer,SPX)

S-Paramics 浏览器提供访问 S-Paramics 的主要功能模块和不同维护工具的集中界面。它基于微软视窗浏览器概念,主要功能是启动 S-Paramics 的功能模块,帮助用户管理和切换不同的 S-Paramics 的不同模型。

(2)编辑/模拟/可视器(Editor/Simulator/Visualiser,ESV)

编辑/模拟/可视器是 S-Paramics 的主要界面,用来建立和编辑模型、运行模型、显示模型中车辆运行情况,同时生成路网中的交通流生成统计数据。

(3)模拟/可视器(Simulator/Visualiser,SV)

模拟/可视器是 ESV 的简化版。具有模拟和可视功能,但不允许对模型进行编辑和生成统计数据。SV 是附加模块,用来在没有完全 S-Paramics 授权情况下演示模型。

（4）批运行（Batch Run）

批运行使用了与 ESV 相同的模拟引擎,但是没有图形界面。它可以更快地运行模型,生成统计数据,但是没有编辑和可视功能。

（5）矩阵估计（Matrix Estimation, ME）

矩阵估计可以输入以下三种数据:来自现有 S-Paramics 模型的路径信息,来自观测数据的初始矩阵以及路边车辆计数数据。ME 根据以上输入数据计算出行矩阵。同时,ME 还可以进行敏感性分析,以评价调查数据的可靠性。

（6）统计（Statistics）

统计模块,即 S-Paramics 数据分析工具（Data Analysis Tool, DAT）,用于处理 ESV 和批运行模块产生的统计结果,并以图形或表格形式显示出来。

（7）批处理器（Batch Farm）

批处理器是 SPX 的组成部分,它可以使用一个计算机网络环境中的多台计算机同时运行模型,并对大量的运行结果进行管理。

（8）经济评价（Program for Economic Assessment of Road Schemes, PEARS）

经济分析模块通过对模型的输出结果进行汇总,来计算路网变化造成的经济影响,并与项目的实施成本进行比较。

（9）高级控制接口（Advanced Controller Interface, ACI）

高级控制接口可以实现自适应信号控制,并与智能交通系统直接连接。

（10）瞬时道路排放分析（Analysis of Instantaneous Road Emissions, AIRE）

瞬时道路排放分析属于一款辅助软件,专门用于处理微观交通仿真模型的仿真结果并计算车辆尾气排放。AIRE 包含约 3000 个 IEM 表格,可以评估道路上单个仿真车辆的尾气排放量。IEM 表格来自于格拉茨科技大学（Technical University of Graz）开发的 PHEM 模型（Passenger Car and Heavy Duty Emissions Model,小汽车和重型车排放模型）,PHEM 可以计算各种速度和负荷发动机的尾气排放。

13.3.3 TSIS

TSIS 是在美国联邦公路局自 20 世纪 70 年代以来重点开发的微观交通流仿真软件。TSIS 经过 40 余年的开发、实践和改进,在国际交通流仿真软件中占据了重要位置。TSIS 是一个大型的集成化的交通仿真工具箱,适用于信号控制的城市道路、高速公路或者由两者组成的更复杂的路网系统。与其他仿真软件相比,它能够模拟各种交通条件下的诸多细节问题。

TSIS 有很多版本,其中 TISI 5.0 是一个基于 Windows 窗口的集成开发环境,它能使用户方便地进行各种交通网络的设置、操作和分析。TSIS 5.0 主要由 Tshell、TRAFED、CORSIM 和 TRAFVU 4 个模块组成。

（1）Tshell

Tshell 是 TSIS 环境的外壳程序和图形用户接口,它集成了 TSIS 的各个模块,为 TSIS 提供了图形用户界面环境,使得用户可以方便有效地进行交通流仿真和分析,从而有效地管理交通分析项目。

（2）TRAFED

TRAFED 是基于 GUI 的交通仿真输入编辑器,用户可以方便地构造交通网络,并设定网络参数和控制参数。TRAFED 可以通过图形用户界面产生道路网模型,并且支持 COMSIM 微观交通仿真器。

（3）CORSIM

CORSIM 是交通仿真模块,由仿真高速公路交通流的 FRESIM 模块和仿真普通道路交通流的 NETSIM 模块所组成,用于执行交通仿真计算和输出仿真结果。CORSIM 能够真实再现动态交通的随机行为,有先进的跟驰模型和车道变换模型,以 1s 为间隔模拟车辆的运动。它提供了很多指标来量化路网的性能,并提供了动画显示,以便用户观察仿真结果。

（4）TRAFVU

TRAFVU 是一个用户友好的 COMSIM 输出处理器,是交通仿真动画模拟和仿真结果显示模块。它通过不同的图例在路网显示窗口表示不同的交通元素,能以动画的方式再现交通仿真过程,可方便地获得各种交通仿真结果。

TSIS 主要包括以下功能:

①土地使用与交通影响研究;

②高速公路与城市道路的立体交叉仿真;

③信号配时以及协调控制仿真;

④无信号交叉口仿真;

⑤高速公路交织区的车道控制仿真;

⑥公共汽车站点与行驶路线仿真;

⑦交通事故检测与事故管理研究;

⑧排队、收费站以及货车超重仿真。

13.3.4 TransModeler

TransModeler 是美国 Caliper 公司为城市交通规划和仿真开发的多功能交通仿真软件包,它可模拟从高速公路到市中心路网在内的各类道路交通网络,详细逼真地分析大范围多种出行方式的交通流。TransModeler 可用动画的形式把交通流的状况、信号灯的运作以及网络的综合性能直观地表现出来,并能直观地显示复杂交通系统的行为和因果关系。

TransModeler 采用为交通网络数据专门设计的地理信息系统,将交通仿真模型和地理信息系统进行整合,对有关交通数据进行储存、维护和分析。TransModeler 提供专用工具来编辑和修改交通仿真模型数据,并可对输入输出资料进行各种形式的分析。

①模拟多种道路设施类型。包括城市街道和高速公路的混合网络,HOV 专用车道、公交专用道和收费站、施工区段等。

②动态交通分配。除了支持以路口转向为基础的路线选择以外,还可以用随机路

径选择模型或最短路径原则,根据起讫点出行矩阵来决定车辆行驶路线。

③微观仿真。根据驾驶员的特点、车辆的性能和道路状况,详细模拟车辆加速、减速、跟车、变道、交汇、让行和在交叉口的转弯。

④混合仿真。在对网络中的局部地段进行非常详细的微观仿真的同时,在其外围地段作比较粗略的中观和宏观仿真。

⑤交通信号控制。模拟一系列常见的交通信号及其设置,包括固定式和感应式交叉口交通控制、绿波和感应式绿波以及公交优先信号等。

⑥智能交通系统评价。模拟智能交通系统中的车道限制与变道控制、固定与可变限速标志对交通的影响、实时交通信息对驾驶员动态路径选择的影响。

⑦公交系统优化。支持多种交通方式的仿真,模拟公交车、地下和高架轨道交通系统。

⑧能与 TransCAD 软件有效衔接。通过建立合适的数据调用模块和接口标准实现两者的无缝衔接和数据调用,方便了用户在宏观模型和微观模型间的交互应用。

⑨仿真结果分析。输出统计指标包括基本的性能指标(交通量、平均速度和密度等)和更复杂的性能指标(交叉口延误、排队长度等),并且可以生成报告、专题地图、统计图表等多种数据分析结果。

⑩开放的接口和强大的二次开发功能。提供一套 GIS 应用开发工具库(GISKD),用于系统的二次开发,尤其是可供地理信息分析。

习 题

1. 目前常用的宏观交通模拟分析软件有哪些? 试作简单的比较与分析。

2. 目前常用的微观交通模拟分析软件有哪些? 这些软件有没有需要改进的地方?

3. 宏观交通模拟分析软件与微观交通模拟分析软件在交通规划与设计过程中各有哪些作用?

参 考 文 献

[1] Mike Slinn.交通工程设计:原理与实践[M].2 版.北京:电子工业出版社,2008.

[2] 中国公路学会交通工程手册编委会.交通工程手册[M].北京:人民交通出版社,1998.

[3] 王炜,过秀成.交通工程学[M].2 版.南京:东南大学出版社,2011.

[4] 任福田,刘小明,荣建,等.交通工程学[M].2 版.北京:人民交通出版社,2008.

[5] 徐吉谦,陈学武.交通工程总论[M].3 版.北京:人民交通出版社,2010.

[6] 邵春福.交通规划原理[M].北京:中国铁道出版社,2004.

[7] 刘灿齐.现代交通规划学[M].北京:人民交通出版社,2001.

[8] 徐吉谦,过秀成.交通工程学[M].南京:东南大学出版社,1994.

[9] 王殿海,严宝杰.交通流理论[M].北京:人民交通出版社,2002.

[10] 裴玉龙.道路交通安全[M].北京:人民交通出版社,2007.

[11] 王建军,严宝杰.交通调查与分析[M].北京:人民交通出版社,2004.

[12] 李杰,王富,何雅琴.交通工程学[M].北京:北京大学出版社,2010.

[13] 戴冀峰,马健霄.交通工程概论[M].北京:人民交通出版社,2006.

[14] 杨涛.城市交通的理性思索[M].北京:中国建筑工业出版社,2010.

[15] 张起森,张亚平.道路通行能力[M].北京:人民交通出版社,2002.

[16] 任福田.新编交通工程学导论[M].北京:中国建筑工业出版社,2011.

[17] 邹哲,刘荣,曹伯虎,等.综合交通调查关键技术与天津实践[M].北京:中国建筑工业出版社,2013.

[18] 焦新龙.城市交通现代化管理战略研究[M].杭州:浙江大学出版社,2012.

[19] 李百川,肖利军,高峰.我国职业驾驶员心理、生理素质状况调查分析[J].人类工效学,1999,5(2):6-9.

[20] 石坚,吴远鹏,卓斌,等.汽车驾驶员主动安全性因素的辨识与分析[J].上海交通大学学报,2000,34(4):441-444.

[21] 毛喆,初秀民,严新平,等.汽车驾驶员驾驶疲劳监测技术研究进展[J].中国安全科学学报,2005,15(3):108-113.

[22] 蒲琪,杨晓光,吕杰.交通信息对驾驶员路径选择行为影响的初步分析[J].公路交通科技,1999,16(3):53-56.

[23] 张殿业,王武宏,曹琦,等.驾驶员反应能力与最高时速的安全可靠性分析[J].中国公路学报,1998,11(1):109-114.

[24] 张殿业.驾驶员动态视野与行车安全可靠度[J].西南交通大学学报,2000,35(3):319-322.

[25] 隽志才,曹鹏,吴文静.基于认知心理学的驾驶员交通标志视认性理论分析[J].中国安全科学学报,2005,15(8):8-12.

[26] 周菊.中美道路交通安全监管体系比较研究[D].北京:北京交通大学,2012.

[27] 潘兵宏,赵一飞,梁孝忠.动视觉原理在公路线形设计中的应用[J].长安大学学报（自然科学版）,2004,24(6):20-24.

[28] 方鼎.汽车驾驶员动态视认性的试验研究[D].西安:长安大学,2005.

[29] 郑柯.基于驾驶员生理心理反应的高速公路线性研究[D].北京:北京工业大学,2003.

[30] 魏中华.公路景观设计理论研究[D].北京:北京工业大学,2005.

[31] 袁伟.城市道路环境中汽车驾驶员动态视觉特性试验研究[D].西安:长安大学,2008.

[32] 王炜,陈学武.交通规划[M].北京:人民交通出版社,2007.

[33] 李江.交通工程学[M].北京:人民交通出版社,2002.

[34] 毛保华,王明生,牛惠民,等.城市客运管理[M].北京:人民交通出版社,2009.

[35] 李瑞敏.城市道路交通管理[M].北京:人民交通出版社,2009.

[36] 陈峻,徐良杰,朱顺应,等.交通管理与控制[M].北京:人民交通出版社,2012.

[37] 吴兵,李晔,杨佩昆,等.交通管理与控制[M].4版.北京:人民交通出版社,2009.

[38] 陆化普,石京,李瑞敏.城市交通规划案例集[M].北京:清华大学出版社,2007.

[39] 阮金梅.城市停车[M].北京:中国建筑工业出版社,2012.

[40] 杨晓光,白玉,马万经,等.交通设计[M].北京:人民交通出版社,2010.

[41] 周晓聪,许东方.绿色交通与环境的可持续发展[J].环境科学与管理,2007,34(9):168-170.

[42] 宋新生.城市绿色交通系统研究[D].武汉:华中科技大学,2006.

[43] 秦震.城市交通可持续发展理论研究[D].北京:北京交通大学,2003.

[44] 杨兆升.智能运输系统概论[M].北京:人民交通出版社,2009.

[45] 吴忠泽.中国智能交通行业发展现状与未来发展趋势[J].电器时代,2013(6):24-26.

[46] 王笑京.智能交通系统演进与我国未来发展趋势分析[J].交通运输部管理干部学院学报,2013,6(2):3-6.

[47] 金茂菁.中国智能交通发展历程浅谈[J].交通科技,2013,5(2):140-142.

[48] 裴玉龙,张亚平.道路交通系统仿真[M].北京:人民交通出版社,2004.

[49] 任刚,李文勇,陈茜.交通计算机辅助工程[M].北京:人民交通出版社,2010.

[50] 闫小勇,刘博航.交通规划软件实验教程[M].北京:机械工业出版社,2010.

[51] 吴芳,李志成,徐琛.公路工程建设对环境的影响及环保策略研究[J].交通标准化,2009,(1):42-46.

[52] 吴芳,颜月霞,马昌喜.城市轨道交通设备[M].北京:人民交通出版社,2012.

[53] 马昌喜.应急交通与物流系统优化[M].成都:西南交通大学出版社,2014.

[54] 马昌喜,马超群.交通影响评价[M].北京:机械工业出版社,2014.